Umberto Eco:
Über Spiegel und andere Phänomene

Deutsch von Burkhart Kroeber

Deutscher
Taschenbuch
Verlag

dtv

Von Umberto Eco
sind im Deutschen Taschenbuch Verlag erschienen:
Der Name der Rose (10551; auch als dtv großdruck 25033)
Nachschrift zum ›Namen der Rose‹ (10552)
Über Gott und die Welt (10825)
Auf dem Wege zu einem Neuen Mittelalter (25025)
Lector in fabula (4531)

Über Umberto Eco:
Zeichen in Umberto Ecos Roman ›Der Name der Rose‹ (11129)

Ungekürzte Ausgabe
Dezember 1990
Deutscher Taschenbuch Verlag GmbH & Co. KG,
München

ISBN 3-446-14681-4

Umschlaggestaltung: Celestino Piatti unter Verwendung eines Frauenporträts aus der Werkstatt Botticellis (Gemäldegalerie, Staatliche Museen Preußischer Kulturbesitz, Berlin)
Gesamtherstellung: C. H. Beck'sche Buchdruckerei,
Nördlingen
Printed in Germany · ISBN 3-423-11319-7

Das Buch

Im Gegensatz zu Worten können Spiegel nicht lügen, denn sie sind keine Zeichen, heißt es im zentralen Essay dieses Buches. Aber ob er nun über Spiegel und Zeichen, Nazikunst und »sozialistischen Realismus«, Fernsehserien oder den Grafen von Monte Christo, über das Mittelalter, Plinius und Pirandello oder die »natürliche Physiognomik« schreibt, Eco erweitert immer unseren Gesichtskreis. Der semiotische Ansatz, mit dem er so souverän hantiert wie ein Kartograph mit dem Zirkel, erweist sich immer wieder als überraschend und nützlich bei der vergleichenden Analyse von Alltagsphänomenen, die auf den ersten Blick banal, disparat oder gar undefinierbar erscheinen. »Eco, selbst erklärter Rationalist, der sich als Erben der lombardischen Aufklärung versteht, versucht nicht, den aktuellen Irrationalismus zu widerlegen. Statt dessen entwertet er ihn, indem er ihn auf seine Strukturelemente reduziert«, schreibt Gustav Seibt in der ›Frankfurter Allgemeinen‹ und fügt hinzu: »Es hat etwas Erleichterndes, von Eco selbst zu erfahren, daß das semiotische Universum nicht geschlossen ist ... Der Spiegel, der die Wirklichkeit nur verdoppelt, kann selbst für nichts anderes stehen. Er kann nie Zeichen sein, sondern immer nur andere Zeichen wiederholen; er ist das letzte Glied einer Kette, die nicht in sich zurückläuft – so weist er ins Offene.«

Der Autor

Umberto Eco wurde am 5. Januar 1932 in Alessandria (Piemont) geboren, ist Ordinarius für Semiotik an der Universität Bologna und verfaßte zahlreiche Schriften zur Theorie und Praxis der Zeichen, der Literatur, der Kunst und nicht zuletzt der Ästhetik des Mittelalters. Werke u.a.: ›Der Name der Rose‹ (dt. 1982), ›Nachschrift zum ‚Namen der Rose'‹ (dt. 1984), ›Über Gott und die Welt‹ (dt. 1985), ›Lector in fabula‹ (dt. 1987), ›Das Foucaultsche Pendel‹ (dt. 1989).

Inhalt

Zur Einführung

Wenn ich zeigen wollte, daß dieses Buch eine einheitliche Physiognomie hat und als homogener Diskurs gedacht worden ist, müßte ich mich an jene Spiegel halten, die ihm, pars pro toto, den Titel geben.

Das Buch enthält Aufsätze zur Ästhetik, Analysen und Stellungnahmen zu Phänomenen der populären Kultur, kritische Textinterpretationen, philosophische und semiotische Schriften. Es sind mehr oder minder Gelegenheitsschriften, deren Themen mir durch äußere Anlässe vorgegeben oder nahegelegt worden waren – durch Einladungen zu Vorträgen oder Tagungen, Bitten um Vor- oder Nachworte, polemische Pflichten oder Gelüste, Bücher, die ich rezensieren mußte.*

Einige sind akademischer Art, andere (wenige, hier überarbeitete) waren ursprünglich journalistische Beiträge. Die meisten liegen auf halbem Wege dazwischen, das Thema ist anspruchsvoll, aber die Behandlung verzichtet auf akademische Anmerkungsapparate zugunsten größerer Unmittelbarkeit. Ich hoffe, daß sie alle gleichermaßen lesbar sind.

Beim Zusammenstellen der Texte ist mir aufgefallen, daß sie oft ähnliche Formulierungen aufwiesen, manchmal bis zur Grenze der Wiederholung, und von gemeinsamen Themen durchzogen waren. Das durfte mich nicht verwundern, nicht nur, weil sie alle von derselben Hand stammen und fast alle im selben Zeitraum entstanden sind, sondern auch, weil es normal (und richtig und nützlich) ist, daß ein Autor, der auf Tagungen und Kongressen, in Diskussionen und Symposien das Wort ergreift, bestimmte Erfahrungen sammelt, sich für Beispiele erwärmt, die ihm zwingend erscheinen, Argumente in neue Formen umfüllt und weiterentwickelt.

So habe ich versucht, die Aufsätze nach Themenkomplexen zu ordnen, auch um dem Leser Orientierungshilfen zu geben. Diese Komplexe oder Sektionen taugen soviel, wie sie taugen, und es

* Siehe die Nachweise am Ende.

wird oft nicht schwer sein, ein enges Verhältnis zwischen zwei Texten zu sehen, die auf verschiedene Sektionen verteilt worden sind.

Infolgedessen, ich wiederhole es, versuche ich nicht, diese Texte als streng koordinierte Kapitel eines fortlaufenden Diskurses zu präsentieren. Ich denke aber, sie lassen sich als ein Ensemble nicht ganz zusammenhangloser Bemerkungen lesen, zwischen denen der Leser die Linien ziehen kann, die ihm passend erscheinen.

Für die stilistischen Ungleichmäßigkeiten muß ich mich, denke ich, nicht entschuldigen. Je nach Herkunft sind manche Schriften strenger und pedantischer, andere haben eher den Ton der Anmerkung oder der Konversation. Die Einheit liegt, wenn je, in der Rose der angesprochenen Probleme. Kein Text erscheint genau in der Form seiner Erstpublikation. Im Bemühen, sie zu verbinden, habe ich hier und da Wiederholungen eliminiert, Zusätze eingefügt, manchmal auch verschiedene Aufsätze über dasselbe Thema zu einem fusioniert.

Jeder der hier versammelten Aufsätze hat mich, als ich ihn schrieb, in Ideen bestärkt, die mir teuer sind oder die mich auf andere Ideen gebracht haben. Und da viele von ihnen nicht mehr leicht greifbar sind, schien es mir sinnvoll, sie hiermit wieder in Umlauf zu bringen.

Mailand, Juni 1985

Das Irrationale gestern und heute

In Kürze, wenn wir wieder einmal die Stände der Buchmesse durchgehen, werden wir sehen, daß – als Reaktion auf den Zusammenbruch der großen rationalistischen Philosophien der Geschichte und angesichts einer Vertrauenskrise gegenüber Technik und Wissenschaft – viele derer, die in den letzten Jahrzehnten das politische oder wissenschaftliche Handeln als ein rationales Projekt zur Veränderung der Welt konzipierten, sich nun dem Heiligen und dem Mysterium zuwenden. In den Regalen der Buchhandlungen, wo vor zwanzig Jahren noch *Die Zerstörung der Vernunft* von Lukács zu finden war, stehen heute Werke von Julius Evola, René Guénon, G. J. Gurdjieff, Titus Burckhardt und von Meistern des östlichen Denkens, Handbücher der Alchimie, der Astrologie, der Wahrsagerei und der schwarzen Magie. Man hat den Eindruck, daß Chesterton recht hatte, als er sagte: »Seit die Menschen nicht mehr an Gott glauben, glauben sie nicht etwa an nichts mehr, sondern an alles.«

Stehen wir vor Erscheinungsformen des Irrationalismus?

Es ist schwer, den Irrationalismus zu definieren, ohne einen philosophischen Begriff der Ratio zu haben. Leider zeigt die ganze Geschichte der westlichen Philosophie, daß die Definition des Irrationalen wechselhaft und kontrovers ist. Eine gegebene Denkweise ist immer irrational gemessen am historischen Modell einer anderen Denkweise, die sich als rational präsentiert. Die Logik des Aristoteles ist nicht die Logik Hegels, die Termini *Ratio, Raison* und *Vernunft* bedeuten nicht immer dasselbe.

Ein Weg zum Verständnis der philosophischen Begriffe ist oft der Rekurs auf die Alltagssprache. Wenn ich die abstrakten Substantive verlasse, finde ich als Synonyme für das Adjektiv »irrational« im Deutschen die Wörter *unsinnig, unlogisch, unvernünftig, sinnlos*; im Italienischen *illogico* und *assurdo*; im Englischen *senseless, absurd, nonsensical, incoherent, delirious, farfetched, inconsequential, disconnected, illogic, exorbitant, extravagant, skimble-skamble*.

Das scheint zu wenig, um ernstzunehmende philosophische und ästhetische Positionen zu definieren. Dennoch bezeichnen diese Ausdrücke etwas, das über die von einer Norm gezogene Grenze hinausgeht. Eines der Antonyme zu *unreasonableness* (in Rogets Thesaurum) ist *moderateness*. Moderat sein heißt, sich im *modus* befinden, also in Grenzen und in einem Maß.

Das Wort *modus* ruft uns zwei Regeln in Erinnerung, die wir von der griechisch-lateinischen Kultur geerbt haben: das logische Prinzip des *modus ponens* und das von Horaz formulierte ethische Prinzip: *Est modus in rebus, sunt certi denique fines quos ultra citraque nequit consistere rectum.*[1]

Vielleicht können wir, ausgehend vom griechisch–lateinischen Modell der Rationalität, zunächst vorsichtig alles das als »irrational« definieren, was gemessen an den von diesen beiden Normen gezogenen Grenzen, die am Ursprung unserer Kultur stehen, abweichend erscheint. Wir müssen uns also fragen, was »gestern« irrational war, um zu verstehen, was »heute« irrational ist.

Für den griechischen Rationalismus, von Platon bis Aristoteles und darüber hinaus, heißt erkennen immer erkennen durch eine *causa*, durch die Ursache dessen, was man erkennen will. Auch Gott definieren heißt, eine Ursache zu definieren, hinter der es keine weitere Ursache gibt.

Um die Welt kausal erklären zu können, muß man den Begriff einer linearen, einlinigen Kette entwickeln: Wenn eine Bewegung von A nach B geht, kann keine Kraft der Welt bewirken, daß sie von B nach A geht. Um die Linearität der Kausalkette zu begründen, muß man einige Prinzipien akzeptiert haben: das Prinzip der Identität (A = A), das Prinzip der Widerspruchsfreiheit (es ist unmöglich, daß etwas A und gleichzeitig nicht A ist) und das Prinzip des ausgeschlossenen Dritten (entweder A ist wahr, oder A ist falsch, *tertium non datur*). Aus diesen Prinzipien folgt die für den westlichen Rationalismus typische Argumentationsweise, der *modus ponens*: Wenn p, dann q; aber p, also q.

1 *Satiren*, I, 1, 106-107 (»Es ist ein Maß in den Dingen, es gibt bestimmte Grenzen, jenseits und diesseits deren das Rechte nicht zu bestehen vermag«).

Dieselben Prinzipien verlangen zudem wenn nicht die Anerkennung einer festen Ordnung der Welt, so doch zumindest einen Gesellschaftsvertrag. Der lateinische Rationalismus übernimmt die Prinzipien des griechischen Rationalismus, aber er verändert und bereichert sie im juristischen und vertragsrechtlichen Sinn. Die logische Norm ist *modus*, aber *modus* ist auch Beschränkung und folglich Grenze.

Die lateinische Obsession der räumlichen Grenze entsteht mit dem Mythos der Gründung: Romulus zieht eine Grenzlinie und erschlägt den Bruder, weil er sie nicht respektiert hat. Ohne die Anerkennung einer Grenze kann es keine *civitas* geben.

Horatius Cocles wird ein Held, weil er es vermocht hat, den Feind an der Grenze aufzuhalten, auf einer Brücke zwischen den Römern und den Anderen. Brücken sind Sakrilegien, weil sie den *sulcus* überqueren, den Wasserkreis, der die Grenzen der Stadt definiert; darum kann ihr Bau nur unter strenger ritueller Kontrolle des Pontifex erfolgen. Die Ideologie der Pax Romana und der politische Entwurf des Augustus beruhen auf Präzisierung der Grenzen: die Kraft des Imperiums beruht im Wissen, auf welchem *vallum*, innerhalb welches *limes* die Verteidigung zu erfolgen hat. Sobald man keinen klaren Begriff der Grenzen mehr hat und die Barbaren (das heißt Nomaden, die ihr Ursprungsgebiet verlassen haben und sich auf jedem Gebiet bewegen, als ob es das ihre wäre, immer bereit, es wieder zu verlassen) ihre nomadische Sicht durchgesetzt haben, ist Rom am Ende und die Hauptstadt des Reiches kann überall sein.

Als Julius Cäsar den Rubicon überschreitet, weiß er nicht nur, daß er ein Sakrileg begeht; er weiß auch, daß er, sobald er es einmal begangen hat, nicht mehr zurückkann. *Alea iacta est.* Denn es gibt auch zeitliche Grenzen. Was einmal geschehen ist, kann nicht mehr ausgelöscht werden. Die Zeit ist nicht umkehrbar. Dieses Prinzip wird die lateinische Syntax regeln. Die Richtung und Ordnung der Zeit, die eine kosmologische Linearität ist, wird zum System logischer Subordinationen in der *consecutio temporum*. Das Denken kann die Fakten nur dann erkennen, aufreihen und »betrachten«, wenn es zuvor eine Ordnung gefunden hat, die sie miteinander verbindet. Und bedenken wir schließlich jenes Meisterwerk an

Fakten-Realismus, das der *ablativus absolutus* darstellt: er legt fest, daß etwas, nachdem es einmal geschehen oder vorausgesetzt worden ist, nicht mehr in Frage gestellt werden kann.

Bei Thomas von Aquin gibt es eine *quaestio quodlibetalis*, (V, 2, 3), in der er sich fragt, »*utrum Deus possit virginem reparare*«, ob Gott eine Frau, die ihre Jungfräulichkeit verloren hat, in ihren ursprünglichen Status zurückversetzen könne. Thomas gibt eine dezidierte Antwort: Gott kann der Frau verzeihen und sie somit in den Stand der Gnade zurückversetzen, er kann ihr auch durch ein Wunder die körperliche Unversehrtheit wiedergeben. Aber nicht einmal Gott kann das Geschehene ungeschehen machen, denn eine solche Verletzung der Zeitgesetze wäre seiner Natur zuwider. Gott kann das logische Prinzip nicht verletzen, demzufolge die Sätze »*p* ist geschehen« und »*p* ist nicht geschehen« als widersprüchlich erscheinen würden. *Alea iacta est.*

Dieses Modell des Rationalismus ist es, das noch heute die Mathematik, die Logik, die Naturwissenschaft und die Computerprogrammierung beherrscht. Doch es schöpft nicht aus, was wir das griechische Erbe nennen. Griechisch ist Aristoteles, aber griechisch sind auch die Mysterien von Eleusis. Die griechische Welt fühlt sich ständig zum *apeiron* hingezogen: zum Unendlichen. Das Unendliche ist das, was keinen *modus* hat. Es entzieht sich der Norm.

Fasziniert vom Unendlichen entwickelt die griechische Kultur, neben dem Begriff der Identität und Widerspruchsfreiheit, die Idee der fortwährenden Metamorphose, symbolisiert durch Hermes. Hermes ist ungreifbar, volatil, doppelgesichtig, Patron aller Künste, aber auch Gott der Diebe, *iuvenis et senex*, Jüngling und Greis zugleich. Im Mythos von Hermes werden die Prinzipien der Identität, der Widerspruchsfreiheit und des ausgeschlossenen Dritten negiert, die Kausalketten winden sich um und über sich selbst zu Spiralen, das Nachher geht dem Vorher voraus, der Gott kennt keine räumlichen Grenzen und kann in verschiedenen Formen an verschiedenen Orten gleichzeitig sein.

Hermes triumphiert im Laufe des zweiten Jahrhunderts nach Christus. Das zweite Jahrhundert ist eine Epoche der politischen Ordnung und des Friedens, und die Völker des Reiches scheinen vereint durch eine gemeinsame Sprache und Kultur. Die Ordnung ist so gefestigt, daß niemand mehr hoffen kann, sie durch irgendeine militärische oder politische Operation verändern zu können. Es ist die Epoche, in welcher sich der Begriff einer *enkyklios paideia* bildet, einer umfassenden Erziehung mit dem Ziel, die Figur eines vollkommenen und in allen Disziplinen versierten Menschen hervorzubringen. Doch dieses Wissen beschreibt eine perfekte und kohärente Welt, während die Welt des zweiten Jahrhunderts ein Schmelztiegel von Rassen und Sprachen ist, ein brodelndes Gewimmel von Völkern und Ideen, in dem alle Götter toleriert werden. Jede dieser Gottheiten hatte einst für das Volk, das sie verehrte, eine tiefe Bedeutung gehabt, aber im selben Moment, in dem das Reich ihre Ursprungsländer auflöst, löst es auch ihre Identitäten auf: es gibt keine Unterschiede mehr zwischen Isis, Astarte, Demeter, Kybele, Anaitis und Maia.

Das kulturelle Universum des zweiten Jahrhunderts ähnelt ein wenig der Buchmesse, auf der demokratisch alle Bücher akzeptiert werden: alle Beschreibungen aller möglichen Welten, alle im Widerspruch zueinander. Wir kennen die Legende von jenem Kalifen, der die Zerstörung der Bibliothek von Alexandria befahl, mit dem Argument: Entweder sagen diese Bücher dasselbe wie der Koran, und dann sind sie unnütz, oder sie sagen etwas anderes, und dann sind sie falsch und schädlich. Der Kalif kannte und besaß eine Wahrheit, auf deren Grundlage er die Bücher beurteilte. Der Hermetismus des zweiten Jahrhunderts dagegen sucht eine Wahrheit, die er nicht kennt, und besitzt nur Bücher. Deswegen stellt er sich vor oder hofft, daß jedes dieser Bücher einen Funken Wahrheit enthält und daß sie alle einander bestätigen. In dieser synkretistischen Dimension tritt eines der Prinzipien des griechischen Rationalismus in die Krise, nämlich das des ausgeschlossenen Dritten. Vielerlei Dinge können gleichzeitig wahr sein, auch wenn sie einander widersprechen.

Wenn die Bücher nun aber die Wahrheit sagen, auch wo sie einander widersprechen, dann ist jedes ihrer Worte eine Anspielung, eine Allegorie. Sie besagen etwas anderes als das, was sie zu sagen scheinen. Jedes von ihnen enthält eine Botschaft, die keines von ihnen allein je enthüllen kann. Um die mysteriöse Botschaft, die in den Büchern steckt, zu verstehen, muß man nach einer Offenbarung jenseits der menschlichen Reden suchen, nach einer, die durch Verkündung der Gottheit selbst kommen müßte, durch die Modi der Vision, des Traums oder des Orakels. Doch eine unerhörte, nie zuvor vernommene Offenbarung wird von einem noch unbekannten Gott und einer bisher noch geheimen Wahrheit sprechen müssen. Eine *geheime* Weisheit ist eine *tiefe* Weisheit (denn nur was unter der Oberfläche liegt, kann auf lange Sicht unbekannt bleiben). Infolgedessen wird nun die Wahrheit mit dem gleichgesetzt, was nicht gesagt wird, oder was auf dunkle Weise gesagt wird und jenseits des Scheins und der Wörtlichkeit zu verstehen ist. Die Götter sprechen (heute würden wir sagen: das Sein spricht) durch hieroglyphische und enigmatische Botschaften.

Wenn aber die Suche nach einer anderen Wahrheit aus einem Mißtrauen in in das zeitgenössische Wissen entspringt, dann muß diese Weisheit *uralt* sein: Die Wahrheit ist eine Sache, in deren Nähe wir seit dem Anbruch der Zeiten leben, nur haben wir sie vergessen. Und wenn wir sie vergessen haben, muß jemand sie für uns bewahrt haben, jemand, dessen Worte wir nicht mehr verstehen. Also muß diese Weisheit auch eine *exotische* sein. C.G.Jung hat uns erklärt, daß wir, wenn uns ein beliebiges Götterbild allzu vertraut geworden ist und jedes Geheimnis verloren hat, uns an Bilder anderer Kulturen wenden müssen, da nur die exotischen Symbole eine sakrale *Aura* bewahren. Für das zweite Jahrhundert hätte demnach die geheime Weisheit ihren Ort entweder bei den Druiden haben müssen, den keltischen Priestern, oder bei den Weisen des Orients, die unverständliche Idiome sprachen.

Der klassische Rationalismus identifizierte die Barbaren mit denen, die nicht richtig sprechen konnten (die Etymologie von *barbaros* ist ebendiese: Barbar ist, wer »brbr« stammelt). Nun wird jedoch genau das vermeintliche Gestammel der Fremden zur heiligen Sprache voller Verheißungen und verschwiegener Offenbarungen. Galt für den griechischen Rationalismus als wahr, was erklärt werden konnte, so gilt jetzt nur als wahr, was sich nicht erklären läßt.

Doch welcher Art war das mysteriöse Wissen, das die Priester der Barbaren besaßen? Die verbreitete Meinung war: Sie kannten die verborgenen Bande, welche die geistige Welt mit der astralen Welt und diese mit der sublunaren Welt verbinden, weshalb man durch Einwirkung auf eine Pflanze den Lauf der Sterne beeinflussen kann, der Lauf der Sterne das Schicksal der irdischen Wesen beeinflußt und die magischen Operationen, die wir an einem Bild der Gottheit vornehmen, diese Gottheit zwingen, unseren Willen zu befolgen. *Wie unten, so oben.* Das Universum wird zu einem großen Spiegeltheater, in dem jedes Ding alle anderen spiegelt und bedeutet.

Von universeller Sympathie und Ähnlichkeit kann man jedoch nur sprechen, wenn man das Prinzip der Widerspruchsfreiheit verwirft. Die universelle Sympathie ist Ergebnis einer Emanation Gottes in der Welt, doch am Ursprung der Emanation steht ein nicht erkennbarer Einer, der als solcher der innerste Ort des Widerspruchs ist. Das neuplatonisch-christliche Denken wird zu erklären versuchen, daß wir Gott nicht eindeutig definieren können, weil unsere Sprache dazu nicht geeignet ist. Das hermetische Denken sagt, daß unsere Sprache, je ambivalenter, je polyvalenter sie ist, je mehr sie sich in Symbole und Metaphern kleidet, um so besser geeignet ist, einen Einen zu benennen, in dem sich die Koinzidenz der Gegensätze verkörpert. Doch wo die Koinzidenz der Gegensätze triumphiert, da fällt das Identitätsprinzip. *Tout se tient.*

Infolgedessen ist die Interpretation unendlich. Im Versuch, einen letzten, unerreichbaren Sinn zu erfassen, akzeptiert man ein unaufhaltsames Wegschlittern des Sinns. Eine Pflanze wird nicht anhand ihrer morphologischen und funktionalen Eigentümlichkeiten definiert, sondern anhand ihrer Ähnlichkeit, sei diese auch nur partiell, mit einem anderen Element des Kosmos. Ähnelt sie vage einem Teil des menschlichen Körpers, so hat sie Sinn, weil sie auf den Körper verweist. Aber der betreffende Teil des Körpers hat Sinn, weil er auf einen Stern verweist, und dieser hat Sinn, weil er auf eine Tonleiter verweist, und diese wiederum, weil sie auf eine Hierarchie von Engeln verweist, und so weiter *ad infinitum.*

Jedes Objekt, ob weltlich oder himmlisch, birgt ein *Geheimnis,* das nur Eingeweihte aufdecken können und dessen Kenntnis daher Initiation bedeutet. Aber, wie Joséphin Péladan im neunzehnten Jahrhundert sagen wird, ein aufgedecktes Initiationsgeheimnis ist zu nichts mehr nütze. Jedesmal, wenn man glaubt, ein Geheimnis aufgedeckt zu haben, ist es ein solches nur, wenn es auf ein anderes Geheimnis verweist, und das immer weiter bis hin zu einem letzten Geheimnis. Indessen ist dieses Universum der immer weiterverweisenden Sympathie ein Labyrinth von Wechselwirkungen, in dem jedes Ereignis einer Art spiralförmiger Logik gehorcht, in welcher die Idee einer zeitlich geordneten Ursache-Wirkungs-Abfolge in die Krise gerät. Ein letztes Geheimnis kann es nicht geben. Das letzte Geheimnis der hermetischen Initiation ist, daß alles Geheimnis ist. Das hermetische Geheimnis muß ein leeres Geheimnis sein, denn wer ein beliebiges Geheimnis zu enthüllen vorgibt, ist kein Initiierter und bewegt sich auf einer oberflächlichen Stufe der Erkenntnis des kosmischen Mysteriums.

Das hermetische Denken verwandelt die ganze Bühne der Welt zum Sprachphänomen, und zugleich entzieht es der Sprache jede kommunikative Macht.

In den grundlegenden Texten des *Corpus Hermeticum*, das genau um die Zeit des zweiten Jahrhunderts im Mittelmeerraum auftaucht, empfängt Hermes Trismegistos seine Offenbarung in einem Traum oder einer Vision, wobei ihm der *Nous* erscheint. Der *Nous* war für Platon das Vermögen zur Wahrnehmung der Ideen und für Aristoteles der Verstand, durch den wir die Wesenheiten erkennen. Gewiß stand die Agilität des *Nous* in Opposition zur mühevolleren Anstrengung der *dianoia*, die schon bei Platon Reflexion, rationale Aktivität war, sowie der *episteme* als Wissenschaft und der *phronesis* als Nachdenken über die Wahrheit; aber es war nichts Unaussprechliches in seinem Wirken. Dagegen wird der *Nous* im zweiten Jahrhundert nun das Vermögen zur mystischen Intuition, zur nicht-rationalen Erleuchtung, zur blitzartigen und nicht-diskursiven Vision.

Es ist nicht mehr nötig, Dialoge zu führen, diskursiv zu reden, zu argumentieren. Es gilt nur noch zu warten, daß jemand für uns spricht. Dann wird das Licht so plötzlich hereinbrechen, daß es sich mit der Dunkelheit vermengt. Dies wird dann die wahre Initiation sein, über die der Initiierte nicht sprechen darf.

Wenn es keine zeitlich geordnete Linearität der Kausalketten mehr gibt, wird die Wirkung auf die eigene Ursache rückwirken können. So geschieht es in der theurgischen Magie, aber auch in der Philologie. Das Prinzip des *post hoc ergo propter hoc* (nach diesem, also wegen diesem) wird ersetzt durch das Prinzip des *post hoc ergo ante hoc* (nach diesem, also vor diesem). Ein typisches Beispiel für diese Haltung ist die Art, in der die Philologen der Renaissance zu beweisen versucht haben, daß das *Corpus Hermeticum* nicht ein Produkt der hellenistischen Kultur sei, sondern vor Platon geschrieben worden sein müßte: Da das *Corpus* Ideen enthält, die offenkundig schon zur Zeit Platons kursierten, muß es folglich vor Platon entstanden sein.

Wenn dies die Eigenheiten des klassischen Hermetismus sind, so kehren sie wieder, wenn er seinen zweiten Triumph feiert, nämlich über den Rationalismus der mittelalterlichen Scholastik. In den voraufgegangenen Jahrhunderten, als der christliche Rationalismus die Existenz Gottes mit Argumentationen im Geiste des *modus ponens* zu beweisen suchte, ist das hermetische Wissen nicht ausgestorben. Es hat, an die Ränder gedrängt, bei den Alchimisten und jüdischen Kabbalisten überlebt sowie in den Falten des schüchternen mittelalterlichen Neuplatonismus. Doch beim Anbruch dessen, was wir die Neuzeit nennen, im Florenz der Renaissance, wo man zur gleichen Zeit das moderne Bankwesen erfindet, wird das im hellenistischen zweiten Jahrhundert geschaffene *Corpus Hermeticum* wiederentdeckt und als Zeugnis eines uralten Wissens aus der Zeit vor Moses interpretiert. Neubearbeitet von Pico della Mirandola, Ficino, Reuchlin, das heißt vom Neuplatonismus der Frührenaissance und vom christlichen Kabbalismus, geht das hermetische Modell in den Nährboden eines Großteils der modernen Kultur ein, von der Magie bis zur Wissenschaft.

Die Geschichte dieser Wiedergeburt ist komplex: die Historiker haben uns mittlerweile gelehrt, daß wir den hermetischen Strang nicht vom naturwissenschaftlichen trennen dürfen, daß Paracelsus und Galilei zusammengehören. Das hermetische Wissen beeinflußt Bacon, Kopernikus, Kepler und Newton, die moderne quantifizierende Wissenschaft entsteht im Dialog mit dem qualifizierenden Wissen des Hermetismus. Letzten Endes suggerierte das hermeneutische Modell die Idee, daß die Ordnung des Universums, wie sie vom griechischen Rationalismus beschrieben worden war, umgestürzt werden könnte und daß es möglich sei, im Universum neue Zusammenhänge, neue Beziehungen zu entdecken, die es dem Menschen erlauben würden, auf die Natur einzuwirken und ihren Lauf zu verändern.

Doch dieser Einfluß verbindet sich mit der Überzeugung, daß die Welt nicht durch eine Logik der Qualität beschrieben werden darf, sondern durch eine Logik der Quantität. So trägt das hermetische Modell paradoxerweise zur Entstehung seines neuen Gegners bei, des modernen wissenschaftlichen Rationalismus. In der Folge emigriert der hermetische Irrationalismus einerseits zu den Mystikern und Alchimisten, andererseits zu Dichtern und Philosophen, von Goethe bis Nerval und Yeats, von Schelling bis Franz von Baader, von Heidegger bis C.G. Jung. Und es ist nicht schwierig, in vielen postmodernen Konzepten der Literaturkritik die Idee des permanent wegschlitternden Sinnes zu entdecken. Es war eine hermetische Idee, die Paul Valéry ausdrückte, als er sagte: »*Il n'y a pas de vrai sens d'un texte*« (es gibt keinen wahren Sinn eines Textes).

Kürzlich hat Gilbert Durand zu beweisen versucht, daß die gesamte Kultur der letzten Jahrzehnte – einschließlich eines Großteils der wissenschaftlichen Kultur – nicht unter dem Zeichen des griechischen Rationalismus stehe, sondern unter dem des hermetischen Modells.[2]

Dieses Modell eines Denkens, das von der Norm des griechisch-lateinischen Rationalismus abweicht, bleibt jedoch unvollständig, wenn wir nicht ein weiteres Phänomen in Betracht ziehen, das in derselben geschichtlichen Phase hervortritt.

Geblendet von blitzartigen Visionen, während er tastend durchs

2 *Science de l'homme et tradition*, Paris, Berg, 1979.

Dunkel tappt, entwickelt der Mensch des zweiten Jahrhunderts auch ein neurotisches Bewußtsein der eigenen Rolle in einer unbegreiflichen Welt: die Wahrheit ist geheim, keine Befragung der Symbole und Rätsel sagt je die letzte Wahrheit, alle verlagern das Geheimnis immer nur in ein Woanders. Wenn dies die *conditio humana* ist, so muß die Welt das Ergebnis eines Irrtums sein. Der kulturelle Ausdruck dieser psychischen Kondition ist die Gnosis.

In der Tradition des griechischen Rationalismus bedeutete *gnosis* die wahre (diskursive und dialektische) Erkenntnis des Seins, gegenüber der einfachen Wahrnehmung (*aisthesis*) und der *doxa* (Meinung). Nun aber hat der Begriff die Bedeutung einer metarationalen, intuitiven Erkenntnis angenommen, einer Erkenntnis als Gabe der Gottheit oder eines himmlischen Mittlers, die den, der sie befolgt, zu erlösen vermag.

Die gnostische Offenbarung erzählt in mythischer Form, daß die Gottheit, die dunkel und nicht erkennbar ist, bereits in sich das Prinzip des Bösen enthält, sowie eine Androgynie, die sie von Anfang an widersprüchlich macht, nicht-identisch mit sich selbst. Ein ungeschickter Exekutor dieser Gottheit, der Demiurg, hat eine falsche und instabile Welt geschaffen, in die ein Bruchstück der Gottheit wie in ein Gefängnis oder ins Exil gefallen ist.

Eine irrtümlich geschaffene Welt ist ein mißratener Kosmos, ein Fehlschlag. Zu den ersten Auswirkungen dieses Fehlschlags gehört die Zeit, eine ungeschlachte Imitation der Ewigkeit. Während in denselben Jahrhunderten die Patristik den jüdischen Messianismus mit dem griechischen Rationalismus zu versöhnen sucht und den Begriff des gottgewollten und rationalen Verlaufs der Geschichte erfindet, entwickelt der Gnostizismus ein Verwerfungssyndrom gegenüber Zeit und Geschichte.

Der Gnostiker fühlt sich in der Welt exiliert, Opfer des eigenen Körpers, den er als Grab und Gefängnis definiert. Er ist in die Welt *geworfen* und muß sehen, daß er ihr entkommt. Existieren ist ein Übel. Aber man weiß ja, je frustrierter sich einer fühlt, desto mehr wird er von einem Omnipotenzwahn und von Rachegelüsten erfaßt. So kommt es, daß der Gnostiker sich als einen Funken der Gottheit erkennt, der sich vorübergehend, infolge eines kosmischen Komplotts, im Exil befindet. Wenn es ihm gelingt, zu Gott zurückzukehren, dann vereint der Mensch sich nicht nur wieder mit seinem Prinzip und Ursprung, sondern trägt auch dazu bei, diesen Ursprung zu regenerieren, ihn aus der Ur-Verirrung zu befreien. Obwohl Gefangener einer kranken Welt, fühlt sich der Mensch von einer übermenschlichen Macht durchdrungen. Die Gottheit kann ihren anfänglichen Bruch nur dank der Kollaboration des Menschen heilen. Der gnostische Mensch wird zum Übermenschen.

Was die Macht dieses Übermenschen charakterisiert, ist der Glaube, daß man Erlösung durch Erkenntnis (Gnosis) des Mysteriums der Welt erlangt. Gegenüber den *Hylikern*, die ohne Hoffnung auf Heil der Materie verhaftet bleiben, sind die *Pneumatiker* die einzigen, die zur Wahrheit streben und folglich erlöst werden können. Die Gnosis ist nicht wie das Christentum eine Religion für die Sklaven, sondern eine Religion für die Herren. Der Gnostiker fühlt sich unwohl in einer Welt, die er als äußerlich und fremd empfindet, und entwickelt eine aristokratische Verachtung gegenüber den Massen, denen er vorwirft, die Negativität dieser Welt nicht zu erkennen; er wartet auf ein finales Ereignis, das den Umsturz dieser Welt herbeiführt, die Explosion, die regenerierende Katastrophe.

Im Unterschied zur Masse der Sklaven begreift allein der gnostische Übermensch, daß das Böse kein menschlicher Fehler ist, sondern die Folge eines göttlichen Komplotts, und daß die Erlösung nicht durch die Werke erfolgt, denn es gibt nichts, was er sich zu vergeben lassen hätte. Wenn die Welt das Reich des Bösen ist, muß der Gnostiker auch ihre stoffliche Natur hassen, das Fleisch verachten und sogar die Fortpflanzungstätigkeit. Doch wer zur Erkenntnis gelangt, ist gerettet und muß daher auch nicht mehr die Sünde fürchten. Im Gegenteil, für Karpokrates muß der Mensch, um sich aus der Tyrannei der Engel, der Herren des Kosmos, zu befreien, alle nur denkbaren Schandtaten begehen. Volle Erkenntnis heißt auch Kenntnis des Bösen. In der Praktizierung des Bösen erniedrigt sich nur der Leib, der ohnehin zerstört werden muß, nicht aber die Seele, die bereits erlöst ist.

Es fällt schwer, sich der Versuchung zu entziehen, ein gnostisches Erbe in vielen Aspekten der neuzeitlichen und zeitgenössischen Kultur zu entdecken. Man hat einen katharischen (und somit gnostischen) Ursprung in der höfischen (und sodann romantischen) Konzeption der Minne entdeckt, der Liebe als Verzicht, als Verlust der Geliebten und jedenfalls als einer rein spirituellen Beziehung unter Ausschluß jedes sexuellen Elements. Gnostisch ist sicher die ästhetische Zelebrierung des Bösen als Offenbarungserfahrung (de Sade), und gnostisch ist auch die Entscheidung vieler moderner Dichter, visionäre Erfahrungen in der Erschöpfung des Fleisches zu suchen, sei es durch sexuellen Exzeß, durch mystische Ekstase, durch Drogen oder durch verbales Delirium.

Manche haben eine gnostische Wurzel in den großen Prinzipien des romantischen Idealismus gesehen, in dem Zeit und Geschichte zwar aufgewertet worden sind, aber nur, um den Menschen zum Protagonisten der Wiederherstellung des Geistes zu machen. Wenn andererseits Lukács behauptet, der philosophische Irrationalismus der letzten beiden Jahrhunderte sei eine Erfindung der Bourgeoisie, die auf ihre Krise dadurch reagiere, daß sie den eigenen Machtwillen und die eigene imperialistische Praxis philosophisch zu rechtfertigen suche, so tut er nichts anderes, als das gnostische Syndrom in marxistische Termini zu übersetzen. Umgekehrt hat man von gnostischen Elementen im Marxismus und sogar im Leninismus gesprochen, bezogen auf die Theorie der Partei als Speerspitze, als Gruppe von Auserwählten, die den Schlüssel zur Erkenntnis und folglich zur Erlösung besitzen.

Andere sehen eine gnostische Inspiration im Existentialismus und besonders bei Heidegger (das Dasein als »Geworfensein« in die Welt, das Verhältnis zwischen weltlicher Existenz und Zeit, der Pessismismus). C.G. Jung hat in seiner Erforschung antiker hermetischer Lehren das gnostische Problem der Wiederentdeckung eines ursprünglichen Selbst neu aufgeworfen. Ebenso ist aber auch ein gnostisches Element in jeder Erscheinungsform des Übermenschen (bis hin zu Superman) erkannt worden, in jeder aristokratischen Verdammung der Massenzivilisation und in der Entscheidung, mit der die Propheten der auserwählten Rassen beschlossen haben, zwecks Verwirklichung einer finalen Reintegration der Perfekten auch durch Blutbäder und Massaker zu gehen, durch den Genozid der Hyliker, der hoffnungslos an die Materie gefesselten Sklaven.[3]

Zu schweigen von zeitgenössischen Autoren, die sich expressis verbis auf die ursprünglichen Ideen der Gnosis beziehen. Ich zitiere Cioran: »Nichts wird mich von dem Gedanken abbringen, daß diese Welt die Frucht eines dunklen Gottes ist, dessen Schatten ich verlängere, und daß es meine Aufgabe ist, die Konsequenzen des auf ihm und seinem Werk liegenden Fluches auszuschöpfen ... Wie ein Krebsgeschwür breitet das Fleisch sich immer mehr über den Globus aus.«[4]

Ich will nur noch auf zwei Aspekte des hermetisch-gnostischen Modells verweisen, die mir besonders aktuell erscheinen: das Syndrom des Geheimnisses und das Syndrom des Komplotts.

Wenn der Eingeweihte derjenige ist, der ein kosmisches Geheimnis besitzt, so haben die Degenerationen des hermetischen Modells zu der Überzeugung geführt, daß Macht darin bestehe, *glauben machen* zu können, daß man ein politisches Geheimnis besitze. »Das Geheimnis«, schreibt Georg Simmel, »gibt der Persönlichkeit eine Ausnahmestellung, es wirkt als ein rein sozial bestimmter Reiz, prinzipiell unabhängig von dem Inhalt, den es hütet, aber natürlich in dem Maße steigend, in dem das ausschließend besessene Geheimnis bedeutsam und umfassend ist ... Aus diesem Geheimnis, das alles Tiefe und Bedeutende beschattet, wächst die typische Irrung: alles Geheimnisvolle ist etwas Wesentliches und Bedeutsames. Der natürliche Idealisierungstrieb und die natürliche Furchtsamkeit wirken dem Unbekannten gegenüber zu dem gleichen Ziele, es durch die Phantasie zu steigern und ihm eine Aufmerksamkeit zuzuwenden, die die offenbarte Wirklichkeit meistens nicht gewonnen hätte.«[5]

Ich glaube, es erübrigt sich hier, auf die Rolle der Manipulation

3 Ich beziehe mich bei diesen Interpretationen des Gnostizismus auf die Arbeiten von Puech, Jonas und Filoramo.

4 *Le mauvais démiurge*, Paris 1969 (dt. *Die verfehlte Schöpfung*, Frankfurt/M., Suhrkamp, 1979).

5 »Das Geheimnis und die geheime Gesellschaft«, in G. Simmel, *Soziologie*, Leipzig, Duncker & Humblot, 1908.

des Geheimnisses in den politischen Wechselfällen unserer Zeit hinzuweisen.

Wenn für die Gnosis der Mensch das Opfer eines kosmischen Komplotts ist und der Glaube an ein kosmisches Komplott der Weg, sich von Gewissensbissen und von der Verantwortlichkeit für das Böse in der Welt zu befreien, so hat Karl Popper gezeigt, wie diese metaphysische Obsession sich in die »Konspirationstheorie der Gesellschaft« verlagert hat: »Diese Theorie, die älter als die meisten Formen des Theismus ist, ähnelt Homers Theorie der Gesellschaft. Homer konzipierte die Macht der Götter so, daß alles, was in der Ebene vor Troja geschah, nur einen Reflex der diversen Verschwörungen auf dem Olymp darstellte. Die Konspirationstheorie der Gesellschaft ist lediglich eine Version dieses Theismus, das heißt eines Glaubens an Götter, deren Launen und Wünsche alles regieren. Sie kommt aus der Abkehr von Gott und der Frage: ›Wer ist an seine Stelle getreten?‹ An seine Stelle werden dann verschiedene mächtige Personen und Gruppen gesetzt – sinistre pressure groups, denen man vorwerfen kann, die große Depression geplant zu haben und alle Übel, unter denen wir leiden ... Der Konspirationstheoretiker glaubt, daß die Institutionen sich gänzlich als Resultat eines bewußten Plans begreifen ließen; und was die Kollektive betrifft, so schreibt er ihnen gewöhnlich eine Art Gruppenpersönlichkeit zu, indem er sie als Agenten der Konspiration behandelt, ganz so, als wären sie Einzelpersonen.«[6]

Es würde genügen, hier an die Theorie der jüdischen Weltverschwörung und die »Protokolle der Weisen von Zion« zu erinnern, oder auch an das Phänomen des McCarthyismus. Es ist eine »rationale« Tendenz der Diktaturen, einen äußeren Feind anzugeben, der Komplotte gegen das Wohl der Bürger schmiedet, und es ist stets eine »irrationale« Tendenz der Bürger, die Idee des Komplotts zu akzeptieren: Das Böse wird immer von einem anderen getan, es ist nie das Ergebnis eines von uns selbst begangenen Fehlers.

6 *Conjectures and Refutations*, 4.

Zu Beginn dieses Vortrags habe ich mich von der Gegenwart entfernt, um eine Erkundung in einer Vergangenheit vorzunehmen, die manchen zu fern erschienen sein mag. Ich wollte zeigen, daß wir Kinder unserer Geschichte sind und daß wir, wenn wir die Erscheinungsformen des gegenwärtigen Irrationalismus erkennen wollen, zunächst seine Wurzeln identifizieren müssen. Vielleicht ist schon dieser Ansatz, etwas zu »identifizieren«, um es von etwas anderem zu unterscheiden, manchen zu rationalistisch erschienen. Verzeihen Sie mir: ich glaube noch immer, daß das Identitätsprinzip und der *modus ponens* Instrumente sind, die zu gebrauchen manchmal die Mühe lohnt.

(Oktober 1987)

Darstellungsweisen

Über Spiegel

1. Ist das reflektierte Bild ein Zeichen?

Sind Spiegel ein semiosisches Phänomen?* Oder anders gefragt, sind die Bilder, die auf der Oberfläche von Spiegeln reflektiert werden, Zeichen? Die Frage mag sinnlos sein – insofern der Alltagsverstand die Antwort verlangen würde: Spiegel sind eben Spiegel. Dennoch ist es nicht müßig, sich die Frage zu stellen. Denn mag es auch wenig sinnvoll sein, zu entdecken, daß Spiegelbilder Zeichen sind, so könnte es doch schon sinnvoller sein, zu entdecken, daß und warum sie es *nicht* sind. Selbst angenommen, daß wir über Spiegel schon alles wissen, könnte ihr Ausschluß aus dem Kreise der Zeichen uns doch dazu bringen, ein Zeichen besser zu definieren (zumindest durch das, was es nicht ist).

Natürlich müßte zunächst definiert werden, was wir unter Zeichen und was unter Spiegel verstehen. Doch erhebt sich sofort die Frage, ob die beiden Definitionen nicht in gewisser Weise zusammenhängen, nämlich zirkulär, so daß man nicht wüßte, ob man von den Spiegeln ausgehen soll, um die Zeichen zu definieren, oder von den Zeichen, um die Spiegel zu definieren. Was garantiert uns, wenn wir von einer Definition des Zeichens ausgehen, daß diese nicht schon durch ihre Formulierung die Spiegel ausschließt? Leichter mag es scheinen, von den Spiegeln auszugehen (von denen wir annehmen, daß die Optik heute in objektiv unanfechtbarer Weise über sie spricht); aber auch die Definition dessen, was ein Spiegel ist, unter Ausschluß dessen, was er nicht ist, kann abhängig sein von gewissen vorgefaßten, wenn auch uneingestandenen Annahmen über die Natur der Zeichenphänomene als Erscheinungen, die sich von den Spiegelphänomenen unterscheiden.

* Der Leser wird in diesem Aufsatz und im Rest des Buches das Gegensatzpaar *Semiose* und *Semiotik* finden. Semiose ist jenes für die Menschen typische Phänomen (und nach Ansicht einiger auch für die Engel und die Tiere), durch welches – so Charles S. Peirce – ein Zeichen, sein Objekt (oder Inhalt) und seine Interpretation in ein Wechselspiel treten. Semiotik ist die theoretische Reflexion über das, was Semiose ist. Mithin ist Semiotiker der, der nie genau weiß, was Semiose ist, aber der sein Leben darauf verwetten würde, daß es sie gibt.

Zur Bestimmung einer Priorität gibt es keine guten phylogenetischen Argumente. Daß der Mensch ein semiosisches Tier ist, scheint zwar gesichert, aber es schließt nicht aus, daß er es gerade kraft einer uralten Spiegelerfahrung ist. Gewiß scheint der Mythos von Narziß ein schon sprechendes Tier in Szene zu setzen, aber inwieweit kann man den Mythen trauen? Aus phylogenetischer Sicht gleicht die Frage der nach dem Ei und der Henne, oder auch der nach dem Ursprung der Sprache. Mangels guter Protokolle über die »Morgenröte« der Gattung empfiehlt es sich, hier zu schweigen. Auch aus ontogenetischer Sicht sind die Garantien spärlich. Einerseits wissen wir nicht genau, ob die Semiose die Wahrnehmung begründet oder die Wahrnehmung die Semiose (und folglich, ob die Semiose das Denken begründet oder umgekehrt). Andererseits legen uns Lacans Reflexionen über das Spiegelstadium nahe, daß Wahrnehmung (oder zumindest Wahrnehmung des eigenen Körpers als einer nicht zerstückelten Einheit) und Spiegelerfahrung Hand in Hand gehen. Somit erscheinen Wahrnehmung, Denken, Bewußtsein der eigenen Subjektivität, Spiegelerfahrung und Semiose als Momente eines ziemlich unentwirrbaren Knäuels, als Punkte einer Kreislinie, auf der sich schwer ein Anfang bestimmen läßt.

2. Das Imaginäre und das Symbolische

Lacans Ausführungen über das »Spiegelstadium« scheinen unser Problem im Ansatz zu lösen. Der Spiegel ist ein Schwellenphänomen, das die Grenzen zwischen dem Imaginären und dem Symbolischen markiert. Zwischen dem sechsten und achten Monat begegnet das Kleinkind dem eigenen Spiegelbild. In einer ersten Phase verwechselt es das Bild mit der Wirklichkeit, in einer zweiten wird ihm bewußt, daß es sich um ein Bild handelt, in einer dritten begreift es, daß es sein eigenes Bild vor sich hat. In dieser »jubilatorischen Annahme« des Bildes setzt das Kind die noch unvereinigten Teile des eigenen Körpers zusammen, aber der Körper wird als etwas Äußerliches zusammengesetzt, und zwar – wie es heißt – in den Termini einer seitenverkehrten Symmetrie (ein Begriff, auf den wir noch zurückkommen müssen).

Die Spiegelerfahrung gehört noch zum Imaginären, so wie zum Imaginären auch die Erfahrung des Blumenstraußes gehört, der als illusorisches Bild von jenem sphärischen Spiegel erzeugt wird, den Lacan in der »Topik des Imaginären« beschrieben hat.[1] Die imaginäre Beherrschung des eigenen Körpers, wie sie die Erfahrung des Spiegels gestattet, geht der realen Beherrschung voraus: »Entwicklung findet nur in dem Maße statt, wie sich das Subjekt in das symbolische System integriert, sich darin übt, sich darin durch die Ausübung eines wahrhaften Sprechens bejaht.«[2] Erinnern wir nebenbei daran, daß das, was Lacan das Symbolische nennt, das Semiosische ist, wenngleich ein Semiosisches, das mit der verbalen Sprache identifiziert wird. In der jubilatorischen Annahme des Spiegelbildes manifestiert sich eine symbolische Matrix, in die das Ich in ursprünglicher Form sich hineinstürzt und in der die Sprache ihm seine Funktion als Subjekt *im Allgemeinen* wiedergeben muß.[3]

Wie wir noch sehen werden, müßte diese Wiedereinsetzung »ins Allgemeine« jedem semiosischen Prozeß eigentümlich sein, auch wenn er nicht verbaler Art ist. Als Moment, in dem sich die »Wendung« des Spiegel-Ichs zum sozialen Ich abzeichnet, ist der Spiegel eine »strukturelle Wegkreuzung« oder, wie gesagt, ein Schwellenphänomen.

3. Eintritt durch den Spiegel

Aber selbst wenn diese Schlußfolgerungen gültig sind, sagen sie nur, was der Spiegel in einem besonderen, einzigartigen und unwiederholbaren Moment der Ontogenese des Subjekts ist (oder besser: wozu er dient). Die Reflexionen über das Spiegelstadium schließen somit nicht aus, daß der Spiegel in höheren Entwicklungsstadien des symbolischen Lebens als semiosisches (oder Zeichen-)Phäno-

1 Jacques Lacan, *Seminar I: Freuds technische Schriften*, Olten/Freiburg, Walter, 1978.
2 Ibid., p.114.
3 Jacques Lacan, *Schriften I*, Olten/Freiburg, Walter, 1973, p.64.

men benutzt werden kann. Deshalb empfiehlt es sich hier, einen anderen Einstieg zu wählen: nicht nach einem Moment der Morgenröte oder des Anbruchs zu fragen (sei er phylo- oder ontogenetischer Art), sondern nach dem Gebrauch, den erwachsene Menschen von Spiegeln machen – erwachsene Menschen, die bereits Zeichen produzieren und sich als Subjekte wahrnehmen und die vor allem bereits eine gewisse Vertrautheit mit Spiegelbildern haben. Erfassen wir das Problem in diesem Stadium, so können wir eigene Alltagserfahrungen heranziehen, im Sinne einer phänomenologischen Reduktion, ohne die (nicht verifizierbaren) Erfahrungen unserer Vorfahren oder die (nur vermuteten, anhand äußerer Daten bestimmten) Erfahrungen unserer Kleinkinder befragen zu müssen. Allerdings stellt sich auch hier wieder das Problem, ob wir von der Erfahrung des Spiegels oder von der des Zeichens ausgehen sollen.

Wenn es sich um einen Kreis handelt, können wir freilich an jedem beliebigen Punkt eintreten. Entscheiden wir uns zum Eintritt durch den Spiegel (ohne darin zu verbleiben), da offenbar die Optik viel über die Spiegel weiß, während es zweifelhaft ist, wieviel die Semiotik über die Zeichen weiß.

4. Phänomenologie des Spiegels: Spiegel verkehren nicht

Definieren wir als Spiegel zunächst jede regelmäßige Fläche mit der Fähigkeit, die eintreffende Lichtstrahlung zu reflektieren (ausgeschlossen bleiben also »Spiegel« für andere Arten von Wellen, z. B. Radiorelais). Solche Flächen können eben oder gekrümmt sein. Unter ebenem Spiegel verstehen wir eine Fläche, die ein virtuelles, aufrechtes, seitenverkehrtes (oder symmetrisches) Abbild in gleicher Größe wie das Objekt und frei von sogenannten chromatischen Aberrationen liefert. Unter konvexem Spiegel verstehen wir eine Fläche, die virtuelle, aufrechte, seitenverkehrte und verkleinerte Abbilder liefert. Unter konkavem Spiegel verstehen wir eine Fläche, die a) wenn das Objekt sich zwischen Brennpunkt und Betrachter befindet, virtuelle, aufrechte, seitenverkehrte und vergrößerte Abbilder liefert, und b) wenn das Objekt die Position variiert, vom Unendlichen bis zur Koinzidenz mit dem Brennpunkt, reale, auf dem Kopf stehende, je nachdem vergrößerte oder verkleinerte Abbilder an verschiedenen Punkten des Raumes liefert, die vom menschlichen Auge betrachtet oder von einem Bildschirm aufgenommen werden können. Vernachlässigt bleiben hier die paraboloiden, ellipsoiden, kugelförmigen und zylindrischen Spiegel, die in unserer Alltagserfahrung wenig gebräuchlich sind und deren eventuelle Resultate wir unter den Rubriken der deformierenden Spiegel und der katoptrischen Theater betrachten werden.

Schon bei diesen Definitionen wäre nach der Bedeutung von Begriffen wie »virtuell« und »real« zu fragen. Das reale Bild der konkaven Spiegel ist zwar aus der Sicht des common sense irreal, aber es wird nicht nur deshalb »real« (oder »reell«) genannt, weil das wahrnehmende Subjekt es mit einem physisch konsistenten Objekt verwechseln kann, sondern auch weil es von einem Bildschirm aufgenommen werden kann, was bei den virtuellen Bildern nicht der Fall ist. Das virtuelle Bild wird so genannt, weil der Betrachter es wahrnimmt, als ob es im Innern des Spiegels wäre, während der Spiegel selbstverständlich kein »Innen« hat. Interessanter jedoch ist die Definition, derzufolge das Spiegelbild »seitenverkehrt« bzw. symmetrisch ist oder, wie man gewöhnlich sagt, symmetrisch verkehrt. Diese Meinung (daß der Spiegel die Rechte statt der Linken und umgekehrt reiche) ist so tief eingewurzelt, daß man auch gesagt hat, Spiegel hätten die kuriose Eigenschaft, rechts und links zu vertauschen, aber nicht oben und unten. Die Katoptrik würde diesen Schluß gewiß nicht autorisieren: Würden wir, statt an vertikale Spiegel gewöhnt zu sein, öfter Spiegel horizontal an der Decke anbringen, wie es die Libertins gerne tun, so könnten wir uns davon überzeugen, daß Spiegel sehr wohl auch oben und unten vertauschen, um uns eine »kopfstehende« Welt zu zeigen.

Der springende Punkt ist jedoch, daß auch vertikale Spiegel keineswegs »die Seiten verkehren«. Der Spiegel reflektiert rechts und links genau dort, wo rechts und links sind. Es ist der Betrachter (der naive, auch wenn er Physiker ist), der sich qua Identifikation mit seinem Abbild vorstellt, er wäre der Mensch im Spiegel, und der dann, während er sich betrachtet, auf einmal entdeckt, daß er, sagen wir, die Uhr am rechten Handgelenk trägt. Tatsache ist aber, daß er sie dort nur tragen würde, wenn er derjenige wäre, der sich im Spiegel befindet *(Je est un autre!)*. Wer es jedoch vermeidet, sich wie Alice zu benehmen und in den Spiegel einzudringen, leidet nicht unter dieser Täuschung. Schließlich wissen wir alle morgens im Bad den Spiegel gewöhnlich sehr gut zu gebrauchen, ohne uns wie Spastiker zu benehmen. Wir benehmen uns eher wie Spastiker, wenn wir, um uns die Nackenhaare zu stutzen, mit zwei Spiegeln hantieren und plötzlich Abbilder betrachten müssen, die (als Reflexe von Reflexen) die Rechte dort haben, wo wir die Rechte bei uns verspüren, und umgekehrt. Ein Zeichen dafür, daß unser Gehirn sich daran gewöhnt hat, die Spiegel so zu benutzen, wie sie getreu reflektieren, was vor ihnen ist, genauso wie es sich daran gewöhnt hat, das Bild auf der Netzhaut umzukehren, das ja nun wirklich auf dem Kopf steht. Nur hat unser Gehirn viele Millionen Jahre Zeit gehabt (einschließlich vieler vor dem Erscheinen des Homo sapiens), sich an die Umkehrung des Netzhautbildes zu gewöhnen – und das so gründlich, daß die kritische Reflexion jahrtausendelang nichts von diesem Phänomen geahnt hatte –, während es nur ein paar tausend Jahre Zeit gehabt hat, sich an das Spiegelbild zu gewöhnen. Daher interpretiert es das Spiegelbild zwar korrekt auf der perzeptiven und motorischen Ebene, aber auf der Ebene der begrifflichen Reflexion gelingt es ihm noch nicht ganz, das physische Phänomen von den Täuschungen, die es hervorruft, zu trennen, was zu einer gewissen Divergenz zwischen Wahrnehmung und Verstandesurteil führt. Wir gebrauchen das Spiegelbild richtig, aber wir sprechen darüber noch falsch, als täte es selber, was effektiv wir es tun lassen (das heißt, als würde es sich verkehren).

Wenn wir das Spiegelphänomen auf ein abstraktes Schema reduzieren, stellen wir fest, daß es sich nicht um ein Phänomen vom Typ der Camera obscura handelt (Fig. 1), sondern um eines, bei dem kein Strahl die anderen überkreuzt (Fig. 2). Nur wenn wir das, was im Schema dem realen Objekt entspricht, anthropomorphisieren, gewinnt dieses Objekt ein Bewußtsein von rechter und linker Seite und vergleicht sie mit dem Objekt, das sich auf der Fläche spiegelt, sowie mit dem virtuellen Objekt, das hinter der Fläche erscheint –

doch immer ausgehend von der illusionären Berechnung, was rechts und links wäre, wenn jenes Objekt, statt Reflex zu sein, real wäre.

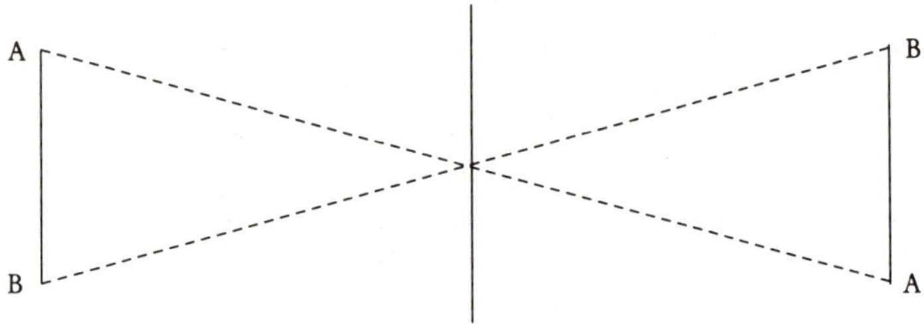

Figur 1

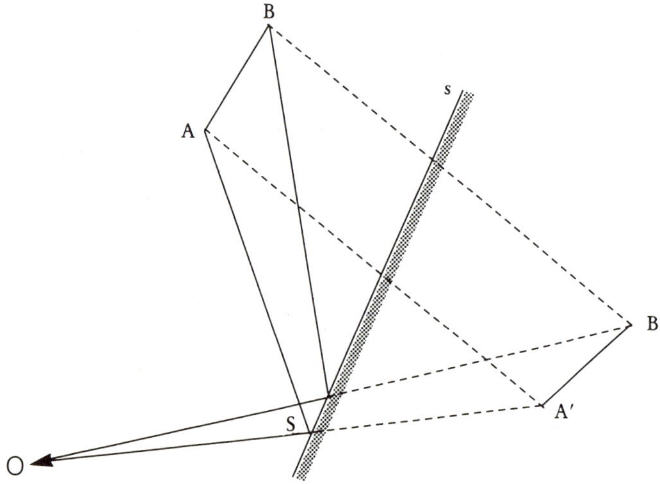

Figur 2

Vor dem Spiegel müßte man nicht von Umkehrung sprechen, sondern von absoluter Kongruenz; von der gleichen, die sich einstellt, wenn ich ein Löschblatt auf einen mit frischer Tinte beschriebenen Bogen drücke. Daß ich dann den Tintenabdruck auf dem Löschblatt nicht lesen kann (es sei denn, ich benutze eben einen Spiegel, d. h. ich rekurriere auf eine Kongruenz einer Kongruenz, wie bei den zwei Spiegeln im Bad), hat nur mit meinen Lesegewohnheiten zu tun, nicht mit dem Kongruenzverhältnis. Ein Zeichen dafür, daß die Gattung einige tausend Jahre länger Zeit gehabt hatte, die Spiegel lesen zu lernen, als (abgesehen von Leonardo da Vinci) die Löschblätter lesen zu lernen. Die zwar, um es nochmals zu sagen, spiegelverkehrt erscheinen, wenn wir ihre Schrift mit den Regeln des Schreibens vergleichen, die aber, wenn wir sie als Abdrücke *in actu* betrachten, die Tintenstriche genau dort registrieren, wo sie sich auf ihrer Oberfläche abdrücken.

Die Gattung weiß heute die Spiegel gerade deswegen zu gebrauchen, weil sie weiß, daß im Spiegel kein Mensch ist und daß der, auf den rechts und links zu beziehen sind, der Betrachtende ist und nicht dessen (virtuelles) Ebenbild, das den Betrachter zu betrachten scheint.

All dies verdeutlicht, wie schwer es ist, über Spiegel zu sprechen, als hätten wir sie noch nicht kennengelernt und benutzt (und man kann sich nun leicht vorstellen, wie bestürzt das Kleinkind im fatalen Stadium sein muß, wenn es noch nicht einmal den eigenen Körper kennengelernt hat). Wir sind als Erwachsene so, wie wir sind, gerade weil wir (auch) katoptrische Tiere sind: solche, die das doppelte Vermögen erworben haben, sich selbst (soweit möglich) und die anderen sowohl in der perzeptiven Realität wie auch in der reflektiven Virtualität zu betrachten.

Gewiß benutzen wir Spiegel unbefangener im Hinblick auf den eigenen Körper als im Hinblick auf den Körper der anderen.

Während ich schreibe, habe ich einen Spiegel vor mir, der eine Tür mit einer Türklinke in meinem Rücken reflektiert. Um zu bestimmen, ob die Türklinke rechts oder links ist (von wem aus?), um zu bestimmen, in welche Richtung ich meinen Arm (nach hinten) bewegen müßte, wenn ich mein Feuerzeug so werfen wollte, daß es die Türklinke trifft, kontrolliere ich vorher *mit* und *an* meinem Körper. Ich müßte die rechte Hand nach hinten in Richtung meiner linken Schulter bewegen, hinter der ich – im Spiegel – die Türklinke sehe. Ich probiere es und treffe (mehr oder minder) die Türklinke. Nun weiß ich (freilich wußte ich es auch schon vor dem Experiment), daß, wenn ich mich umdrehen würde, die Türklinke rechts von mir wäre. Aber ich mußte diese Umkehrberechnung vornehmen, weil ich de facto (mit den Augen) auf die virtuelle Tür im Spiegel gezielt hatte. Es war *mein* Problem. Zwischen Spiegel und Tür (die beide keine Wahrnehmungsorgane haben) gab es kein Umkehrverhältnis.

5. Pragmatik des Spiegels

Wir gebrauchen die Spiegel gewöhnlich gut. Das heißt, wir haben die Regeln der katoptrischen Interaktion verinnerlicht. Daher müssen wir von einer *Pragmatik* des Spiegels sprechen. Das Problem ist: um den Spiegel gut zu gebrauchen, müssen wir zunächst und vor allem *wissen, daß wir einen Spiegel vor uns haben* (eine essentielle Bedingung auch im Lacanschen Spiegelstadium, ohne die der Spiegel bloß Illusion oder halluzinatorische Erfahrung bleibt).

Nachdem wir geklärt haben, daß das, was wir wahrnehmen, ein Spiegelbild ist, pflegen wir stets davon auszugehen, *daß der Spiegel »die Wahrheit sagt«*. Er sagt sie dermaßen unverhüllt, daß er sich nicht einmal darum kümmert, das Bild wieder umzukehren (wie es der fotografische Abzug tut, der uns eine Illusion von Realität liefern will). Der Spiegel erlaubt sich nicht einmal diesen kleinen Kunstgriff, um uns die Wahrnehmung oder das Urteil zu erleichtern. Er »übersetzt« nicht. Er registriert, was auf ihn trifft, so, wie es auf ihn trifft. Er sagt die Wahrheit auf unmenschliche Weise, wie jeder weiß, der vor dem Spiegel alle Illusionen über seine Jugendlichkeit verliert. Das Gehirn interpretiert die Daten der Netzhaut, der Spiegel interpretiert die Objekte nicht.

Doch gerade diese unverhüllt olympische, animalische, unmenschliche Natur der Spiegel ist es, die uns gestattet, ihnen zu trauen. Wir trauen den Spiegeln so, wie wir unter normalen Bedingungen unseren Wahrnehmungsorganen trauen.

Nun wird begreiflich, warum wir von »Pragmatik« gesprochen haben: Für die Spiegel gelten bestimmte Regeln absolut, die aufgrund gesellschaftlicher und sehr relativer Konventionen auch für die Gesprächsinteraktionen gelten, nur daß wir bei letzteren die Lüge als Regelverletzung in Rechnung stellen. Nicht so bei den Spiegeln.

6. Spiegel als Prothesen und als Kanäle

Wir trauen den Spiegeln so, wie wir den Brillen und den Ferngläsern trauen, denn wie Brillen und Ferngläser sind sie *Prothesen*.

Eine Prothese im engeren Sinn ist ein Apparat, der ein fehlendes Organ ersetzt (künstliches Glied, Gebiß); aber im weiteren Sinn ist sie auch jeder Apparat, der den Aktionsradius eines Organs vergrößert. So können Hörrohre, Megaphone, Trampoline, Lupen und Periskope als Prothesen betrachtet werden. Eine Prothese erweitert den Aktionsradius des betreffenden Organs, aber sie kann sowohl *vergrößernde* Funktionen (bei der Linse) als auch *verkleinernde* oder *reduzierende* haben (Pinzetten erweitern den Greifradius der Finger, eliminieren dabei aber Wärme- und Tastempfindungen). In diesem Sinne ist der Spiegel eine absolut neutrale Prothese, die uns erlaubt, visuelle Reize auch dort wahrzunehmen, wo unsere Augen nicht hingelangen (am eigenen Körper, hinter einer Ecke, in einer Höhlung), und zwar mit der gleichen Stärke und Evidenz wie beim direkten Sehen. Manchmal kann der Spiegel auch als verkleinernde oder reduzierende Prothese fungieren (gekrümmte Spiegel oder geschwärzte, bei denen die Wahrnehmung der Wellenlängen geopfert wird, um die Wahrnehmung der Intensitätsverhältnisse zu privilegieren).

Prothesen können entweder bloß *extensiv* sein (wie die Linse) oder auch *intrusiv* (wie das Periskop oder gewisse medizinische Spekula). Der Spiegel bietet sich zu beiden Gebrauchsweisen an (ich kann ihn zum Erweitern der Reichweite meiner Augen benutzen, als hätte ich Sehorgane am Zeigefinger). Auch die einander spiegelnden Spiegel im Friseursalon (Spiegel *en abîme*) haben intrusive Funktion. Die Magie der Spiegel liegt darin, daß ihre Extensivität-Intrusivität uns nicht nur gestattet, die Welt besser zu sehen, sondern auch uns selbst so zu sehen, wie die anderen uns sehen – eine einzigartige Erfahrung, derengleichen die Gattung nicht kennt.

Als Prothesen sind die Spiegel zugleich *Kanäle*. Ein Kanal ist jedes materielle *Medium*, das den Durchlauf von Information erlaubt (der Begriff Information wird hier nur im physischen Sinne verstanden, als Durchlauf von quantitativ meßbaren Signalreizen, und hat noch nichts mit semiosischen Phänomenen zu tun).

Nicht alle Kanäle sind Prothesen, denn nicht alle erweitern den Aktionsradius eines Organs (die Luft zum Beispiel ist der Kanal, durch den die Lautwellen vordringen), aber alle Prothesen sind Kanäle oder Medien. Es kann auch Kanäle von Kanälen geben. Wenn ich zum Beispiel einen Spiegel benutze, um Lichtstrahlen zu reflektieren, durch welche Morsezeichen gesendet werden, so ist der Spiegel ein primärer Kanal, der das Licht weiterleitet, das – reflektiert – seinerseits ein sekundärer Kanal wird, der die relevanten Züge des Morsealphabets übermittelt. In jedem Fall betrifft dieses Phänomen aber nur die Reflexion und Kanalisierung von Lichtstrahlen und hat nichts mit dem Spiegelbild als solchem zu tun.

Die Identifikation des Spiegels mit dem Kanal erlaubt uns die Aussonderung jener Fälle, in denen das Spiegelbild als *Anzeichen* oder *Symptom* für eine Anwesenheit benutzt wird. Wenn ich zum Beispiel einen vertikal vor mir, aber schräg zu meinem Blickfeld postierten Spiegel betrachte, kann ich sehen, daß im Nebenzimmer menschliche Figuren anwesend sind. Auch in diesem Falle fungiert der Spiegel als Prothese, aber man könnte auch sagen, daß er – insofern die reflektierten Bilder Symptome für anderswo Vorhandenes sind – semiosische Funktionen erfüllt. Freilich ist jeder Kanal, sobald er in Funktion tritt, Symptom für die Existenz einer Signale aussendenden Quelle. So gesehen kann ich, wenn jemand zu mir spricht, unabhängig von dem, was er sagt, seinen Sprechakt in zweierlei Hinsicht als Symptom betrachten: erstens für die Tatsache, daß er nicht stumm ist, und zweitens für die Tatsache, daß er mir etwas sagen will oder einem inneren Zustand Ausdruck verleihen möchte. Diese Fälle, in denen die Aktivität des Kanals zum Symptom seiner Effizienz und der Existenz einer Quelle wird, betreffen jedoch den symptomatischen Gebrauch, der *vom Kanal* gemacht wird und nicht von den »Botschaften«, die der Kanal befördert. Der als Symptom benutzte Spiegel sagt etwas über den Spiegel selbst und über den Gebrauch, den man von ihm machen kann, aber nichts über das Spiegelbild.

Als Kanal und Prothese kann der Spiegel, wie alle Prothesen, auch Sinnestäuschungen hervorrufen. Ich trete in einen Raum und meine, einen Menschen mir entgegenkommen zu sehen, und erst später bemerke ich, daß es sich um mein eigenes Abbild in einem

Spiegel handelt. Dieses wenn auch nur kurzfristige »Stehen des Bildes für etwas anderes« könnte uns dazu verleiten, hierin den Umriß eines Zeichenphänomens zu erblicken. Aber es handelt sich eben bloß um eine Sinnestäuschung, wie ich sie auch ohne Spiegel haben kann, wenn ich mir etwas vormachen lasse und, wie man bei uns sagt, »Leuchtkäfer für Laternen halte« oder »den Schatten Körper gebe«.

Umgekehrt kann man auch Täuschungen hervorrufen, indem man etwas als Spiegel präsentiert, was gar kein Spiegel ist. In einem Film der Marx Brothers gibt es eine Szene, in der Groucho sich in einem Spiegel betrachtet; aber der Spiegel ist kein Spiegel, sondern ein leerer Türrahmen, hinter dem Harpo linkisch (und mit komischen Effekten) Grouchos Bewegungen nachzuahmen versucht. Dieses Phänomen eines Lügens *über* oder *um* Spiegel hat naturgemäß nichts mit dem Spiegelbild zu tun. Die Vorstellung, die der Täuscher gibt, hat gewiß etwas mit Fiktion, mit Bedeutung, mit Lüge durch Zeichen zu tun, aber nichts davon betrifft die Natur des Spiegelbildes. Wir werden das Phänomen im Zusammenhang einer Semiotik der Inszenierung behandeln, die sich auf einen Gebrauch der Spiegel als Kanäle ausrichten läßt.

7. Absolute Ikonen

Wir sagten, die Spiegel-Prothese vergrößert die Reichweite des Organs und liefert ihm Reize analog zu denen, die es empfangen würde, wenn es dort funktionieren könnte, wohin die Prothese seinen Aktionsradius verlängert. So gesehen liefert mir der Spiegel ein *absolutes Duplikat* des Reizfeldes. Naiv gesprochen könnte man sagen, er liefert mir eine »Ikone« des Objekts, wenn man Ikone als ein Bild definiert, das alle Eigenschaften des abgebildeten Objekts hat. Aber die katoptrische Erfahrung sagt mir, daß (auch wenn es »Ikonen« genannte Zeichen mit diesen Eigenschaften gibt) die absolute Spiegel-Ikone nicht eine Ikone, sondern ein Duplikat ist.[4]

4 Vgl. meinen *Trattato di semiotica generale* (dt. *Semiotik. Entwurf einer Theorie der Zeichen*, München, Fink, 1987), Abschnitt 3.4.7.

Das Blatt Papier, auf das ich schreibe, ist (auf der makroskopischen Ebene meiner perzeptiven Erfahrung und der praktischen Zwecke, für die ich es bestimme) ein Duplikat des Blattes, das ich soeben vollgeschrieben habe. Aber ich betrachte es deswegen nicht als ein »Zeichen« des anderen. Man wird sagen, das Spiegelbild stehe zu seinem Objekt nicht wie das erste Blatt zum zweiten. Beachten wir aber, daß das Spiegelbild nicht ein Duplikat des Objekts ist, sondern ein Duplikat des Reizfeldes, in das man gelangen könnte, wenn man das Objekt anstelle seines reflektierten Bildes betrachten würde.

Daß das Spiegelbild unter den Duplikaten das singulärste ist und Merkmale von Einzigartigkeit aufweist, erklärt eben gerade, warum die Spiegel soviel Literatur inspiriert haben: Diese virtuelle Verdoppelung der Reize (die manchmal so funktioniert, als wäre sie eine Verdoppelung sowohl meines Körpers-als-Objekt wie auch meines Körpers-als-Subjekt, der sich selbst gegenüberzutreten scheint), diese Enteignung des Bildes, diese permanente Versuchung, mich selbst für einen anderen zu halten, all dies macht die Spiegelerfahrung zu einer absolut singulären Erfahrung auf der Schwelle zwischen Wahrnehmung und Bedeutung. Genau aus dieser Erfahrung des absoluten Ikonismus erwächst der Traum von einem Zeichen, das dieselben Eigenschaften wie das bezeichnete Objekt besäße. Deswegen machen wir Zeichnungen (und produzieren damit eben jene »ikonisch« genannten Zeichen): um das, was der Spiegel ermöglicht, ohne Spiegel zu realisieren. Aber selbst die »realistischste« Zeichnung weist nicht alle Merkmale der dem Spiegel eigenen absoluten Duplikation auf (ganz abgesehen von der Tatsache, auf die wir noch zurückkommen werden, daß die Zeichnung in einem anderen Abhängigkeitsverhältnis zu ihrem Objekt steht). Somit kann die Spiegelerfahrung zwar erklären, wie der (semiotische) Begriff des Ikonismus entstanden ist, aber sie wird durch ihn nicht erklärt.

Indessen kann sich der Spiegel, als Schwellenphänomen, einigen Operationen darbieten, die ihn sozusagen »noch schwellenhafter« machen: der absolute Ikonismus der Spiegelbilder läßt sich verringern, und geschwärzte Spiegel sind ein exzellentes Beispiel für diese Technik. Der Spiegel schickt sich an, eine reduktive Prothese zu werden.

Denken wir uns einen Spiegel, der aus horizontalen Streifen von reflektierender Fläche im Wechsel mit schmalen opaken Streifen besteht. Das virtuelle Bild, das ich sehe, ist also unvollständig. Auf der Ebene der perzeptiven Rekonstruktion kann das Ergebnis hervorragend sein, mit wechselndem Perfektionsgrad je nach der Breite der opaken Streifen. Sind diese nicht allzu breit, so kann ich, auch wenn es sich bei dem Spiegelbild nicht um das meine handelt (über das ich nun bereits so viel weiß, daß ich die Zusammensetzung des Perzepts mit vorangegangenen Informationen abstützen könnte), das reflektierte Objekt hinreichend gut wahrnehmen. Dennoch sind hier Momente (wenn auch nur winzige) von Interpretation ins Spiel gekommen.

Doch Interpretationsmomente dieser Art kommen auch bei der Wahrnehmung von Objekten der Umwelt ins Spiel. Dunkelheit, die Präsenz undurchsichtiger Hindernisse, Nebel, all dies sind Momente von »Lärm« im Kanal, die den Präzisionsgrad der Sinnesdaten verringern und Interpretationsbemühungen erforderlich machen, um zu der (oft konjektural erschlossenen) Bildung des Perzepts zu gelangen.

Wenn diese interpretativen und konjekturalen Bemühungen als semiosische zu verstehen sind, dann mischt sich die Semiose wirklich in jeden Aspekt unserer Beziehung zur Umwelt ein; doch selbst wenn man das akzeptiert, darf man daraus nicht schließen, daß jeder keimhaft semiosische Prozeß schon zur Produktion und Interpretation von Zeichen führt. Auch wenn der Spiegel semiosische Prozesse in Gang setzt, bleibt noch zu definieren, in welchem Sinne diese Prozesse nicht in die Produktion, Interpretation und den Gebrauch von »Zeichen« einmünden.

8. Spiegel als starre Designatoren

Spiegel haben eine kuriose Eigenschaft: Solange ich hineinsehe, zeigen sie mir die Züge meines Gesichts, aber angenommen, ich würde der geliebten Person mit der Post einen Spiegel schicken, in dem ich mich lange gespiegelt habe, damit sie sich an meine Züge erinnert, so könnte sie darin nicht mich, sondern nur sich selbst sehen.

Diese Binsenwahrheit verdient einige Reflexionen (nicht spekularer Art). Müßten wir die Spiegelbilder mit Wörtern vergleichen, so wären sie den Personalpronomen ähnlich: zum Beispiel dem Pronomen »ich«, das, wenn ich es ausspreche, mich meint, und wenn ein anderer es ausspricht, diesen anderen meint. Angenommen, ich fände eine Flasche mit einem Zettel darin, auf dem geschrieben steht: »Ich bin schiffbrüchig im Archipel Juan Fernandez«, so wüßte ich sofort, daß ein anderer (jemand, der nicht ich bin) schiffbrüchig ist. Wenn ich nun aber statt des Zettels einen Spiegel in der Flasche fände, so würde ich, nachdem ich die beträchtliche Mühe aufgebracht hätte, ihn aus der Flasche zu ziehen, stets nur mich selbst darin sehen, gleichgültig, wer ihn als Botschaft ausgesandt hätte. Wenn der Spiegel etwas »benennt« (wobei es sich selbstverständlich um eine Metapher handelt), so immer nur ein konkretes Objekt, er benennt es nur einmal, und er benennt immer nur das eine Objekt, das er vor sich hat. Mit anderen Worten, was immer ein Spiegelbild sein mag, in jedem Fall wird es an seinem Ursprung und in seiner physischen Subsistenz von einem Objekt determiniert, das wir den *Referenten* des Bildes nennen werden.

Wollten wir noch eine weitere Beziehung zwischen Spiegelbildern und Wörtern finden, so könnten wir sie im äußersten Fall mit den Eigennamen vergleichen. Wenn ich auf einem überfüllten Bahnhof den Namen »Hans« riefe, hätte ich große Chancen, daß sich viele Personen nach mir umdrehen würden. Jeder anwesende Hans würde den Namen auf sich beziehen. Deshalb ist oft gesagt worden, daß die Eigennamen einen direkten Bezug zu ihren Trägern hätten. Ruft nun aber jemand, der aus dem Fenster schaut, während ich im Zimmer bin: »Da unten ist Hans!«, so weiß ich, auch wenn ich den betreffenden Hans nicht kenne, in jedem Fall (außer bei unrichtigem Gebrauch der Sprache), daß der andere einen Menschen männlichen Geschlechts gesehen hat (oder gesehen zu haben behauptet). Folglich verweisen nicht einmal die Eigennamen direkt auf ein bestimmtes Objekt, dessen Anwesenheit ihre Nennung determiniert. Nicht nur könnte der Sprecher gelogen und

Hans genannt haben, während Hans gar nicht da war, sondern der sprachliche Ausdruck /Hans/ hat vor allem die Eigenschaft, mich auf einen allgemeinen Inhalt zu verweisen. So daß ich, wenn jemand seine Tochter /Hans/ zu nennen beschließt, ihn darauf aufmerksam mache, daß er das gängige Namensgut falsch gebraucht, da /Hans/ gewöhnlich zur Benennung männlicher Kinder dient.

Folglich besteht ein Unterschied zwischen Spiegelbildern und Eigennamen. Oder aber das Spiegelbild ist ein *absoluter Eigenname*, so wie es eine absolute Ikone ist. Mit anderen Worten, der semiotische Traum von Eigennamen, die unmittelbar auf ihre Träger bezogen wären (ebenso wie der semiotische Traum von einem Bild, das alle Eigenschaften seines Objekts besäße), entsteht genau aus einer Art von *katoptrischer Sehnsucht*. Es gibt in der Tat eine Theorie der Eigennamen als *starrer Designatoren*[5], nach welcher Eigennamen sich weder durch präzise Beschreibungen vermitteln lassen (vom Typus: »Hans ist jener bestimmte, der...«) noch »kontrafaktischen« Übungen unterzogen werden können (vom Typus: »Wäre Hans noch Hans, wenn er nicht jener bestimmte wäre, der...«); sie verbinden sich vielmehr durch eine Kette ununterbrochener Designation, eine sogenannte »Kausalkette«, mit einem ursprünglichen Objekt, dem sie durch eine Art von initialer »Taufe« zugewiesen worden sind.

Gerade die Spiegel erlauben nun, uns eine solche Situation vorzustellen. Angenommen, auf einer Strecke von mehreren Kilometern Länge, von einem Punkt A, wo sich das reflektierte Objekt befindet, zu einem Punkt B, wo der Betrachter steht (der unter normalen Umständen den Punkt A nicht sehen könnte) würde eine Reihe von Spiegeln in regelmäßigen Abständen mit geeigneten Neigungswinkeln so aufgestellt, daß der Beobachter in B durch eine Kette von Spiegelungen auf dem letzten Spiegel das Bild des Objekts in A sehen könnte. Wir wären noch immer beim Fall einer Kanal-Prothese. Natürlich müßte die Zahl der Spiegel ungerade sein, denn nur unter dieser Bedingung würde der Beobachter das Bild des ursprünglichen Objekts so sehen, wie er es sähe, wenn das Objekt im ersten Spiegel in A reflektiert würde. Bei einer geraden

5 Saul A. Kripke, *Name und Notwendigkeit*, Frankfurt/M., Suhrkamp, 1981.

Zahl von Spiegeln würde das Bild ihm doppelt »spiegelverkehrt« erscheinen, und dann hätten wir nicht mehr den Effekt einer einfachen Spiegelprothese vor uns, sondern den einer komplexeren katoptrischen Apparatur, die genau die Funktion einer Übersetzung hätte. In jedem Falle genügt es für das hier behandelte Problem, daß der Beobachter weiß, ob die Zahl der Spiegel gerade oder ungerade ist, um sich entsprechend einzustellen, so wie er es vor seinem Spiegel im Bad tut oder vor einer Reihe von Spiegeln beim Friseur. Dank der Prinzipien, die wir als »Pragmatik des Spiegels« formuliert haben, weiß der Beobachter nun, daß a) der letzte Spiegel die Wahrheit sagt und daß es sich b) um einen Spiegel handelt; weshalb er auch weiß, daß c) das reflektierte Objekt tatsächlich im selben Moment am Punkt A existiert. Durch diese Kausalkette wird das letzte Spiegelbild zu einem starren Designator des reizauslösenden Objekts, ja man kann geradezu sagen, das letzte Spiegelbild »tauft« in jenem Moment das anfängliche Objekt.

Ein solcher katoptrischer Apparat wäre ein Apparat zur starren Designation. Es gibt keinen sprachlichen Ausdruck, der die gleichen Garantien böte, nicht einmal ein Eigenname wäre dazu imstande, denn in diesem Falle würden zwei Erfordernisse einer absoluten starren Designation fehlen: a) das ursprüngliche Objekt könnte nicht nur nicht mehr existieren, sondern auch nie existiert haben; b) nichts würde garantieren, daß der Eigenname ebendiesem Objekt entspräche und nicht einem anderen, das die gleichen allgemeinen Eigenschaften besäße.

Damit zeigt sich, daß die ganze Semantik der starren Designation eine (Pseudo-)Semantik der Spiegelbilder ist und daß kein sprachlicher Ausdruck ein absoluter starrer Designator sein kann (so wie es auch keine absoluten Ikonen gibt). Wenn die Bedingung der Absolutheit fehlt, wird jeder starre Designator, der nicht ein Spiegelbild ist, das sich in seiner Starrheit auf verschiedene Weise und unter verschiedenen Bedingungen trüben läßt, zu einem »flauen« Designator.

Allein das Spiegelbild als absolut starrer Designator kann nicht durch kontrafaktische Situationen in Frage gestellt werden. Ich könnte mich niemals fragen (außer unter Verletzung der pragmatischen Prinzipien, die mein Verhältnis zu Spiegeln bestimmen): »Wenn das Objekt, dessen Bild ich wahrnehme, andere Eigenschaften hätte als das Bild, das ich wahrnehme, wäre es dann noch dasselbe Objekt?« Diese anti-kontrafaktische Garantie gibt mir allein jenes Schwellenphänomen, das eben der Spiegel ist.

Die Theorie der starren Designatoren ist ein Opfer der Spiegelmagie.

9. Über Zeichen

Wenn somit keinerlei Analogie zwischen Spiegeln und Eigennamen besteht, gibt es erst recht keine Analogie zwischen Spiegeln und den gewöhnlichen Namen, die stets und vor allem (außer wenn sie zeigend gebraucht werden) auf allgemeine Begriffe verweisen. Aber das sagt uns noch nicht, daß das Spiegelbild kein Zeichen wäre, denn die semiotische Tradition, von den Griechen bis heute, hat einen Zeichenbegriff entwickelt, der über den des verbalen Zeichens hinausgeht. Nach den ältesten Definitionen ist ein Zeichen *aliquod, quo stat pro aliquo*: etwas, das für etwas anderes steht. Der elementarste Typ des rememorativen Zeichens, den die Stoiker theoretisiert haben, ist der des Rauches, der für das Feuer steht. Prüfen wir also, ob das Spiegelbild für den Körper steht, der es als Spiegelung verursacht, so wie der Rauch für das Feuer steht. Wenn man die erste und vollständigste Theorie des Zeichens, die je formuliert worden ist (eben die der Stoiker), richtig interpretiert, so erkennt man, daß jedes Ding als Zeichen für jedes beliebige andere Ding aufgefaßt werden kann, vorausgesetzt, es handelt sich um ein *Antezedens* oder *Vorangegangenes*, das enthüllend für das daraus *Folgende* oder *zu Folgernde* wird (wobei »Vorangegangenes« und »Folgendes« nicht zeitlich, sondern logisch zu verstehen sind, das heißt, sie haben den Wert, den sie im logischen Implikationsverhältnis annehmen; es handelt sich also nicht um ein chronologisches Verhältnis, denn das Folgende kann – wie bei Rauch und Feuer – durchaus die zeitlich mehr oder minder weit zurückliegende Ursache des Vorangegangenen sein).

Diese Definition genügt aber nicht. Sie muß um folgende Bedingungen ergänzt werden:

1. Damit das Vorangegangene zum Zeichen des (daraus) Folgenden werden kann, muß es potentiell *anwesend* und wahrnehmbar sein, während das Folgende notwendigerweise *abwesend* sein muß. Denn wenn ich den Rauch sehe, der aus den Flammen aufsteigt, habe ich keinerlei Bedürfnis, ihn zum Zeichen des Feuers zu erwählen. Die Abwesenheit des Folgenden nimmt zwei Formen an: eine, die wir vorerst »notwendig für die Existenz des Zeichens an sich« nennen werden (das Folgende muß außerhalb meines Wahrnehmungsbereiches sein), und eine, die wir »optional« nennen können, insofern das Folgende, als weit zurückliegende Ursache, materiell zu existieren aufgehört haben kann, wenn ich das Zeichen interpretiere (siehe die Spuren und Abdrücke, die womöglich von prähistorischen Tieren stammen).

2. Infolgedessen kann das Vorangegangene produziert werden, auch wenn das Folgende nicht existiert und nie existiert hat. Ich kann Rauch mit chemischen Mitteln erzeugen, um glauben zu machen, es gebe ein Feuer. Das Zeichen kann auch *zum Lügen* über Sachverhalte dienen.

3. Das Zeichen kann zum Lügen benutzt werden, weil das Vorangegangene (Ausgedrückte) *nicht das Folgende als seine Ursache verlangt*, weder als seine notwendige noch als seine bewirkende Ursache. Das Vorangegangene wird als verursachbar durch das Folgende verstanden, aber es ist nicht notwendigerweise von ihm verursacht.

4. Ein weiteres Merkmal des Vorangegangenen/Ausgedrückten ist: Es wird stets nur mit einem (mehr oder minder allgemeinen) Inhalt korreliert und nicht mit dem Referenten.

5. Aber die stoische Semiotik sagt uns noch etwas mehr. Nicht der Rauch selber ist Zeichen, schon gar nicht der Rauch als materielle Erscheinung. Das Zeichen ist für die Stoiker etwas *Unkörperliches*, nämlich das Implikationsverhältnis zwischen zwei Sätzen («wenn es Rauch gibt, dann gibt es Feuer«, was man auch als Gesetz formulieren könnte: »Immer wenn Rauch aufsteigt, ist anzunehmen, daß da ein Feuer brennt«). Die semiotische Beziehung ist also ein *Gesetz*, das einen *Typus* von Vorangegangenem mit einem *Typus* von daraus Folgendem korreliert. Das Zeichen ist nicht dadurch gegeben, daß ein *bestimmter* Rauch auf ein *bestimmtes*

Feuer verweist, sondern die allgemeine Klasse der als Rauch erkennbaren Phänomene verweist auf die allgemeine Klasse der als Feuer definierbaren Phänomene. Die Beziehung besteht zwischen *Typen* und nicht zwischen Einzelfällen oder Exemplaren.

6. Daß die semiotische Beziehung zwischen Typen besteht, hat zur Folge, daß sie *unabhängig vom Kanal* oder materiellen *Medium* ist, in dem und durch den ihre Einzelfälle erzeugt und befördert werden. Das Zeichenverhältnis Rauch-Feuer bleibt dasselbe, gleich ob der Rauch chemisch erzeugt oder verbal benannt oder durch Bilder dargestellt wird. Das Verhältnis, das Punkte und Linien nach dem Morsealphabet mit den Buchstaben unserer Schrift verbindet, bleibt unverändert, gleich ob die Punkte und Linien als Lichtsignale übermittelt oder als Klopfsignale von einem Gefangenen an die Wand seiner Zelle getrommelt werden.

7. Schließlich – und hier entwickeln wir die Begriffe der Stoiker ein Stück weiter (aber nur ein kleines) – ist der Inhalt eines Ausdrucks *interpretierbar*. Wenn mir jemand meldet, er sehe Rauch, kann ich ihn immer noch fragen, was er unter Rauch versteht, und er kann es mir erklären, indem er mir Feuer zeigt, mir das Bild einer Flamme vorhält, mir eine verbale Definition gibt, ein Wärmegefühl in mir hervorruft, mich an eine frühere Episode erinnert, in der ich die Präsenz von Feuer erfahren habe. Desgleichen kann ich, wenn jemand den Namen /Hans/ ausspricht, nach der Bedeutung des Namens fragen, und es ist nicht unbedingt nötig, daß der Sprecher mir Hans gegenüberstellt, es genügt, daß er ihn mir irgendwie definiert (als den Mann von Grete, als den Typ, den ich gestern kennengelernt habe, der auf diesem Foto ist, der beim Gehen den Kopf so und so hält und so weiter). Jede Interpretation definiert nicht nur den Inhalt des Ausdrucks, sondern läßt mich auf ihre Weise auch *etwas mehr von ihm erkennen.*[6]

6 Charles S. Peirce, *Collected Papers*, 8.332 (Cambridge, Harvard University Press, 1931-58; dt. z.T. in *Schriften zum Pragmatismus und Pragmatizismus*, ed. K.-O. Apel, Frankfurt/M., Suhrkamp, 1967-76, sowie in *Semiotische Schriften*, Bd.1, ed. Ch.W. Kloesel u. H. Pape, Suhrkamp, 1986).

Nach diesen sieben Prämissen ist klar, in welchem Sinne ein Spiegelbild kein Zeichen ist.

1a. Das Spiegelbild ist (auch wenn es als Antezedens genommen wird) anwesend, und zwar *in Präsenz eines Referenten, der nicht abwesend sein kann.* Es verweist nie auf zurückliegende Folgen. Das Verhältnis zwischen Objekt und Bild ist das Verhältnis zwischen zwei Präsenzen ohne irgendeine Vermittlung. Das Folgende tritt (in Gestalt der Prothesenwirkung des Spiegels) in den Wahrnehmungsbereich des Interpreten ein.

2a. Das Bild wird *kausal vom Objekt erzeugt* und kann nicht in Abwesenheit des Objekts erzeugt werden.

3a. Daher kann das Spiegelbild *nicht zum Lügen benutzt werden.* Man kann, wie wir sagten, zwar *über* und *um* Spiegelbilder lügen (indem man Phänomene als Spiegelbilder vortäuscht, die keine sind), aber man kann nicht *mit* ihnen und *durch* sie lügen.

4a. Das Spiegelbild ist nicht *mit einem allgemeinen Inhalt korrelierbar* – oder könnte es zwar auch sein (zum Beispiel: ich betrachte mein Bild im Spiegel, um über die allgemeinen Eigenheiten des menschlichen Körpers nachzudenken), aber nur dank seines notwendigen Verhältnisses zum Referenten. Die Zeichen können auf einen Referenten bezogen werden, da sie vor allem auf einen Inhalt verweisen, während das Spiegelbild nur auf einen Inhalt verweisen kann, weil es ein primäres Verhältnis zum Referenten unterhält.

5a. Darum etabliert das Spiegelbild niemals ein Verhältnis zwischen Typen, sondern *immer nur zwischen Einzelfällen* (was eine andere Art ist, das Imaginäre vom Symbolischen zu unterscheiden – denn das Symbolische impliziert eine Vermittlung »universeller« Natur, also genau ein Verhältnis zwischen Typen).

6a. Naturgemäß ist das Spiegelbild *nicht unabhängig vom Medium oder Kanal,* in dem es geformt und von dem es begrenzt wird. Es verschmilzt zur Einheit mit einem einzigen und nur diesem einen Kanal: dem Spiegel.

7a. Schließlich ist das Spiegelbild *nicht interpretierbar.* Interpretierbar ist allenfalls (in Begriffen von Interferenzen verschiedener Art, von Definitionen, von immer analytischeren Beschreibungen) das Objekt, auf das es verweist, beziehungsweise das Reizfeld, dessen Duplikat es ist. Das Bild als solches kann nur so, wie es ist, von einem zweiten (dritten, vierten etcetera) Spiegel weitergespiegelt werden. Andererseits, wenn Interpretierbarkeit eine charakteristische Eigenschaft der Inhalte ist, ist ein Bild ohne Inhalt per definitionem nicht interpretierbar (zumindest nicht in dem Sinne, den wir dem Begriff der Interpretierbarkeit zugewiesen haben).

11. Freaks: deformierende Spiegel

Spiegelbilder sind keine Zeichen, und Zeichen sind keine Spiegelbilder. Dennoch kann es Fälle geben, in denen Spiegel benutzt werden, um Prozesse zu erzeugen, die sich als semiosische definieren lassen.

Der erste Sonderfall ist der des deformierenden oder Zerrspiegels, dessen wundersame Effekte schon von den arabischen Physikern und im *Roman de la rose* beschrieben worden sind. Als kuriose Prothese erweitert der Zerrspiegel zwar die Funktion des Organs, aber er deformiert sie dabei, wie ein Hörrohr, das jeden Diskurs in ein Stück Opera buffa verwandeln würde. Er ist also eine Prothese mit *halluzinatorischen Funktionen*. Wenn wir halluzinogene Substanzen einnehmen, nehmen wir weiterhin Formen, Farben, Töne und Gerüche wahr, aber in veränderter Weise. Unsere Sinnesorgane funktionieren nicht mehr normal. Dennoch wissen wir, daß es unsere Sinnesorgane sind, auf die wir uns gewöhnlich verlassen. Wenn wir nicht wissen, daß wir uns berauscht haben, verlassen wir uns weiter auf sie, mit unvorhersehbaren Folgen; wenn wir es wissen, bemühen wir uns in dem Maße, wie wir unsere Reaktionen noch kontrollieren können, unsere Sinneseindrücke zu *interpretieren* und zu übersetzen, um »korrekte« Wahrnehmungen zu rekonstruieren (oder solche, die denen der Mehrheit der Menschen analog sind).

Das gleiche geschieht vor dem deformierenden Spiegel. Wenn wir nicht wissen, daß es sich um einen Spiegel handelt und daß er deformiert, befinden wir uns in einer Situation von normaler Sinnestäuschung.

Interessanter ist der Fall, wenn wir wissen, daß wir einen deformierenden Spiegel vor uns haben, wie etwa auf Jahrmärkten. Unsere Haltung ist dann gespalten. Einerseits amüsieren wir uns, das heißt, wir genießen die halluzinatorischen Eigenheiten des Kanals. Wir beschließen (luzide) zu akzeptieren, daß wir drei Augen haben oder einen enormen Bauch oder extrem kurze Beine, so wie man ein Märchen akzeptiert. Tatsächlich aber versetzen wir uns in eine Art pragmatischen Urlaub: Wir akzeptieren, daß der Spiegel, der eigentlich die Wahrheit sagen müßte, sie ausnahmsweise nicht sagt. Aber unsere suspendierte Ungläubigkeit betrifft nicht so sehr das Bild als die Kraft der deformierenden Prothese. Das Spiel ist komplex: Einerseits verhalten wir uns, als stünden wir vor einem planen Spiegel, der die Wahrheit sagt, und entdecken, daß er uns ein »irreales« Bild zurückwirft (von etwas, das wir nicht sind). Wenn wir das Bild »für wahr nehmen«, helfen wir sozusagen dem Spiegel beim Lügen. Das Vergnügen, das wir an diesem Spiel empfinden, ist nicht im strengen Sinne semiotischer, sondern ästhetischer Art. Wir können das Spiel auch mit anderen Prothesen treiben, zum Beispiel wenn wir die Welt durch eine gefärbte Linse betrachten. Aber das Spiel unterscheidet sich nicht von dem, was wir treiben, wenn wir uns mitten in einem großen Lärm die Hände an die Ohren drücken und sie rhythmisch lösen und wieder andrükken, um ein »unwirkliches« Geräusch zu hören.

Zugleich aber (oder kurz darauf) macht sich eine andere Haltung bemerkbar. Da wir wissen, daß wir vor einem Spiegel stehen, denken wir, daß er irgendwie doch die Wahrheit sagen könnte, reflektiert er doch (wenn auch »schlecht«) immerhin Strahlen, die von unserem Körper stammen (natürlich gilt dasselbe auch, wenn wir im Zerrspiegel die Körper anderer betrachten, aber zweifellos wird die ganze Angelegenheit psychologisch interessanter, speziell in narzißtischer Hinsicht, wenn wir den eigenen Körper betrachten).

In dieser Situation interpretieren wir die Daten, die uns der Spiegel liefert, in derselben Weise, wie wir es angesichts von Phänomenen der Brechung tun. Wenn ich einen Stock ins Wasser tauche, sehe ich ihn zwar gebrochen, interpretiere aber die Daten weiterhin unter der Annahme, daß er gerade ist. Es gibt Interpretationsregeln (wenn nicht auf der Wahrnehmungsebene, so doch zumindest auf der Ebene des Verstandesurteils) zur »Decodifizierung« der optischen Täuschungen. Vor dem Zerrspiegel bringe ich einige *Projektionsregeln* ins Spiel, nach denen einer bestimmten Länge oder Breite des virtuellen Bildes eine bestimmte andere Länge oder Breite des reflektierten Objekts entsprechen muß. Ich gehe so vor, als müßte ich eine bestimmte Art von kartographischer Projektion in den Termini einer anderen interpretieren. Diese Projektionsregeln unterscheiden sich im Prinzip nicht von denen, die ich anwende, um in einer stilisierten, karikierenden oder nur eben angedeuteten Zeichnung die Eigenheiten des Objekts oder der Klasse von Objekt-Typen zu erkennen, auf die sie verweist.

In diesem Sinne stellt die Erfahrung des Zerrbildes ein weiteres Schwellenphänomen dar, das die Grenzen zwischen dem Spiegelphänonem und dem Semiosischem verschiebt. Wenn das Zerrbild nicht, wie wir schon sahen, ebenfalls parasitär im Verhältnis zu seinem Objekt oder Referenten wäre, müßten wir sagen, daß es viele Eigenschaften des Semiosischen hat, mögen sie auch nur angedeutet, unpräzise und fluktuierend sein. So werde ich beispielsweise in diesem Verhältnis, obwohl es doch immer nur zwischen Einzelfällen besteht, dazu gebracht, mich selbst als den Typ eines anderen zu sehen (eines Riesen, eines Zwerges, eines monströsen Wesens): Es liegt darin etwas wie der Anfang eines Verallgemeinerungsprozesses, ein Vergessen des Referenten, um über den Inhalt zu phantasieren – sei es auch nur als ständig unterdrückte Versuchung, kontrolliert vom Bewußtsein der Einzigartigkeit des Phänomens, von einem nüchternen Räsonieren über die halluzinatorische Situation, in der ich mich befinde... Es liegt darin ein »mehr Wissen« über das, was ich bin oder sein könnte, ein Anfang von kontrafaktischer Übung, ein Beginn von Semiose.

Vielleicht, weil wir vor diesen Möglichkeiten erschrecken, verbannen wir die Zerrspiegel in die Spukschlösser, um nicht die Grenze in Frage zu stellen, die wir instinktiv so gut zwischen Katoptrik und Semiose gezogen haben.

Letzte Anmerkung: zweifellos ist das Bild, das mir der deformierende Spiegel zurückwirft, ein Symptom dafür, daß dieser Spiegel in seiner Eigenschaft als Kanal eben deformierend ist. So wie das Bild des gebrochenen Stockes, das mir sagt (wenn ich es nicht schon wüßte), daß der Stock ins Wasser getaucht worden ist. Wir haben diese symptomatischen Gebrauchsweisen des Bildes schon beschrieben, bei denen das Bild nicht Informationen über das Objekt gibt, sondern über die Natur des Kanals. In diesen Fällen ist es meine überraschende Wahrnehmung (wie kann ich den Stock gebrochen sehen, oder mein Gesicht mit drei Augen, wenn ich doch weiß, daß es »nicht der Fall« ist?), die zum Symptom der Anomalien des Kanals wird. Die semiosische Anstrengung verläuft also zwischen überraschender Wahrnehmung (die in diesem Fall gleichbedeutend mit einer anomalen Wärmeempfindung ist) und Kanal, nicht zwischen Bild und Objekt.

12. Die vor-katoptrische Inszenierung

Kommen wir nun zu einem beunruhigenderen Fall. Ich befinde mich in einem Zimmer, habe vor mir einen vertikalen Spiegel, der schräg zu den Strahlen postiert ist, die von meinem Körper ausgehen, und sehe also nicht mich, sondern jemanden im Nebenzimmer, der nicht weiß, daß er gesehen wird. Der Fall gleicht dem des Sheriffs im Westernfilm, der im Spiegel über der Theke des Saloons den Banditen sieht, der hinter ihm zur Tür hereinkommt. Diese Fälle erscheinen nicht weiter problematisch, der Spiegel ist eben eine Prothese, und in manchen Fällen fungiert er intrusiv wie ein Periskop.

Aber stellen wir uns nun vor, daß im Nebenzimmer ein Akteur A ist, der weiß, daß der Beobachter B ihn durch den Spiegel beobachtet, aber zu Recht annimmt, B glaube, A wisse nicht, daß B ihn sieht. A will nun B glauben machen, er tue (im Glauben, nicht gesehen zu werden) etwas Charakteristisches, und vollführt einige Handlungen, die B für spontan halten soll, während es Handlungen sind, die A für B zu dessen exklusivem Wohl (oder Übel) vollführt. A inszeniert also eine Performance fast wie im Theater, nur soll der

Zuschauer B das Theater mit der Realität verwechseln. A benutzt das Spiegelbild, um zu lügen. Was ist nun in dieser Situation semiosisch?

Alles, und doch nichts, was das Spiegelbild als solches betrifft. Auch beim Gebrauch der verbalen Sprache kann ich eine wahre Aussage machen, um meinem Gegenüber etwas zu suggerieren (über meine Gedanken, Gefühle oder anderes), das nicht der Wahrheit entspricht. Das gleiche geschieht im vorliegenden Fall. Das Spiegelbild hat weiterhin alle Merkmale einer treuherzigen Ehrlichkeit, die es hätte, wenn A ehrlich agieren würde, es reflektiert genau das, was A tut. Nur ist nun das, was A tut, *Inszenierung* und folglich ein semiotischer Kunstgriff. Es gibt eine »vor-filmische Inszenierung«.[7] Ich kann durchaus der Meinung sein, die Filmkamera sei das »wahrhaftigste« Instrument der Welt, aber das hat nichts mit der Prädisposition der Szene zu tun, die sie filmen wird – und der gegenüber ich die Überzeugung nähren oder nicht nähren kann, daß sie Fiktion ist. Angesichts einer Filmszene mit einer Fee und sieben Zwergen in einer fliegenden Kutsche weiß ich, daß Fee und Zwerge und Kutsche eine (fiktive) Inszenierung sind, und so weiß ich mehr oder minder, wie sehr ich mich auf die Treue der Kamera, die sie gefilmt hat, verlassen kann. Nur ein Kind wird, wenn es die filmische Aufnahme als reine Transparenz nimmt, auch die Inszenierung als Realität nehmen (aber seine Unreife betrifft eine Semiotik der Inszenierung und nicht eine Semiotik der filmischen Aufnahme).

In gleicher Weise gibt es auch eine *vor-katoptrische Inszenierung*, mit der man Illusionen über die Realität erzeugen kann. Aber dann verlagert sich der ganze semiotische Diskurs vom Spiegelbild auf die Inszenierung. Das Spiegelbild ist Kanal der vor-katoptrischen Zeichen. Diese Überlegungen suggerieren zudem, daß es über eine vor-katoptrische Inszenierung hinaus auch eine Grammatik der katoptrischen Einstellung und eine Technik der katoptrischen Montage geben muß. A kann den Spiegel so neigen, daß B nur einige Aspekte der Szene im Nebenzimmer sieht (unabhängig davon, ob diese real oder inszeniert ist). Der Spiegel ist stets ein Rahmen, und wer ihm einen anderen Neigungswinkel gibt, macht

7 Gianfranco Bettetini, *Produzione del senso e messa in scena*, Mailand, Bompiani, 1975.

sich diese seine Eigenschaft zunutze. Doch, um es noch einmal zu sagen, der semiosische Kunstgriff betrifft nicht das Spiegelbild (das die Dinge wie üblich so wiedergibt, wie der Spiegel sie »sieht«), sondern die Manipulation des Kanals.

Stellen wir uns nun vor, daß A über eine Art Fernbedienung verfügt, mit der er den Spiegel nach Belieben so drehen kann, daß B im Abstand von wenigen Sekunden zuerst ein Detail in einer Ecke des Nebenzimmers und dann einen Aspekt des Geschehens in einer anderen Ecke sieht. Zeigt nun der Spiegel in der ersten Ecke ein bestimmtes Objekt und in der anderen ein Individuum, das ausdruckslos vor sich hinstarrt, so könnte A auf katoptrischem Wege erzeugen, was man in der filmischen Montage den »Kuleschow-Effekt« nennt. Je nach der gewählten »Montage« könnte A den Betrachter glauben machen, daß der ausdruckslos vor sich Hinstarrende abwechselnd wütend, lüstern, überrascht und so weiter verschiedene Gegenstände betrachtet. Ein rasches Spiel mit den Neigungswinkeln des Spiegels könnte B den Sinn für die effektiven Raumverhältnisse zwischen den Gegenständen verlieren lassen. In diesem Fall würde die Handhabung des Spiegels eine echte semiosische Situation erzeugen, eine Erzählung, eine Fiktion, eine scheinbar wahrheitsgetreue Manipulation...

Ein Gebrauch der Spiegel als Kanäle erlaubt somit Inszenierung, Einstellung und Montage der Einstellungen – lauter semiosische Kunstgriffe, deren Effekte noch größer werden, wenn sie Bilder betreffen, die nicht solche von Spiegeln sind. Was in jedem Fall unverändert bleibt (gleich welche Halluzinationen B hat), ist die asemiosische Natur der Spiegelbilder, die stets kausal in ihren Referenten verankert bleiben. B könnte dazu gebracht werden, Verallgemeinerungsprozesse zu vollziehen, gleichsam zu vergessen, daß er Spiegelbilder betrachtet, um statt einer Fallgeschichte eine »Typen-Geschichte« zu erleben.

Nun könnte jedoch das Experiment am nächsten Tag wiederholt werden. Was wäre dann verschieden von der natürlichen Inszenierung (also von einer normalen Komödie), in der jede Reproduktion von gestischen Phänomenen scheinbar physisch verbunden ist mit der Anwesenheit eines Akteurs, der sie verkörpert?

In einer Theateraufführung ist der Akteur nicht Referent des

Diskurses, sondern bestenfalls selbst der Kanal, und seine einmal vollführten Gesten verweisen auf interpretierbare typische Gesten, die sich auf andere Menschen beziehen. In einer katoptrischen Aufführung würden dagegen die Spiegelbilder (der als Kanal agierende Spiegel) auf Referenten verweisen – es sei denn, der Zuschauer vollzöge Interpretationsbemühungen, um die Erfahrung zu entrealisieren, doch in diesem Fall würde sich der Betrachter (die Voraussetzung war, wohlgemerkt, daß er weiß, daß er einen Spiegel betrachtet) wiederum ambivalent wie Alice benehmen: Er wäre in den Spiegel eingetreten und würde die virtuellen Bilder erleben, als ob sie reale wären. Wieder hätten wir eine halluzinatorische Schwellensituation.

Die Spiegelnatur dieser Geschichte würde jedoch bewirken, daß sie nicht von ihren kausalen Referenten getrennt werden könnte: Sie bliebe noch auf halbem Wege zwischen Semiose und Spiegelung, zwischen Symbolischem und Imaginärem.

13. Regenbogen und Fata Morgana

Ein partielles Spiegelungsphänomen ist der Regenbogen, wenn auch vermischt mit Phänomenen der Brechung und Streuung des Sonnenlichts, das winzige Wassertröpfchen in den niederen Schichten der Atmosphäre durchquert. Dennoch ist sein Bild nie als Spiegelbild angesehen worden. Er kann nur in zwei Fällen semiosisch benutzt werden. Er kann als Wunder angesehen werden, als »Zeichen«, das von einer Gottheit ausgesandt wird, aber nicht in höherem Maße, als auch Gewitter, Hochfluten, Sonnen- und Mondfinsternisse und Vogelflüge als Zeichen angesehen werden können. Die Menschheit semiotisiert seit unvordenklichen Zeiten diverse Naturphänomene, aber nicht in Funktion einer ihnen eigenen spezifischen Spiegelnatur.

Der Regenbogen kann jedoch als Symptom aufgefaßt und benutzt werden (für das Ende eines Gewitters). Als solches kann er auch in Abwesenheit des mutmaßlichen Referenten fungieren, denn es gibt auch Regenbögen in der Gischt von Wasserfällen. In jedem

Falle, auch wenn er korrekt als Symptom für die Anwesenheit von Wassertropfen in der Luft gebraucht wird, ist er Symptom nicht für ein Objekt, sondern für eine anomale Situation im Kanal. Was die Fata Morgana und ähnliche Phänomene betrifft, so werden sie vom naiven Beobachter nie als Spiegelphänomene wahrgenommen: sie repräsentieren Fälle von Sinnestäuschung. Der kritische Beobachter kann sie als Symptome für eine bestimmte Situation im atmosphärischen Kanal und für das Vorhandensein eines fernen Objekts verstehen. Dies festgestellt, kann er sie auch als Spiegelbilder jenes Objekts und folglich als Prothesen benutzen.

14. Katoptrische Theater

Die Fata-Morgana-Phänomene führen uns jedoch zu anderen Spiegelspielen, die in den Jahrhunderten abwechselnd als *Theatrum catoptricum*, *Theatron polydicticum*, *Theatrum Protei*, *Speculum heterodicticum*, *Multividium*, *Speculum multiplex*, *Tabula scalata* etcetera definiert worden sind.[8] Alle diese Machinationen lassen sich auf drei Formen zurückführen:

a) Durch Spiegel multiplizieren und verändern sich *virtuelle* Bilder von Objekten, die irgendwie in Szene gesetzt worden sind und die der Betrachter als Spiegelungen erkennt.

b) Durch kombinierte Spiele verschieden gekrümmter Spiegel, ausgehend von einem inszenierten Objekt, werden *reale* Bilder erzeugt, die der Betrachter für Wundererscheinungen halten soll.

c) Durch plane Spiegel, die in geeigneter Weise aufgestellt sind, wird auf einer Spiegelfläche das Bild mehrerer übereinandergelagerter, nebeneinandergestellter oder amalgamierter Objekte erzeugt, um dem Betrachter, der nicht weiß, daß er ein katoptrisches Spiel vor sich hat, Wundererscheinungen vorzugaukeln.

Nun ist jedoch im Falle a) der Beobachter, der sich der katoptrischen Natur des Spiels bewußt ist, in keiner anderen Situation als der, der sich in Gegenwart verschieden geneigter Spiegel befindet,

8 Jurgis Baltrusaitis, *Der Spiegel*, Gießen, Anabas, 1986.

die er selbst manövriert. Er kann ein ästhetisches Vergnügen an der Manipulation des Kanals oder der Kanäle haben. Während das Opernglas, durch das er eine Bühneninszenierung betrachtet, der besseren Wahrnehmung dieser Inszenierung dient, dient in diesem Falle die Inszenierung der ästhetischen Wahrnehmung der Möglichkeiten des Kanals-als-Prothese. In jedem ästhetisch genossenen Ereignis gibt es ein Moment von Selbstreflexivität: Der Genießende richtet seine Aufmerksamkeit nicht nur auf die Form der Botschaften, sondern auch auf die Art ihrer Nutzung in den Kanälen – so wie man bei einer Musikdarbietung nicht nur die Melodie genießt (die als solche unabhängig vom Kanal ist), sondern auch die Art, wie die Möglichkeiten des Instruments genutzt werden.

In den Fällen b) und c) sind wir dagegen erneut in Situationen ähnlich denen der Fata Morgana und allgemein der optischen Täuschung. Zwar werden die Spiegel immer noch als Kanäle benutzt, aber der Beobachter schenkt ihnen keinerlei Beachtung mehr, da er nicht weiß, daß sie im Spiel sind. Er genießt allenfalls eine Inszenierung, deren Natur ihm unbekannt ist. Wenn er dann ein Wunder zu sehen glaubt, ist er in der gleichen Situation wie der, der sein eigenes Spiegelbild sieht und vor einem Eindringling aus Fleisch und Bein zu stehen glaubt. Es handelt sich um reine Sinnestäuschung, nicht um Erfahrung eines Spiegelbildes, das als solches erlebt würde.

Im Licht einer Typologie der Arten von Zeichenproduktion[9] lassen sich diese Erzeugungen von Sinnestäuschungen als programmierte Reize definieren. Als solche basieren sie auf einer Inszenierung, die ein semiosisches Phänomen ist (Beweis: sie könnte auch durch andere Kanäle übertragen werden, und tatsächlich werden ja keine Spiegeltheater mehr benutzt, seit man über andere Systeme zur Projektion von Bildern verfügt), doch die benutzten Spiegelbilder als solche sind wahrheitsgetreu und asemiosisch.

9 Vgl. meinen *Trattato*, cit., 3.6.6.

15. Spiegel, die das Bild »einfrieren«

Ein weiterer Schritt in unserem phänomenologischen Experiment ist die Vorstellung magischer Spiegel (wirklich magischer, nicht nur solcher, die benutzt werden, um magische Eindrücke zu erzeugen). Stellen wir uns vor, wir hätten einen Spiegel, der seine Bilder *einfrieren* lassen kann. Das reflektierte Bild würde auf der Spiegelfläche bleiben, auch wenn das Objekt verschwände. Endlich hätten wir ein Abwesenheitsverhältnis zwischen Antezedens und Folgendem hergestellt. Allerdings hätten wir immer noch nicht die Kausalverbindung zwischen dem urspünglichem Referenten und dem Bild aufgelöst. Ein Schritt nach vorn also, aber ein winziger. Die fotografische Platte ist ein solcher Gefrierspiegel. Bei der Fotografie nehmen wir naturgemäß an, daß eine Platte existiert, die in der Lage ist, das Bild mit einem hohen Präzisionsgrad (Wellenlänge, Intensitätsverhältnisse, Konturen) zu reproduzieren; andererseits sind wir auch in der Lage, perzeptiv Bilder zu rekonstruieren, die von gebrochenen oder durch opake Streifen unterbrochenen Spiegeln reflektiert werden. Was macht eine Fotografie einem Spiegelbild ähnlich? Eine pragmatische Annahme, nach welcher die Camera obscura ebenso wie der Spiegel die Wahrheit sagen und jedenfalls die Existenz eines Abdrücke hinterlassenden Objekts bezeugen müßte (das im Falle des Spiegels anwesend, im Falle der Fotografie aber vergangen wäre).

Der Unterschied ist, daß die belichtete Fotoplatte eben einen *Abdruck* oder eine *Spur* darstellt. Eine Spur hat jedoch gewisse Merkmale, die sich von denen des Spiegelbilds unterscheiden, auch ungeachtet der Verhältnisse von Umkehrung auf der Platte, erneuter Umkehrung auf dem Abzug und somit Korrektur der verkehrten Symmetrie beziehungsweise effektiver Umkehrung jener kongruenten Symmetrie, die das Spiegelbild charakterisierte. Was uns interessiert, ist der Umstand, daß die Platte *die Lichtstrahlen in anderes Material übersetzt*. Wir nehmen nicht mehr die Lichtstrahlen wahr, sondern Intensitätsverhältnisse im Reinzustand und Pigmentationsverhältnisse. Es hat also eine *Projektion* von Material zu Material stattgefunden. Der Kanal verliert an Konsistenz, das Foto kann in verschiedene Materialien rückübersetzt werden, aber die

Verhältnisse bleiben unverändert. Das Bild ist noch nicht so frei von seinem Kanal wie das Morsealphabet von dem Material, in dem seine Signaltypen realisiert werden können, aber es hat angefangen, sich zu befreien.

Diese *Heteromaterialität*, die typisch für alle Abdrücke ist[10], bewirkt, daß in der Ontogenese des Subjekts das »Stadium des Fotos« viel später kommt als das Stadium des Spiegels. Dem Kleinkind fällt es relativ leicht, sich in seinem Spiegelbild zu erkennen, dem Vorschulkind fällt es sehr viel schwerer (und es braucht ein gewisses Training), die fotografierten Objekte zu erkennen, ja es nimmt gewöhnlich die Bilder als Ausdrücke, die auf einen allgemeinen Inhalt verweisen, und in diesem Übergang zum Allgemeinen vollzieht es dann falsche Zuweisungen: Es sieht das Foto einer Frau, nimmt es als Bild eines Frauen-Typus, bezieht diesen Typus auf eine bestimmte Frau und behauptet, es handle sich um das Bild seiner Mutter. Es täuscht sich in der Bestimmung des Referenten jenes eigen-uneigentlichen Namens oder »flauen« Designators, den das fotografische Abbild darstellt. Wir sind bereits in der Semiose.

Die Auswirkungen dieser ersten Fehler spiegeln sich in unserer Haltung zur Fotografie. Zeugnis dafür, daß etwas dagewesen sein muß, das sich auf der Platte eingedrückt hat (und oft als Beweis dafür benutzt), weckt die Fotografie gleichwohl stets den Verdacht, daß jenes Etwas nicht dagewesen sei. Wir wissen, daß man – sei's durch Inszenierung, sei's durch optische Tricks oder mysteriöse Spiele mit Emulsionen, Solarisationen und dergleichen – das Bild von etwas Nichtvorhandenem erscheinen lassen kann, von etwas, das es nie gegeben hat und niemals geben wird. Das Foto kann lügen. Wir wissen es sogar dann, wenn wir naiv und fast gläubig annehmen, daß es nicht lügt. Der objektive Referent wird vermutet, aber er läuft ständig Gefahr, sich in reinen Inhalt aufzulösen. Ist ein Foto das Foto *eines* oder *dieses bestimmten* Menschen? Die Antwort hängt davon ab, welchen Gebrauch wir von dem Foto machen.[11] Manchmal nehmen wir, stillschweigend zum Allgemeinen

10 Vgl. ibid., 3.6.1.

11 Nelson Goodman, *Sprachen der Kunst*, Frankfurt/M., Suhrkamp, 1973.

übergehend (zum Universellen, zum Inhalt), das Foto von X, als ob es das Foto von Y wäre. Das ist kein einfacher Wahrnehmungsfehler, wie wenn wir im Spiegel das Bild des gerade eintretenden X sehen und meinen, es wäre Y. Es ist etwas mehr, es ist die Tatsache, daß in jedem Abdruck, sei er auch so detailgenau wie auf dem belichteten Film, *die allgemeinen Charakterzüge schließlich die besonderen überwiegen*.

Beim Spiegel wähle ich (außer bei katoptrischen Theatern) den Bildausschnitt und die Einstellung selbst, auch wenn ich die anderen heimlich beobachte – ich brauche mich bloß zu bewegen. Im übrigen, wenn ich im Spiegel nur meine Büste sehe, ohne die Beine, brauche ich bloß näher zu treten und von oben in den Spiegel *hineinzusehen*, und schon kann ich, soweit es möglich ist, auch die Beine sehen, die mir das Bild zuvor nicht gezeigt hatte. Das Objekt ist da, um das Bild zu verursachen, auch wo ich es anfangs nicht sehen konnte. Beim Foto dagegen ist der Ausschnitt ein für allemal vorgegeben; wenn das Bild die Beine nicht zeigt, werde ich sie nie sehen, ich kann sie nur vermuten; es könnte das Foto eines Beinlosen sein. Und schon die Beine, die ich vermute, sind nicht die bestimmten Beine des abgebildeten Individuums, sondern seine allgemeine »Zweibeinigkeit«. Der Eindruck von Referenz zerfällt sofort in ein Spiel mit Inhalten. Das Foto ist bereits ein semiosisches Phänomen.

Zweites magisches Experiment: das eingefrorene Bild *bewegt sich*. Wir sind im Kino. Wo alle beim Foto angestellten Überlegungen gelten, dazu die Grammatik der Montage mit allen Effekten der Lüge und der Verallgemeinerung, die sie erlaubt. Abdrücke, aber in Bewegung.

Drittes Experiment: der Abdruck hat einen sehr niedrigen Präzisionsgrad, der Spiegel scheint zwar das Bild einzufrieren, aber ich habe nicht einmal mehr die Garantie, daß es sich wirklich um einen Spiegel handelt und daß ein Referent vorhanden ist, der das Bild determiniert. Alles, was man sieht, ist nicht nur Inszenierung, Einstellung, Wahl des Blickwinkels, sondern Effekt einer Operation auf der Fläche, um den Eindruck zu erzeugen, sie reflektieren Strahlen, die von einem Objekt ausgehen. Wir sind beim Gemälde. Hier endlich lassen sich alle Elemente des semiosischen Phänomens beobachten, die Physik der Produktion verbindet sich mit der

Pragmatik der Interpretation in radikal anderer Weise als beim Spiegelbild.

Unsere drei imaginären Experimente haben uns drei Phänomene vor Augen geführt, die nichts mehr mit Spiegeln zu tun haben. Auch wenn es bei ihrer Behandlung nie ganz gelingt, die Erinnerung an das Spiegelbild loszuwerden, dessen Nachahmung sie sind (wie jede Kunst *simia naturae*, Nachäffung der Natur ist).

Kommen wir nun aber noch einmal auf unser Experiment mit den in regelmäßigen Abständen längs einer Linie aufgestellten Spiegeln zurück.

Nehmen wir an, statt der Spiegel wären andere Apparate aufgereiht, welche die Lichtstrahlen, die von dem Objekt am Anfang der Reihe ausgehen, in elektrische Signale umwandeln, die dann ein letzter Apparat in optische Signale zurückverwandelt. Das am Ende empfangene Bild hätte alle Eigenschaften jener Abdrücke, die wir als Fotografien und Filmbilder kennen: es wäre heteromateriell, von geringerem Präzisionsgrad als das Spiegelbild (aber wir haben beschlossen, diesen Mangel als provisorisch zu betrachten) und rückübersetzt (erneut umgekehrt). Dennoch erschiene ein solches System, genau wie die Spiegel-Kette, als ein System von starren Designatoren, denn das Bild wäre determiniert durch den anwesenden Referenten, der es verursacht, und das Verhältnis bestünde zwischen Einzelfällen.

Natürlich hätte diese Anordnung, in der wir ein schematisches Modell der Fernsehübertragung erkennen, diese Merkmale nur, wenn die Sendung *direkt* übertragen würde. Eine zeitlich verschobene TV-Sendung unterscheidet sich, was die von ihr bewirkte pragmatische Haltung betrifft, nicht von einer Filmprojektion, abgesehen von Differenzen im Präzisionsgrad des Bildes und im Typus der zum Auge beförderten Sinnesreize. Nur eine *live* gesendete Fernsehaufnahme hätte das dem Spiegel eigene absolute Verhältnis zum Referenten.

Außer – und das könnte auch für die Reihe der Spiegel gelten, die ein Bild über Distanzen spiegeln – daß gerade der räumliche Abstand zwischen Referent und Bild den mehr oder weniger unbewußten Verdacht einer potentiellen Abwesenheit erzeugt: das Objekt müßte dasein, aber es könnte auch nicht dasein (ungeachtet eines im übrigen fundamentalen Elements, nämlich daß die Praxis der zeitlich verschobenen Sendung in jedem Zuschauer ein Mißtrauen gegenüber der Wahrhaftigkeit einer Direktsendung weckt). Das Fernsehbild partizipiert, aus pragmatischer Sicht, an den Vorteilen des Spiegelbildes und den Nachteilen der anderen foto- und kinematographischen Abdrücke. Es ist Einzelfall, abhängig vom Referenten, könnte es aber auch nicht sein. Wer kann das wissen? Und im Kanal, wie viele und welche Manipulationen können da vorgenommen worden sein? Und welche Rolle spielen nicht nur die Einstellung und der Ausschnitt, sondern auch die Montage, jene Montage, die sich auch bei Direktübertragungen bemerkbar macht, wenn die Kamera entscheidet, welche Aspekte des realen Objekts sie herausstellt, wobei die Botschaft in jedem Moment Kuleschow-Effekte erzeugen kann?

Dennoch lehren uns diese Vergleiche zwischen fotosensiblen Abdrücken und Spiegelbildern zumindest etwas sehr Wichtiges für eine Semiotik des fotografischen, filmischen und televisiven Bildes: es befindet sich innerhalb der Grenzen des Semiosischen, aber zweifellos nicht innerhalb der Grenzen des Sprachlichen. Jeder Abdruck ist eine Projektion, die als ein toposensitives Ganzes funktioniert, nicht als eine Abfolge von distinkten und nach einer *ratio facilis* reproduzierbaren Elementen.[12] Die Interpretationsweise eines Abdrucks (der bereits Zeichen ist) ähnelt derjenigen, mit der wir ein deformiertes oder detailungenaues Spiegelbild interpretieren (das kein Zeichen ist). Wir gehen durch Projektionsverhältnisse vor, einer bestimmten Dimension im Bild muß eine bestimmte Dimension im Objekt entsprechen, wenn nicht im einzelnen Objekt (Referenten), so doch zumindest im typischen Objekt (Inhalt), von dem das Bild »spricht«. Die eigentlichen »grammatikalischen« Kategorien kommen erst auf der Ebene der Ausschnittwahl und der Montage ins Spiel. Ein Abdruck ist kein Spiegelbild, aber wir lesen ihn so, *als ob* er eins wäre.

Und manchmal können wir auch die semiosischen Möglichkeiten dieser Bild-Abdrücke genießen, als ob sie Spiegelbilder wären, also Ergebnisse einer »realen« Wahrnehmung tout court, indem wir

12 Vgl. meinen *Trattato*, cit., 3.4.9.

ihre Strategien auf höheren Manipulationsebenen untersuchen. Nur müssen wir uns dann erneut über die – hochgradig kulturalisierten – Modalitäten der Interpretation von Bild-Abdrücken befragen, wenn sich das Problem ihres angenommenen Kausalverhältnisses zum Referenten stellt.

16. Das Experimentum crucis

Wie groß die Illusionen auch sein mögen, wie heftig die Ambiguitäten, die Verwirrungen »auf der Schwelle«, die Versuchungen, Spiegelbilder und Abdrücke als homolog zu betrachten – in jedem Falle genügt ein Rekurs auf das *Experimentum crucis*: man reproduziere einen Spiegel in einer Fotografie, in einer Film- oder Fernsehaufnahme, in einem Gemälde. Diese Bilder von Spiegelbildern funktionieren nicht als Spiegelbilder. Von Spiegeln gibt es keine anderen Abdrücke oder Ikonen als weitere Spiegel. In der Welt der Zeichen wird der Spiegel zum Phantom seiner selbst, zur Karikatur, zur Verhöhnung oder Erinnerung.

Man kann ein Porträt herstellen, ein fotografisches oder gemaltes, und den Betrachter davon überzeugen, daß es »realistisch« sei, sogar wahrer als das Original. Von Spiegeln gibt es kein Bild, das wahrer ist als das Original. Das Katoptrische, das die Fähigkeit hat, das Semiosische außer sich zu reflektieren (ohne es zu verändern), kann nicht vom Semiosischen »reflektiert« werden. Das Semiosische kann es nur verallgemeinern, auf eine Gattung reduzieren, auf ein Schema, einen Begriff, einen puren Inhalt.

Die beiden Universen, deren erstes die Schwelle zum zweiten ist, haben keine Übergangspunkte, die Grenzfälle der deformierenden Spiegel sind Katastrophenpunkte, in einem bestimmten Moment muß man sich entscheiden, entweder man ist hüben oder man ist drüben.

Das katoptrische Universum ist eine Realität, die den Eindruck der Virtualität wecken kann. Das semiosische Universum ist eine Virtualität, die den Eindruck der Realität wecken kann.

(1985)

Das Zeichen im Theater

Ich möchte vorausschicken, daß das Theater die künstlerische Kommunikationsform darstellt, die mir am fremdesten ist, der ich nie besondere Studien gewidmet habe und die mich in den letzten Jahren, aus ganz zufälligen Gründen, abwesend und zerstreut gefunden hat. Diese Prämisse mache ich keineswegs mit Bedauern und Scham, sondern aus Gründen der methodologischen Effizienz: sagen wir, ich bin froh, mich gleichsam als Testperson für das gute Gelingen unserer Veranstaltung zu opfern.

Mit anderen Worten, ich befinde mich in einer ähnlichen Lage wie jener »Averroes auf der Suche« in der gleichnamigen Erzählung von Borges, der sich fragt, was eine Theateraktion sein mag, nachdem er bei Aristoteles eine abstrakte Definition von ihr gefunden hat, aber in seiner Zivilisation kein einziges konkretes Beispiel für sie kennt. Averroes ist Borges zufolge unfähig, eine Theateraktion zu erkennen, die ein paar Kinder gerade vor seinem Fenster aufführen, indem sie verschiedene Rollen verkörpern.

Ich vertraue darauf, daß meine Fremdheit sich hier weniger als Zerstreuung denn als *Verfremdung** niederschlägt. Das heißt, ich möchte das, was im Theater geschieht, in seinen elementarsten Formen betrachten, mit dem Auge des Semiologen, um zweierlei zu begreifen:

a) welche Probleme die bloße Existenz einer elementaren Theaterszene dem Zeichentheoretiker stellt;
b) welche Probleme die Zeichentheoretiker so weit herausgearbeitet und geklärt haben, daß sie indirekt dem, der sich für das Theater interessiert, nützliche Hinweise liefern können.

Gehen wir von einem Beispiel aus, das der große Semiotiker Charles Sanders Peirce einmal fast beiläufig am Ende einer Diskussion über die ikonischen Zeichen gegeben hat.[1]

* Im Original deutsch (A.d.Ü.).

[1] *Collected Papers*, cit., 2.282.

Nehmen wir an, es wird ein Betrunkener vorgeführt, um die Notwendigkeit der Mäßigung zu demonstrieren. Genau betrachtet handelt es sich um eine exemplarische Theatersituation: ein Mensch mit seinen alltäglichen Gesten und sichtbarsten Eigenheiten wird ausgestellt, um etwas zu repräsentieren. Seine Repräsentativität ist nicht die der Theatervorstellung, es ist die, durch welche ein Zeichen stets, wie Peirce sagt, »für jemanden in gewisser Hinsicht etwas anderes repräsentiert«. Dennoch ist es kein Zufall, wenn wir zur Bezeichnung der Theateraktion den Ausdruck »Darstellung« oder »Vorstellung« im Sinne von »Repräsentation« benutzen, also denselben, der auch für das Zeichen benutzt wird. Die Theateraktion eine »Show« zu nennen, betont nur ihr Moment der Zurschaustellung einer bestimmten Realität; sie ein »Spiel« zu nennen, betont ihre spielerischen und fiktionalen Züge; sie eine »Performance« zu nennen, betont ihre ausführenden und gestalterischen Momente; aber sie eine »Darstellung« zu nennen, betont den Zeichencharakter jeder Aktion auf dem Theater, wo etwas vorgeführt wird, fiktional oder nicht, durch eine Form von Gestaltung und zu spielerischen Zwecken, aber vor allem, damit es für etwas anderes steht.

Das Theater ist auch Fiktion nur, weil es vor allem Zeichen ist. Zwar stimmt es, daß viele Zeichen nicht Fiktion sind, insofern sie real existierende Dinge zu denotieren behaupten. Aber das theatralische Zeichen ist ein fiktionales Zeichen nicht, weil es ein fingiertes Zeichen wäre oder eines, das inexistente Dinge kommuniziert (wobei dann zu entscheiden wäre, was es heißt, von einem Ding oder Ereignis zu sagen, sie seien inexistent oder gefälscht), sondern weil es vortäuscht, kein Zeichen zu sein. Und diese Vortäuschung gelingt ihm, weil das theatralische Zeichen zu jenen gehört, die man als natürliche und nicht künstliche, motivierte und nicht willkürliche, analoge und nicht konventionelle Zeichen klassifiziert hat.

Mit anderen Worten, das primäre Element einer Theatervorstellung (ungeachtet der Mitwirkung anderer Zeichen wie der verbalen, szenographischen, musikalischen) wird durch einen menschlichen Körper gegeben, der auftritt und sich bewegt. Ein menschlicher Körper, der sich bewegt, präsentiert sich als etwas Reales, eventuell als Objekt für mögliche Zeichen (er läßt sich fotografieren, verbal definieren, zeichnen...). Auf der Bühne jedoch – und hierin besteht der Zeichencharakter des Theaters – ist dieser menschliche Körper nicht mehr bloß ein Objekt unter anderen, da jemand ihn vorführt, ihn aus dem Kontext der realen Ereignisse herausnimmt und als Zeichen konstituiert – womit er zugleich die Bewegungen dieses Körpers und den Raum, in den sie sich einschreiben, als Signifikanten konstituiert.

Solcherart ist der Betrunkene bei Peirce. Solange er bloß für sich trank und torkelte, war er ein Objekt, von dem man eventuell sprechen konnte. Sobald er zur Schau gestellt wird, ist er, mag er auch noch kein sprechendes Subjekt sein, dennoch bereits ein »Wort«. Der reale Betrunkene steht für die Klasse der Betrunkenen. Er ist ein Signifikant, dessen Signifikat (interpretierbar in Worten, Zeichnungen, Definitionen und Begriffen) »betrunkener Mensch« ist. Diese elementare Situation erlaubt uns drei prinzipielle Bemerkungen:

a) Ein Zeichen muß, um Zeichen zu sein, nicht intentional von jemandem ausgesandt und künstlich als Zeichen konstruiert worden sein; es genügt, daß eine Konvention existiert, die ein Ereignis als Zeichen zu interpretieren erlaubt, auch ein Ereignis natürlicher Art wie ein Symptom, ein Indiz oder eben ein »Exemplar«.

b) Als Zeichen ist der Betrunkene indes von jemandem »ausgesandt« worden – so wie das Objet trouvé, sobald der Künstler es in einem Museum ausstellt, gewissermaßen als Kunstwerk »produziert« worden ist.

c) Der Betrunkene als Zeichen »bedeutet« mehreres gleichzeitig: auf einer ersten Ebene bedeutet er »ein betrunkener Mensch«; auf einer rhetorischen Ebene bedeutet er per Antonomasie »Betrunkenheit«; in dem Maße, wie die Antonomasie zur Metonymie weiterentwickelt wird, konnotiert er »die Gefahren der Maßlosigkeit«; und schließlich, da jedes Zeichen per Antonymie sein Gegenteil auf den Plan ruft, bedeutet das Antonym, seinerseits zur Antonomasie erhoben und zur Metonymie weiterentwickelt: »die Vorteile der Mäßigung«. Wie man sieht, hat sich eine komplette Theateraktion mit persuasiven Zwecken im selben Moment entwickelt, in dem eine Dame der Heilsarmee den armen Säufer zynisch benutzt, um ihresgleichen zu etwas weniger Bierkonsum anzuhalten.

Nehmen wir nun an, unser Betrunkener beginnt spontan zu reden und sagt zum Beispiel: »Ich bin unglücklich.« Schon im Alltagsleben hätte diese Operation eine Reihe semiosischer Phänomene ins Spiel gebracht. Kurz gesagt: wir hätten ein Subjekt der Äußerung (*énonciation*) gehabt, den Betrunkenen, der sich, sobald er kulturell geprägte Termini benutzt, im Subjekt des Geäußerten (*énoncé*) annulliert. Das »Ich«, das er ausspricht, ist nicht mehr seine Person, sondern das Subjekt, das die Kultur ihm sprachlich bietet, um sich zu definieren. Überdies hätte das Pronomen den Wert eines Zeigers gehabt, wie ein Pfeil, der auf etwas hinzeigt, ein Hinweis, der die Aufmerksamkeit lenkt und dessen Bedeutung ist: »Was von nun an gesagt wird, ist auf das Subjekt der Äußerung zu beziehen.«

Auf die Theaterbühne gestellt, gibt nun jedoch der Betrunkene, der »ich« sagt, diesen Hinweis nicht mehr, um auf sein reales Ich hinzuweisen, sondern um die Bedeutung »betrunkener Mensch« anzugeben, auf die er verweist.

Man braucht nicht viel Phantasie, um in der grammatikalischen Problematik dieses Pronomens die Paradoxien des Schauspielers und der Personen auf der Suche nach einem Autor wiederzuerkennen. Die neue Fragestellung ist eher: was und wie können die modernen Techniken der semantischen Analyse zur Neubestimmung der Theaterfiktion beitragen, und inwiefern ist die Theaterfiktion ein privilegiertes Versuchsfeld für semantische und syntaktische Probleme wie den Gebrauch der grammatikalischen Zeiger in Bezugnahmesituationen?

Unser Betrunkener wirft auch das Problem der Definition des ikonischen Zeichens neu auf (von dem man naiverweise annimmt, es gliche dem Objekt, auf das es sich bezieht) sowie das Problem der Semiotisierung des Bezugsobjekts, das heißt des Objekts, das zum Zeichen wird.

Denn damit der Betrunkene die Bedeutung »ein betrunkener Mensch« erhält sowie, über die erwähnte rhetorische Kette, die Bedeutung »Lob der Mäßigung«, ist es nicht nötig, daß er in allen seinen physischen Eigenschaften betrachtet wird. Zum Beispiel ist es irrelevant, ob er ein schwarzes Jackett oder eher ein graues trägt und ob seine Nase eher platt als gebogen ist. Es kann auch irrelevant sein, ob er zweiunddreißig oder nur achtundzwanzig Zähne hat, aber es ist nicht irrelevant, daß die vier fehlenden Zähne obere Schneidezähne sind, und auf jeden Fall wäre die Differenz zwischen achtundzwanzig und drei Zähnen relevant. Ein Objekt, das zum Zeichen erwählt worden ist, fungiert als solches nur dank einiger weniger seiner charakteristischen Eigenschaften, die anderen spielen dabei keine Rolle, und somit ist es bereits (innerhalb der Darstellungskonvention) eine Abstraktion, ein reduziertes Modell, ein semiosisches Konstrukt.

Nehmen wir nun weiter an, daß unser Betrunkener eine Bewegung macht und beispielsweise zu torkeln beginnt. Er kann es entweder ungewollt tun oder weil er seinerseits von einer exhibitionistischen Lust gepackt wird (er will die Zuschauer amüsieren). Im ersten Fall ist die Geste ein Symptom, fungiert aber dennoch als Zeichen für den, der aus ihr auf die motorische Instabilität des Angeheiterten schließt (womit das Torkeln die übertragene Bedeutung »unheilvolle Maßlosigkeit« bestärkt). Das gewollte Torkeln wäre dagegen ein vollwertiges Zeichen – doch wer sagt, daß es als gewolltes interpretiert wird? Oder daß der Betrunkene es ausgeführt hat, damit man es als gewolltes interpretiere?

Wenn wir bedenken, daß die Zeichen sowohl willentlich (+) als auch unwillentlich (–) sowohl vom Sender (S) wie auch vom Empfänger (E) ausgesandt respektive empfangen werden können und daß der Empfänger dem Sender eine Intention (IS) zuschreiben kann oder nicht, lassen sich die verschiedenen Möglichkeiten durch folgende Matrix darstellen:

	S	E	IS
1	+	+	+
2	+	+	–
3	+	–	+
4	+	–	–
5	–	+	+
6	–	+	–
7	–	–	+
8	–	–	–

Trotz der Abstraktheit dieser Matrix ist leicht zu ersehen, wie jeder der möglichen Fälle einer Kommunikationssituation im normalen Alltagsleben entspricht:

1. Ich fingiere einen hinkenden Gang, und man erkennt die gewollte Darstellung eines Hinkenden.

2. Ich simuliere und fingiere einen hinkenden Gang, und man hält mich für einen Hinkenden, der ungewollt seinen Defekt verrät.

3. Um einen unliebsamen Begleiter loszuwerden, spiele ich den Erschöpften und hinke müde. Der andere empfängt das Zeichen nicht bewußt, verspürt aber ein Unbehagen und macht sich davon. Später wird ihm klar, daß er ein Zeichen empfangen hat und daß ich es willentlich ausgesandt habe.

4. Gleiche Situation wie eben, nur daß der andere am Ende meint, ich hätte mein Unbehagen ungewollt verraten.

5. Ich gehe mit einem unliebsamen Begleiter und verrate mein Unbehagen ungewollt, indem ich müde hinke. Der andere empfängt das Zeichen und meint, ich hätte es willentlich ausgesandt.

6. Auf der Couch des Psychoanalytikers entfährt mir ein Lapsus. Der Analytiker decodiert ihn als eine präzise Botschaft, obwohl er weiß, daß sie nicht willentlich ausgesandt worden ist.

7. und 8. Analoge Fälle zu 3 und 5, nur mit einer anderen Strategie des Mißverständnisses.

Man wird bemerken, daß diese Matrix einige jener Interaktionsmodelle zwischen Sprechenden reproduziert, die Erving Goffman so glänzend analysiert hat.[2] Ebenso evident ist jedoch, daß wir hier modellhaft die Grundsituationen der Komödie der Mißverständnisse von Menander bis Pirandello skizziert haben, nur daß in einem Theaterstück die Situationen sich überschneiden, da jede Person eine andere Perspektive darstellt.

Fügen wir hinzu, daß die Matrix, soll sie als Modell einer Kombinatorik des Theaters betrachtet werden, um einen neuen Wert ergänzt werden müßte, nämlich um das Maß, in dem der Sender womöglich will, daß der Empfänger ihm eine Intention zuschreibt. Es kommt also ein Moment von gewolltem Mißver-

2 *Interaktionsrituale*, Frankfurt/M., Suhrkamp, 1971; *Strategische Interaktion*, München, Hanser, 1981.

ständnis hinein – und dies ist die Situation des »entwendeten Briefes« in der gleichnamigen Erzählung von E. A. Poe (an der schon Lacan sich ergötzt hat)[3] oder auch die des Warschauer Juden, der zu seinem Freund sagt: »Warum belügst du mich, indem du mir sagst, daß du nach Krakau fährst, damit ich glauben soll, daß du nach Lemberg fährst, während du in Wahrheit wirklich nach Krakau fährst?« – Warum zeigst du mir einen Betrunkenen, um mich glauben zu machen, er solle mir durch die Auswirkungen der Trunkenheit das Lob der Mäßigung singen, während du dich de facto damit vergnügst, mich zum Trinken aufzufordern?

Und wenn der Betrunkene torkelt, verrät er dann ungewollt seine motorische Instabilität oder fingiert er das Torkeln, indem er spielerisch einen Betrunkenen darstellt, der torkelt, oder will er theatralisch einen Betrunkenen darstellen, der zu torkeln vorgibt, um glauben zu machen, er spiele nur den Betrunkenen – und somit glauben zu machen, er sei gar nicht betrunken (wobei dann die letzte Absicht des Schauspielers wäre, zu zeigen, daß die von ihm dargestellte Person tatsächlich betrunken ist)?

Ich weiß nicht, ob diese Überlegungen eher dem Semiologen dienen, das Theaterphänomen zu verstehen, oder dem Theatermann, die semiosischen Phänomene zu begreifen, oder beiden, die jeweils eigenen Probleme genauer zu fassen. Ich biete nur Anmerkungen und Hinweise in der Hoffnung, daß jemand sie aufgreift. In jedem Fall gibt es eine ganze Reihe semiotischer Studien, die dem Theatermacher etwas sagen können.

Der Betrunkene macht bestimmte Gesten, er bewegt die Zunge, stößt Laute, Worte, Grunzer und Rülpser hervor, bewegt sich in einem Raum. Damit berührt er drei Felder der semiotischen Forschung:

a) die *Kinesik*: Sie studiert die Bedeutung der Gesten, der Gesichtsausdrücke, der motorischen Verhaltensweisen und Körperhaltungen; jeder dieser kinesischen Züge ist in der Regel codifiziert; sehr lesenswert zu diesem Thema sind der Aufsatz von Jakobson über die motorischen Gesten der Bejahung und der Verneinung[4],

3 *Schriften I*, Olten/Freiburg, Walter, 1973.

4 Roman Jakobson, »Motor Signs for ›Yes‹ and ›No‹«, in: *Language in Society*, 1, 1971.

die Studie von Mauss über die Techniken des Körpers[5], die Untersuchungen des Sammelbandes *Approaches to Semiotics*[6] und die jüngsten Studien von Birdwhistell[7];

b) die *Paralinguistik*: Sie studiert die Intonationen, die Modulationen der Stimme, die verschiedene Bedeutung eines Akzents, eines Flüsterns, eines Zögerns, einer Tonfärbung, einer Inflexion, sogar eines Seufzens oder Gähnens; man lese dazu die Untersuchungen von Trager und anderen[8], und man wird bemerken, daß es keinen zwischen (über, unter) zwei Worten artikulierten Laut gibt, der nicht bedeutsam wäre, fast immer durch eine präzise kulturelle Konvention; wer Theater macht und folglich Bedeutung auf allen Verhaltensebenen artikulieren muß, kann diese Techniken nicht ignorieren, die, als Techniken zur Klärung des Kodifizierten, exzellente Mittel zur Artikulierung der Simulation sind;

c) die *Proxemik*: Wer Bücher wie Halls *The hidden Dimension*[9] gelesen hat, weiß, daß es keine noch so geringe Veränderung der räumlichen Distanzen zwischen zwei Menschen gibt, die nicht eine differenzierende Bedeutung hätte; um zwei Sizilianer im Gespräch miteinander darzustellen, braucht man einen anderen Raum als den, der zwischen zwei Piemontesen liegen würde. Ich weiß sehr wohl, daß Schauspieler und Regisseure diese Probleme instinktiv lösen, aber ich glaube, daß es wichtig ist, die Daten des Instinkts zu klären und zu perfektionieren; ich weiß auch, daß viele Intuitionen der Kinesik ebenso wie der Proxemik und der Paralinguistik den Semiologen gerade beim Studium der Techniken des Theaterspielens gekommen sind; ein guter Grund, sich die Theatererfahrung auf einer höheren Stufe analytischer Differenzierung und wissenschaftlicher Definition wieder anzusehen.

Man denke nur an die Faszination, die ein Film wie *Rote und Weiße* von Miklós Jancsó[10] seinerzeit ausübte; ich erinnere mich, begriffen zu haben, wie das ganze Gefühl von Unmenschlichkeit

5 Marcel Mauss, *Soziologie und Anthropologie*, II, München, Hanser, 1975, p.199ff.

6 Hrsg. v. Th.A. Sebeok, A.S. Hayes und M.C. Bateson, Den Haag, Mouton, 1964.

7 Ray L. Birdwhistell, *Kinesics and Context*, Philadelphia, Univ. of Pennsylvania, 1970.

8 Ebenfalls in dem zitierten Band *Approaches to Semiotics*.

9 Edward T. Hall, *The Hidden Dimension. Man's use of space in public and private*, New York, Doubleday, 1966 (dt: *Die Sprache des Raumes*, Düsseldorf, Pädag. Vlg. Schwann, 1976).

10 *Csillagosok, Katonák*, 1967.

und Grausamkeit, Verzweiflung und Wahnsinn, das der Film mit seiner Behandlung des Krieges zu erzeugen vermochte, durch einen kalkulierten Einsatz der sinnlosen Überfülle an Bewegungen und der Verzerrung aller normalen Distanzen zwischen den Personen erzielt worden war. Als ich mit dem Autor darüber sprach, gestand er mir, daß er die Texte nicht kannte, auf die ich mich bezog, doch er bestätigte mir, daß er instinktiv diese Modelle des Kommunikationsverhaltens gegenwärtig gehabt hatte.

Eine derartige Konklusion könnte nahelegen, daß der Beitrag der Semiotik zum Theater minimal ist; das Theater findet seine Prinzipien von allein, durch natürliche und spontane Erfindungskraft, um so besser, wenn dann der Semiologe daraus Anstöße zur Reflexion bezieht. Doch wie die erfinderische Spontaneität die wissenschaftliche Reflexion nährt, so kann, glaube ich, auch die wissenschaftliche Reflexion die Erfindungskraft potenzieren. Niemand ist Schriftsteller geworden, indem er Linguistik studiert hat, aber die großen Schriftsteller studieren die Probleme der Sprache, mit der sie umgehen.

Sagt der indische Grammatiker zum Bootsmann: »Kennst du die Grammatik?« und als dieser verneint: »Dann hast du dein halbes Leben verloren.« Sagt der Bootsmann zum Grammatiker, als das Boot kentert: »Kannst du schwimmen?« und als dieser verneint: »Dann hast du dein ganzes Leben verloren.« Was aber wäre besser als ein Grammatiker, der schwimmen kann, und ein Bootsmann, der die Grammatik kennt?

(1972)

Die Sprache des Gesichts

1. Die Physiognomonomie (oder Physiognonomie oder Physiognomonik oder Physiognomik oder Physiognomie) ist eine sehr alte Wissenschaft. Oder besser, ob sie eine Wissenschaft ist, sei dahingestellt, aber sehr alt ist sie gewiß. Bei Aristoteles kann man lesen (z. B. in *Analytica priori*, II, 70 b), daß es möglich sei, die Natur eines Menschen oder eines Tieres anhand seines Körperbaus zu beurteilen, da alle natürlichen Affektionen Leib und Seele zugleich verändern; also sind die Gesichtszüge oder die Dimensionen der Gliedmaßen äußere Zeichen, die auf einen inneren Charakterzug verweisen. Aristoteles gibt das Beispiel des Löwen, der zweifellos mutig ist, und fragt sich, was das äußere Zeichen dieses Mutes sei. Er findet es in den »großen Extremitäten« und schließt daraus, daß ein Mensch mit großen Füßen nur mutig sein könne.

Mit anderen Worten, das Gesicht ist der Spiegel der Seele. Diese Überzeugung ist nicht wissenschaftlich begründet, sie gehört zu dem, was Hegel eine »natürliche Physiognomik« nennen wird. Wie widerstehen wir der Versuchung, auch und gerade im Alltagsleben, ein Individuum mit finsteren und blutunterlaufenen Augen, platter Nase, wulstigen Lippen, großen spitzen Eckzähnen, struppigem und verschwitztem Bart nicht gerade für die geeignetste Person zu halten, der wir unsere Ersparnisse anvertrauen möchten oder das Steuer des Wagens mit unseren Kindern im Fond?

Von dieser natürlichen Disposition gelangt man leicht zur Wissenschaft, so intuitiv diese auch sein mag – und Ansätze zu einer physiognomischen Wissenschaft machen Cicero, Quintilian, Plinius, Seneca, Galenus, Albertus Magnus, Campanella und andere, bis hin (es konnte nicht anders sein) zu Darwin und zu Lombroso.

Gestützt durch die Autorität der Wissenschaft, kann die natürliche Physiognomik nun Triumphe feiern – und die populäre Literatur ist, nachdem die Phrenologie zu Anfang des neunzehnten Jahrhunderts (wie wir noch sehen werden) die Suche nach Entsprechungen zwischen Schädelknorren und seelischen Dispositionen ermuntert hat, nichts anderes als eine Orgie in natürlicher Physiognomik:

Aus einer Schenke zwischen der Via Barbaroux und der Via Bertola kam ein schlecht gekleideter Mensch mit pockennarbigem Gesicht, fliehender Stirn, blutunterlaufenen Augen und riesigem Mund (Carolina Invernizio, *I misteri delle cantine*).

Er war groß, schlank, nervig, das Gesicht blaß, doch wie überschattet von einer dunklen Wolke... Die schmalen Lippen zeichneten sich kaum ab, der Mund wirkte eher wie eine lange, noch nicht vernarbte Wunde... Bei genauer Betrachtung des Winkels der Kiefer und der Biegung des Mundes hätte ein seelenforschendes Auge vielleicht eine gewisse kalte und egoistische Härte entdeckt, vielleicht auch etwas Raubkatzenhaftes, also Geduld und Wildheit... (Luigi Natoli, *I Beati Paoli*).

Man konnte sich nichts Gräßlicheres vorstellen als das Gesicht dieses Räubers. Es war kreuz und quer von tiefen, bläulichen Narben zerfurcht; die Lippen waren dick aufgetrieben von der zersetzenden Wirkung des Vitriols; die Nase war vorn abgeschnitten, und anstelle der Löcher sah man zwei unförmige Höhlen. Die winzigen grauen, sehr hellen, kreisrunden Augen sprühten Wildheit; die Stirn, flach wie bei einem Tiger, verschwand zur Hälfte unter einer Pelzmütze mit langem rötlichen Haar... man hätte an die Mähne eines Ungeheuers gedacht. Der Schulmeister war nicht viel über fünf Fuß groß; sein übermäßig dicker Kopf saß tief zwischen den breiten, mächtigen, fleischigen Schultern. Er hatte lange, muskulöse Arme und kurze, dicke, bis an die Fingerspitzen behaarte Hände; die Beine waren etwas auswärts gebogen, die Waden aber verrieten athletische Kraft (Eugène Sue, *Die Geheimnisse von Paris*).

Natürlich gilt auch das Gegenteil, eine angenehme Gestalt verrät eine edle und gute Seele:

Die Goualeuse stand im siebzehnten Jahre. Die reinste, weißeste Stirn wölbte sich über einem vollkommen ovalen Gesicht. Ein Saum von Wimpern, so lang, daß sie sich ein wenig kräuselten, beschattete ihre großen blauen Augen. Der Flaum der ersten Jugend gab ihren runden rosigen Wangen einen samtenen Glanz. Ihr kleiner roter Mund, ihre feine gerade Nase und ihr Kinn mit dem Grübchen waren von allerlieblichster Form... (E. Sue, *Die Geheimnisse von Paris*).

Langes, dunkles Gesicht; vorspringende Wangenknochen als Zeichen der Schläue; enorm entwickelte Kiefermuskeln, an denen man untrüglich den Gascogner erkennt... der Blick offen und intelligent, die Nase gebogen, aber fein gezeichnet; zu groß für einen Heranwachsenden, zu klein für einen gestandenen Mann: ein ungeübtes Auge hätte ihn für einen reisenden Pächterssohn gehalten, wäre da nicht der lange Degen gewesen... (Alexandre Dumas, *Die drei Musketiere*).

Im letzten Porträt erreicht die physiognomische Weisheit den Gipfel, drohen doch die Gesichtszüge hier sogar den Beruf des Vaters zu verraten. Gleichwohl erweist sich die Porträtzeichnung bei Dumas als ein recht tückisches Mittel der Introspektion.

Im selben Anfangskapitel, in dem d'Artagnan mit solcher Nachsicht beschrieben wird, tritt eine schöne junge Frau auf, »von zwanzig bis zweiundzwanzig Jahren ... ein blasses blondes Wesen mit schulterlangem Lockenhaar, großen schmachtenden blauen Augen, roten Lippen und Alabasterhänden«. Von ihr wird Athos im 27. Kapitel sagen, sie sei »schön wie eine Liebesgöttin« gewesen, und »durch die Naivität ihrer jungen Jahre leuchtete ein glühender Geist, der Geist nicht einer Frau, sondern eines Dichters«: ein Engel an Reinheit. Im 54. Kapitel erscheint sie wie »eine heilige Jungfrau in Erwartung des Martyriums«. Diese Frau ist Mylady, ein Ungeheuer an Infamie, die Quintessenz des Verrats, der Grausamkeit, der Intrige, der Schamlosigkeit: Diebin, Giftmischerin, Lügnerin und Verführerin. Eine Horrorfigur. Also ist die Physiognomik doch keine sichere Wissenschaft! Und der romantische Erzähler, der uns mit seinen Elenden so überzeugt, indem er sie mit niedriger Stirn und runden Augen präsentiert, weiß auch mit der Zweideutigkeit zu spielen und präsentiert uns satanische Helden, die engelgleich erscheinen, doch in der Tiefe ihres kranken Herzens die schändlichsten Leidenschaften verbergen.

Der Kriminalroman der zweiten Generation, die *hard boiled novel*, von Dashiell Hammett über Mickey Spillane bis zu Ian

Flemings James Bond, hat diese Lektion gut gelernt und präsentiert uns (neben einer Galerie von Gangstern mit wüsten Gesichtern) eine Reihe blonder und überaus zärtlicher Damen, die der wackere Detektiv am Ende zu töten gezwungen ist, das Herz von Liebe erfüllt und die Augen blitzend von Haß, da diese Geschöpfe nichts anderes sind als das personifizierte Böse.

2. Dieser ambivalente Umgang mit der natürlichen Physiognomik (häßlich und böse, schön und böse, häßlich und gut, schön und gut) folgt offensichtlich sehr alten Tendenzen: einerseits der instinktiven Assoziation des Gesichts mit der Seele, andererseits der ziemlich katholischen Neigung, in der Schönheit eine Maske des Bösen zu sehen. Angesichts der Unhaltbarkeit der natürlichen Physiognomik versucht die sogenannte wissenschaftliche Physiognomik keine billigen Assoziationen: Schönheit drückt nicht notwendig positive Gefühle aus, die Analyse muß bei subtileren Zeichen ansetzen.

Den Anfang macht, mit wissenschaftlichen Ansprüchen, der Neapolitaner Giovan Battista Della Porta im Italien der Renaissance. Erforscher einer »natürlichen Magie«, bei der man nicht weiß, inwieweit das Adjektiv das Substantiv korrigiert, nebenbei und ohne es zu wissen Erfinder des Fernrohrs, des Mikroskops und der Camera obscura, schreibt Della Porta 1586 eine Abhandlung *De humana physiognomonia*, in welcher er die Gesichter von Tieren – Schafen, Affen, Löwen, Hunden, Rindern etcetera – mit den Gesichtern der Menschen vergleicht und daraus Schlüsse über ihren Charakter zieht: »Die Erfahrung läßt uns mit Leichtigkeit entdekken, daß die Seele nicht unempfindlich für die Leibesregungen ist, so wie der Leib sich durch die Passionen der Seele zersetzt.«

In diesem Glauben steckt, wie später auch bei Lavater, eine Vision des Göttlichen, das alle Geschöpfe durchströmt und daher nicht anders kann, als seine regulierende Weisheit auch in den Gesichtszügen auszudrücken. Und die Prinzipien der Physiognomik erstrecken sich von den Menschen und Tieren bis zu den Pflanzen und Himmelskörpern: Die Grundmuster sind schön und überzeugend, und es fällt schwer, nicht zu glauben, daß Güte und Sanftheit auch in dem unschönen, aber heiteren Antlitz eines schafförmigen Wesens mit feuchten Augen und hochmoralischem Blöken durchscheinen.

Von diesem Moment an sind die Physiognomisten nicht mehr zu halten. Die Traktate jagen einander. Und einige gehen, um die Wahrheit zu sagen, der Abhandlung von Della Porta auch schon voraus. Barthélemy Coclès zeichnet in seiner *Physiognomonia* von 1533 Frauen von exzellenter Gesundheit, Männer von hitzigem Temperament, Stirnen von Jähzornigen, Grausamen und Begierigen oder von Leichtsinnigen und Geschwätzigen, Jean D'Indagine präsentiert in seiner *Chiromancie* von 1549 Münder von Kühnen und Verwegenen, Schamlosen und Verlogenen, Gebisse von Grausamen (mit vorstehenden Zähnen), Augen von Faulen, Wankelmütigen, Lüsternen, Verrätern und Lügnern. Aber Coclès geht noch weiter, er wagt sich sogar an eine Physiognomik der Haare und Bärte und präsentiert den Bart eines brutalen und herrschsüchtigen Individuums und das Haar (weichfließend wie bei Raffael) eines schüchternen und schwachen Individuums. Ausschweifungen dieser Art erlauben es ein paar Jahrhunderte später Lichtenberg, in seiner Polemik gegen die Physiognomik Lavaters zu behaupten: »Gesetzt, der Physiognome haschte den Menschen einmal, so käme es nur auf einen braven Entschluß an, sich wieder auf Jahrtausende unbegreiflich zu machen.«[1] Mylady hat diese Lektion gut verstanden.

Aber die Physiognomisten lassen nicht nach: Wulson de la Colombière, Robert Fludd, Michel Lescot im achtzehnten Jahrhundert und andere mehr schreiben weiter Traktate, felsenfest überzeugt, daß eine Stupsnase Lüsternheit verrate.

Denn die Physiognomik, durchzogen von intuitivem Alltagsverstand und seherischen Versuchungen, geht Hand in Hand mit der anatomischen Forschung und wird nicht selten von höchst seriösen Gelehrten ernstgenommen. So gelangen wir zu Lavater und seinen *Physiognomischen Fragmenten zur Beförderung der Menschenerkenntnis und Menschenliebe*, vier Bände, erschienen zwischen 1775 und 1778, unter Mitarbeit und enthusiastischer Akklamation von Goethe und Herder.

1 Georg Christoph Lichtenberg, *Über Physiognomik*, Göttingen 1778, p.35; zit. in Hegel, *Phänomenologie des Geistes* (*Werke*, Bd. 3, Frankfurt/M., Suhrkamp, 1970, p.239).

3. Johann Kaspar Lavater (1741-1801), Theologe, Pfarrer und großer Prediger, Autor eines religiösen Dramas über *Abraham und Isaak*, einer Sammlung patriotischer *Schweizerlieder*, einer *Messiade* und eines *Joseph von Arimathea*, ist wie Della Porta (an dem er sich inspiriert) überzeugt, daß jedes Sandkorn und jedes Blättchen das Unendliche birgt, daß subtile Harmonien zwischen Leib und Seele bestehen, daß Tugend schön macht und Laster deformiert. Da er sein religiöses Gefühl mit aufklärerischen Tendenzen verbindet, übersetzt er diesen Glauben in eine Art von »wissenschaftlicher« Beobachtung der natürlichen Welt – und so findet auch er Entsprechungen zwischen Menschen und Tieren, Gesichtszügen und Passionen der Seele, Müttern und Söhnen, Angehörigen ein und derselben nationalen Gemeinschaft. Er studiert das Gesicht, den Kopf, die Hände, stellt die Physiognomien großer Persönlichkeiten der Vergangenheit zusammen (natürlich anhand der idealisierenden Kupferstiche des achtzehnten Jahrhunderts), setzt sich das Ziel, die Menschheit moralisch zu verbessern, beendet sein Leben in einer mystischen Verzückung, die ihn seine guten rationalistischen Vorsätze vergessen läßt, überwirft sich mit Goethe und stirbt schließlich an der Kugel eines Soldaten Massénas, dessen Gesichtszüge und Fußgröße die Chroniken nicht überliefert haben.

Etwa zur selben Zeit erfindet der Arzt Franz Joseph Gall die Phrenologie: alle geistigen Fähigkeiten, alle Neigungen und Instinkte haben ihre Entsprechungen in bestimmten äußeren Formen des Schädels. Leute mit hervorragender Erinnerungskraft haben runde Schädel mit vorn sitzenden und weit auseinanderliegenden Augen. Und dann die Knorren.

Da Gall auf seine Weise die Forschungen über den Sitz der Gehirnnerven antizipiert, untersucht er die Knorren, Buckel oder Vertiefungen an diversen Punkten des Schädels, die das Vorwiegen der einen oder anderen Fähigkeit ausdrücken sollen. Die Kirche klagt ihn des Materialismus und Determinismus an, er geht nach Paris und schreibt dort mit seinem Assistenten Spurzheim eine *Anatomie et physiologie du système nerveux en général et du cerveau en particulier, avec observations sur la possibilité de reconnaître plusieurs dispositions intellectuelles et morales de l'homme et des animaux par la configuration de leur têtes*, 1810-1819. Großer

Gott! Auf Intervention Napoleons höchstpersönlich werden ihm akademische Würden verweigert, ganz Europa diskutiert über die Schädelknorren, schon Lichtenberg hatte grimmig versichert: »Wenn jemand sagte: du handelst zwar wie ein ehrlicher Mann, ich sehe es aber aus deiner Figur, du zwingst dich und bist ein Schelm im Herzen; fürwahr, eine solche Anrede wird bis ans Ende der Welt von jedem braven Kerl mit einer Ohrfeige erwidert werden.«[2]

Georg Wilhelm Friedrich Hegel steigert die Dosis: »Die natürliche Schädelwissenschaft – denn es muß so gut eine solche als eine natürliche Physiognomik geben«, schreibt er in seiner *Phänomenologie des Geistes* (1807), »urteilt nicht nur, daß ein schlauer Mensch einen faustdicken Knorren hinter den Ohren sitzen habe, sondern sie stellt auch vor, daß die untreue Ehefrau nicht selbst, sondern das andere eheliche Individuum Knorren an der Stirn habe.«[3]

4. Doch Hegel begnügt sich nicht mit derlei sarkastischen Späßen. Sein Diskurs ist einigermaßen komplex und betrifft die Frage, wie der Geist, als tätige Kraft, das Gehirn bestimmen kann, in dem er seinen Sitz hat, sowie den Schädel, der das Gehirn umfaßt; ob ein totes Ding wie der Schädelknochen seine Form den Geistesregungen aufzwingen kann oder ob zwischen den beiden nicht eine Art von freier und unvorhersehbarer Anpassung eintritt. Ob schließlich, da es ja auch ursprüngliche Anlagen gibt, die sich in der Schädelform ausdrücken, diese nicht bloße Möglichkeiten sind, die das Handeln selbst und das historische Wachstum eines Individuums nicht bestimmen und auf andere Ziele ausrichten können. Und, was die Lavaterschen Gesichtszüge angeht, welche Zeichenfunktion diese Ausformungen der ruhenden Physiognomie haben können, wenn der Mensch sich selbst besser durch sein Handeln und durch die Ergebnisse seines Handelns ausdrückt. Der Text ist schwierig und subtil, die Sarkasmen gegen Lavater und die Physiognomik sind böse und bisweilen skurril (das Kapitel schließt mit einer Bemerkung über die Ambiguität unserer Organe, deren »Verknüpfung des Hohen und Niedrigen« dieselbe sei, »welche an dem

2 Op. cit., p.6; zit. bei Hegel, op. cit., p.242.
3 Op. cit., p.254.

Lebendigen die Natur in der Verknüpfung des Organs seiner höchsten Vollendung, des Organs der Zeugung, und des Organs des Pissens naiv ausdrückt«), Ziel ist der Versuch, die freie Kreativität des Geistes den Ursachen seiner physischen Determination zu entziehen (und hier fällt Hegel auf seine Weise hinter den armen Lavater und den noch ärmeren Gall zurück), aber zugleich weist der Philosoph darauf hin, daß der Diskurs über den Schädel und die Physiognomie dazu führen könnte, ein Individuum oder eine Rasse für immer abzustempeln, ohne Rücksicht auf ihre Handlungen und die Wandlungen der Geschichte.

5. Damit sind wir (es liegt auf der Hand, und es fehlt nicht an kritischer Literatur zum Thema) bei Cesare Lombroso, dem »Vater der Kriminologie«.

> Die kriminalanthropologische Untersuchung des Delinquenten hat in diesem eine Anzahl abnormer anatomischer Merkmale, biologischer und psychologischer, festgestellt, von denen viele atavistische Bedeutung haben. Und da diese atavistischen Merkmale sich mit kriminellen Neigungen und Manifestationen verbinden und diese normal und sehr häufig bei Tieren ebenso wie bei primitiven und wilden Völkern sind, ist es legitim zu schließen, daß auch bei den Kriminellen diese Neigungen normal sind, in dem Sinne, daß sie notwendigerweise von ihrer Organbildung abhängen, welche, durch Inferiorität der Struktur und der psycho-physischen Funktionen, derjenigen der primitiven Völker und der Wilden und manchmal der Tiere analog ist. (Cesare Lombroso, *L'uomo delinquente*, 1876)

Vor einigen Jahren hat ein Doktorand an der Universität Bologna, Francesco Conversano, eine Dissertation über den seinerzeit berühmten Fall des kalabresischen Banditen Giuseppe Musolino vorgelegt, dessen Prozeß im Jahre 1897 großes Aufsehen erregt hatte; aus den zitierten Prozeßakten war zu ersehen, wie tief die Gerichtsgutachten der Verteidigung und der Anklage, vermittelt durch den Einfluß Lombrosos, von Lavaterismen durchdrungen waren. Der Gutachter der Verteidigung gab zu bedenken, daß der Bandit »sub Mikrozephalie, Stenokrotaphie, ausgeprägt fliehende Stirn, Plasiosopropie, Asymmetrie des Thorax, angewachsene Ohrläppchen und motorische Linkshändigkeit« aufweise. Der Gutachter der Anklage verbreitete sich auch über die ethnische Inferiorität der Kalabresen im allgemeinen. Lombroso, um ein Urteil gebeten, äußerte sich anhand einer Fotografie und gab der Vermutung Ausdruck, Musolino sei kein »vollständiger Verbrechertyp«, sondern etwas auf der Mitte zwischen »geborenem Verbrecher« und »Kriminaloidem«.

Mit der Tradition Lombrosos sind wir jedoch dem Lavaterismus unserer Tage recht nahe gekommen. Kürzlich hat eine Gruppe Mailänder Kunstpädagogen eine Ausstellung organisiert, in der sowohl die normalen erkennungsdienstlichen Fotos der Polizei (die üblichen Frontalaufnahmen bei starker Beleuchtung) als auch die gewöhnlich in Zeitungen publizierten Fahndungsfotos von Verdächtigen gezeigt wurden. Kraft einer Art von unbewußtem Lavaterismus der Kamera (mysteriöse Beziehungen zwischen dem Optiker Della Porta und dem Physiognomisten Della Porta!) gibt es kein Foto dieser Art, auf dem das Subjekt nicht einen Zug von abstoßender Entartung annimmt (man werfe nur einen Blick in den eigenen Führerschein). Infolgedessen gibt es keinen Zeitungleser, in dem sich angesichts solcher Fotos nicht lavaterische Reflexe regen, so daß sich für ihn der »mutmaßliche Täter« rein gefühlsmäßig in den geborenen Verbrecher à la Lombroso verwandelt. Nicht anders muß der mentale Schaltkreis gelaufen sein, der den Taxifahrer Rolandi im Dezember 1969, nach dem neofaschistischen Bombenattentat auf die Mailänder Banca Nazionale dell'Agricoltura, den Anarchisten Valpreda als vermeintlichen Täter »wiedererkennen« ließ, nämlich genau durch die Vermittlung einer vorher gesehenen Fotografie.

Bliebe zu fragen, wieviel vom Schematismus lombrosianischer und geradezu lavaterianischer Prägung noch heute die Erstellung von Fahndungsbildern beherrscht. Und schließlich, wieviel unbewußter Lavaterismus sich aus dem visuellen Gedächtnis in die verbalen Codes verlagert hat, um jene Manifestationen von Rassismus zu steuern, zu denen die Zeitungen sich oft hinreißen lassen, wenn sie Berichte über Kriminalfälle mit Schlagzeilen versehen wie »Kalabrese tötet Ehefrau in Turin« (und nie »Piemontese tötet

Ehefrau«, höchstens »Buchhalter oder Ladenbesitzer tötet Ehefrau«): Schlagzeilen, in denen sich durch die Wortwahl, die auf ein standardisiertes ethnisches Muster verweist, unweigerlich das Bild des dunkelhäutigen Kriminellen mit Kraushaar und buschigen Brauen aufzwingt.

6. In solchen Fällen spricht man zu Recht von mehr oder minder unbewußtem oder verhülltem Rassismus. Und das nicht nur metaphorisch, denn die Linie, die Lombroso mit den Theoretikern des Rassismus verbindet, ist leicht zu verfolgen.

Sie führt direkt zu den Klassikern des modernen Rassismus, die allzeit bereit sind, den Juden mit fleischigen Lippen, Hakennase, spitzen Ohren und bösem Blick voller Geiz, Habgier und Lüsternheit darzustellen; und den Latino klein, schwarzhaarig und träge, und den Arier hochgewachsen und blond, mit feinem länglichem Schädel und gelassen in der Gebärde. Die einschlägigen Schriften sind bekannt, es genügt, als Beispiel für einen modernen wildgewordenen Lavater einen gewissen Ludwig Clauß zu zitieren (*Rasse und Seele*, 1926), der die Menschen in kugelförmige, parabolische, pyramidale und polygonale einteilt: kugelförmig sind die Italiener und die Polen (konvexe Nase, runde Augen, kurze Beine, rasche und fließende Bewegungen), parabolisch die Deutschen und Skandinavier (Schädel, Gesicht und Hals länglich, lange Beine, ruhiger imposanter Gang), pyramidal die hypertonischen und theatralischen Juden, polygonal die Neger, monströs gestaltet mit eckiger Stirn, unförmiger Nase, oben langem und unten breitem Gesicht.

Damit sind wir beim Comic strip. Tatsächlich sind Comic und Karikatur die Orte, in denen die Physiognomik den operativen Wert einer Stenographie gewinnt und mit wenigen emphatisierten Strichen eine ganze Seelen- und Sittengeschichte skizziert. Ausgehend von den Vorurteilen (und zum Teil von der antiken Weisheit) einer natürlichen Physiognomik, die sie benutzt und bekräftigt.

7. Ein Großteil der vorstehenden Bemerkungen war ursprünglich als Einleitung zu einem Bändchen mit treffenden Karikaturen zeitgenössischer Persönlichkeiten entstanden, denen maliziöser-

weise Kapitel eines 1811 in Mailand erschienenen »Taschen-Lavater« beigegeben waren.[4] Leicht erkennbar bot sich darin, als Zielscheibe eines spitzen neo-lavaterschen Stiftes, das Gesicht des Senators Fanfani (auch wenn bedeutend rüstigere Persönlichkeiten nicht weniger grausam behandelt wurden). Zahllos und streng sind indes, notierte ich damals, die Wege der himmlischen Wiedervergeltung, und oftmals geht, wer mit Lavater zuschlägt, an Lavater zugrunde.

In der Tat hatte nämlich gerade Fanfani in seinem Buch über »Katholizismus und Protestantismus in der historischen Formation des Kapitalismus«[5] die Theorie dargelegt, derzufolge im Laufe der Weltgeschichte die Perioden des ökonomischen Wachstums immer jene gewesen seien, in denen kurzgewachsene Männer an der Macht waren, während die Herrschaft der Langen (die »Lungilineokratie«) jeweils zu Rezessionsperioden geführt habe, in denen das Handeln hinter die Kontemplation zurückgetreten sei.

Wiederaufgegriffen wurde die Theorie sodann in der Abhandlung über »Die ökonomischen Wandlungen des modernen Europa und die konstitutionalistische Evolution der herrschenden Klassen«[6], einem weiteren Monument des kleinwüchsigen Politikers. Sie bezeugt nicht nur den wiederkehrenden Lavaterismus bei Fanfani, der einem gegebenen physischen Typus ganz klar bestimmte psychische und moralische Fähigkeiten zuschreibt, sondern sie enthält auch eine klare Konzeption der Kultur – wenn man bedenkt, daß die Perioden, die von den kontemplativen und handlungsunwilligen Langen verseucht werden, immer jene sind, in denen die *humanitates* florieren und »die Kultur triumphiert«. Daß dies in den Augen des Autors eine unerfreuliche Perspektive ist, geht aus jenem Satz hervor, in welchem er den merkantilen Geist des Trecento dem kulturell-künstlerischen Geist des Quattrocento gegenüberstellt: »...während die albertinische Mentalität und,

4 J. K. Lavater, *Manuale portatile o sia dell'arte di conoscere gli uomini dai tratti del volto, con XXXII esempi scientifici*, mit Zeichnungen von Franco Testa, Mailand, Moizzi, o.J.

5 Amintore Fanfani, *Cattolicesimo e protestantesimo nella formazione storica del capitalismo*, Mailand, Soc. Ed. »Vita e pensiero«, 1934 (englisch erschienen als *Catholicism, Protestantism and Capitalism*, London, Sheed and Ward, 1935).

6 Idem, *I mutamenti economici dell'Europa moderna e l'evoluzione costituzionalistica delle classi dirigenti*, Mailand, Soc. Ed. »Vita e pensiero«, 1936.

schlimmer noch (Hervorhebung von mir), der Geist, der die Höfe und herrschenden Klassen im Italien des Quattro-Cinquecento durchzog, genau einer vom langwüchsigen Typus war«.

Zum Beweis dieser These analysiert Fanfani die Gesichter der Epoche, wie sie von der zeitgenössischen Malerei überliefert werden. Es fehlen in diesen seinen Werken nur die Vergleiche mit Affen- und Hundeschnauzen, vielleicht weil der Autor, wie man weiß, zur abstrakten Malerei neigt und die historische Analyse nicht mit ad-hoc-Rekonstruktionen ersetzen konnte.

Gleichwohl hat es Fanfani nicht an Hagiographen gefehlt, die seine Lehre weiterentwickelt haben (ich verweise hier, um die Blütensammlung voll zu machen, auf das amüsante Büchlein *Lo stile del professore*[7]) und die von ihrem Sujet ein Profil zeichnen, das seinen Darlegungen lavaterscher Provenienz in nichts nachsteht.

Man lese zum Beispiel, was Roberto Gervaso über ihn sagt: »Nur die Parteifreunde, die seinen Zugriff und seinen Grimm fürchten, entrinnen seinem diabolischen Fluidum oder bilden sich ein, ihm zu entrinnen. Es entströmt ihm aus allen Poren und allen Höhlungen: aus den Augen, die wie Florette im Gefecht menuettieren, wie Degen im corps-à-corps rotieren, wie Durandarten in der Feldschlacht wirbeln; aus den Nasenlöchern, die wie Nüstern schnauben; aus den drohend geschürzten Lippen, die bald vorgestülpten Rachen, bald Ziborien gleichen; aus dem Gladiatorennacken. Es entströmt auch seiner Stimme, die polternd im Schmähen, peitschend im Sarkasmus, väterlich im Ermahnen, kosend im Schmeicheln klingt, und aus seiner Gestik, die sie kontrapunktisch begleitet und zugleich von ihr skandiert wird.«

Das Schema klingt uns vertraut: Es ist dasselbe wie in den Porträts von Eugène Sue, Alexandre Dumas, Carolina Invernizio oder Hedwig Courths-Mahler und Konsorten.

Damit schließt sich der Kreis. Die natürliche Physiognomik, die Hegel so suspekt war, ist nicht tot.

(1984)

7 Von »Aretino '75« (Pseudonym), Mailand, Sugar, 1975.

Die Realismus-Illusion

Die Eröffnung der Ausstellung »Kunst im Dritten Reich«, am 15. Oktober 1974 abends um acht im Frankfurter Kunstverein, war mit Verspätung erfolgt, nach einer lebhaften Pressekonferenz und einer Flugblattaktion protestierender Grüppchen, die zum Boykott aufriefen. Begründung: Ein noch lebendiges Phänomen wie den Nazismus könne man nicht mit philologischer Objektivität betrachten, und die Kunst des Dritten Reiches auszustellen heiße, sie als gefährlichen Mythos wiederaufzuwerten.

Es genügte jedoch ein Blick in die Ausstellungsräume, um zu erkennen, daß die Veranstalter eine sehr streng didaktische Maschine aufgebaut hatten, in der jedes Werk mit Fotografien und Schrifttafeln konfrontiert wurde, die das andere Gesicht der Dinge zeigten – Sätze von Brecht oder Horkheimer, Dokumente über die Vernichtung der Juden und dergleichen mehr.

Eine Ausstellung also, in die man, anstatt sie zu boykottieren, lieber die Schulkinder führen sollte, damit sie lernen, wie schmal die Grenzen zwischen Diktatur, Wahnsinn, Tragödie, Dummheit und schlechtem Geschmack sind. Es drängte sich der Gedanke auf, daß Dummheit keine politische Farbe hat, weshalb es kein Wunder ist, daß eine Ausstellung der evidentesten Muster des rechten Schwachsinns von einer Handvoll linker Schwachköpfe attackiert wird. Ein leichtes Stutzen kam jedoch auf, wenn man die kurzen Bemerkungen las, die ein paar Besucher mit Bleistift an den Rand einer Tafel gekritzelt hatten, Sätze wie: »Das war wirklich noch echte Kunst!« Man mußte sich also fragen, ob der ahnungslose und faule Besucher, der die Tafeln nicht las und sich nicht um die Dechiffrierung der sichtbaren Gegensätze zwischen Mythos und Realität bemühte, nicht fasziniert war von dieser Abfolge blonder Mädchen im Bade, muskulöser und schwitzender Arbeiter, strammer Soldaten mit kantigem Kinn, alter Bauern beim emsigen Anbau autarker Nahrung, idyllischer Landschaften, durchzogen von Autobahnen und Brücken mit vielen Pfeilern, plastischer Modelle von Zukunftsstädten mit quadratischem Grundriß und imperialer Gebärde. Denn schließlich erwecken all diese Bilder und Plastiken durchaus den Eindruck der »Realität«, die nackten Mädchen haben rote Münder, die zum Küssen einladen, und selbst die Genitalien der nackten Jünglinge, Symbolfiguren für »Die Partei«, »Die Arbeit« oder »Die Jugend«, wirken »echt«.

Und vielleicht hatte man auch, wenn man die Ausstellung betrat, noch die Werke des amerikanischen Hyperrealismus im Kopf, die zur selben Zeit gerade in Mailand ausgestellt worden waren, und so ergab sich die Frage, ob nicht auch die NS-Kunst auf ihre Weise ein Beispiel für »magischen« Realismus war, das man nüchtern studieren sollte, ohne allzu große moralistische Aufwallungen, um die tieferen Wurzeln einer Haltung herauszufinden, die heute in einem ganz anderen ideologischen Kontext wieder vertreten wird. Und schließlich ließ sich auch nicht vermeiden, daß noch ein anderes Gespenst auftauchte, nämlich das des sozialistischen Realismus sowjetischer Prägung. Worin unterscheiden sich diese drei Arten von »Realismus«, in welcher Beziehung stehen sie zur Realität und zur Malerei?

Die nazistische Kulturpolitik war zweifellos nivellierender als die faschistische in Italien, im Panorama der hitlerschen Kunst findet sich nirgendwo jenes Spiel von Konzessionen und augenzwinkernden Allusionen, das dem italienischen Faschismus erlaubte, einen Terragni neben regimefrommen Künstlern wie Piacentini oder Campigli zu dulden oder einen Sironi neben den Skulptoren des Foro Mussolini. Trotzdem wäre es nicht ganz richtig zu sagen, der Nazismus habe einen uniformen Stil durchgesetzt. Er hat eher den Stempel des »guten arischen Stils« einem ziemlich wirren Haufen stilistischer Spekulationen aufgedrückt, aus dem nur eine einzige »reine« und kohärente Linie herausragt, nämlich die der Paraden im Nürnberger Parteitags-Stadion und der Architektur Albert Speers: ein schwerlastiger, kantiger Neoklassizismus, titanisch und wagnerisierend, von dem die Frankfurter Ausstellung nur ein paar zweitrangige, aber frierenmachende Beispiele zeigte: eine Art teutonischen, plumpen »von Chirico«, wie jenen Otto Hirth, der annähernd surreale Plätze gemalt hat, denen dann aber richtige Männchen (nicht Puppen) und »realistische« Schatten jede Magie nehmen, oder einen Plan für den Wiederaufbau der Stadt München von Hermann Giesler, in dem sich das Kolossale mit der Monotonie und der Wiederholung paart.

Die beiden vielleicht überzeugendsten Beispiele waren jedoch zwei Modelle von Autobahnanlagen, einer pompösen Einfahrt und eines Knotens (im Grunde waren die Autobahnen die typischste architektonisch-urbanistische Realisierung der Nazikunst). Nach dem ersten Modell sollte die Einfahrt von zwei Pylonen flankiert werden, hoch wie vierzig aufeinandergestapelte Automobile; nach dem zweiten (von Josef Thorak) sollte sich in der Mitte zwischen zwei zyklopischen Bahnen eine Art Monument der Arbeit erheben, etwa so massig wie die Peterskirche, also besonders gut geeignet, plötzliche Bremsmanöver, Auffahrunfälle in Serie und Halluzinationen in nebligen Nächten hervorzurufen. In all diesen Fälle kann man gewiß nicht von »Realismus« sprechen, viel eher von Absolutem Irrealismus, rasender Verachtung für das menschliche Maß, programmatischem Anti-Modulor.

Auf skulptorischer Ebene produziert dieser architektonische Irrealismus Beispiele, die ich als solche des *Hypo*-Realismus bezeichnen würde. Hier sind, so scheint es, die nackten Leiber der Athleten (der »Genius des Sieges« von Wamper, der Krieger von Arno Breker) im akademischen Sinne »korrekt«: Arm- und Deltamuskeln schwellen am richtigen Platz, die Frauen haben sogar Brüste, alles scheint echt. Aber es »scheint« nur so.

Denn wenn man sich umsieht, bemerkt man, daß diese allegorischen Figuren alle einander gleichen, es sind keine Individuen, sondern abstrakte symbolische Typen; der Realismus weiß immer, wo er aufhören muß, zum Beispiel haben die Männer stets einen perfekten Penis, komplett mit liebevoll gemeißeltem Schamhaar, aber die Frauen haben so gut wie keine Schamhügel und schon gar keine Vagina: die nazistische Mystik mit ihren homoerotischen Unterseiten domestizierte die anatomische Realität nach ideologischen Erfordernissen. Und man betrachte schließlich die »Kameraden« von Thorak, bei denen die Füße und Hände größer sind, als sie sein sollten, aber es handelt sich nicht um expressionistische Hochspannung, sondern um piktorale Großmäuligkeit (wie wenn einer sagt: »Ich hau dir eine rein, daß du die Zähne vom Boden aufsammeln kannst!«).

Doch neben dem Irrealismus und Hyporealismus zeigte die Frankfurter Ausstellung noch andere Tendenzen.

Nennen wir die erste »Spekulativen Akademismus«. Es handelt sich, kurz gesagt, um den Beitrag jener Heerschar gescheiterter Maler, Spezialisten für Ölschinken, Dekorateure von Puderdosen und Pralinenschachteln, die plötzlich einen politischen Markt gefunden hatten, eine Schicht von Gönnern, die sich an Nuditäten auf mythologischem Hintergrund delektierten und in den Leda- und Venus-Gestalten die Züge ihrer Klärchen und Evas wiederfinden wollten. Hier bot die Frankfurter Ausstellung einige ihrer schönsten Stücke, zum Beispiel ein unvergleichliches Urteil des Paris, mit Paris in Sepplhose und den drei Göttinnen mit Gesichtern viertklassiger Nutten (von Ivo Saliger), oder auch ein Gemälde von einem gewissen Heymann mit scheinbar raffaelscher Struktur (Frau mit Kind und Täufer), in dem jedoch das Auge des kundigen Italieners unschwer die Spur des Lehrers erkennt: Boccasile! Um schließlich zu einigen manieristisch bewußteren Übungen zu gelangen, wie der »Gelösten Stunde« von Bernhard Müller, die an einen bestimmten italienischen Akademismus zwischen Funi und Borra erinnert.

Dieser Strömung könnten wir, als Nebenprodukt des Nebenprodukts, eine ganze Reihe miserabler Sonntagsmaler zuordnen, die, als sie hörten, daß dem Regime Fabriken, Frachtkähne, Sägewerke und Fördertürme gefielen, ihren elenden Pinsel in den Dienst einer deprimierend monotonen Landschaftsmalerei stellten; oder auch die unsäglichen Maler von Pferden, Kühen und Ochsen vor Pflügen.

Damit nähern wir uns jedoch einer anderen Strömung, vielleicht der interessantesten, da sie unweigerlich analoge Visionen heraufbeschwört, die wir bereits in Moskauer Museen zu erleiden hatten. Die Nazikunst favorisierte Bildnisse von Soldaten im Krieg, von Bergarbeitern mit rußgeschwärzten Gesichtern, von Erdplanierern mit strammen Muskeln, von glutumloderten Eisengießern. Und all diese Leute sind nahe Verwandte der wohlbekannten Personen des sozialistischen Realismus.

In beiden Fällen sind die Personen nicht Universalien, nicht dargestellt in abstrakten Posen außerhalb von Zeit und Raum, sondern erscheinen als Repräsentanten bestimmter Künste und

Berufe mit deren charakteristischen Gesten: sie repräsentieren »typische Figuren in typischen Umständen«. Daß die einen dabei den Nazismus aufbauen und die anderen den Sozialismus, ist aus malerischer Sicht ziemlich irrelevant – auch der grimmigste »Inhaltist« kann nicht leugnen, daß diese Bilder, verbrächte man sie aus einem Museum ins andere, ununterscheidbar würden und genausogut den Deutschen Erdarbeiter wie den Ukrainischen Erdarbeiter darstellen könnten, ohne nennenswerte Unterschiede. Wird man also sagen müssen, daß ein und dieselbe Kunstideologie die beiden Konträren Historischen Extremismen vereint?

Tatsache ist, daß man diese Bilder nicht als Kunstgegenstände betrachten muß. Versuchen wir, sie als das zu sehen, was sie sind, nämlich Mittel zur Überredung der Massen, Propaganda. Ziel dieser Propaganda ist es in beiden Fällen, die subalterne Arbeit zu nobilitieren und den Arbeiter zu überzeugen, daß Kohleschippen eine ebenso noble Tätigkeit ist wie Kriegführen auf eisengepanzertem Roß oder Walzertanzen im Kaiserpalast. Um dieses Ziel zu erreichen, gibt es eine Formel: das malerische Zitat. Wenn der Bergarbeiter in denselben Farben dargestellt wird, mit derselben Art von Pinselstrich, derselben Beachtung der Perspektive und der anatomischen Gesetze, mit denen einst die drei Könige aus dem Morgenland, die Heilige Jungfrau, Ludwig XVI. oder die Offiziere Napoleons dargestellt wurden, dann ist die Identifikation erreicht. Mithin geht es diesem sogenannten »Realismus« keineswegs um die Realität, sondern um die Malerei. Seine Bilder reproduzieren die Malerei getreulich so, wie sie ist (oder vielmehr war). Der nazifaschistische Realismus und der Realismus des Stalinschen Staates sind keine Realismen, sondern »Malerismen«. Als solche können sie manchmal sogar bemerkenswerte bildliche Resultate ergeben, die ihren politischen Sinn je nach Titel, Ausstellungsort und historischen Umständen ihrer Besichtigung wechseln. Es handelt sich um ideologisch »neutrale« Bilder, die zu allen Verwendungen taugen, so wie ein Gewehr in jeder Hand funktioniert, in der eines angolanischen Guerilleros ebenso wie in der eines griechischen Obristen.

Schließlich fand sich in der Frankfurter Ausstellung auch eine kleine Gruppe von Bildern, die durch ihre exzellente Machart auffielen und im ersten Moment an den Hyperrealismus erinnern. Am typischsten dafür ist die »Kahlenberger Familie« von Adolf Wissel. Die Herkunft ist evident, wir stehen vor den letzten Echos der Neuen Sachlichkeit.

Nur daß in den Bildern jener avantgardistischen Strömung ursprünglich eine Bosheit steckte, eine Fähigkeit zur psychologischen Denunziation, die in diesen späten Nachzüglern völlig fehlt: die »hyperrealistischen« Figuren von Wissel kompromittieren sich nicht. Schwer zu sagen, ob sie »nazistisch« sind, und gewiß sind sie nicht heroisch. Aber sie sind sich ihrer Versteinerung auch nicht bewußt. Sie warten ab: zwar wissen sie, daß sie nicht »echt« sind, aber sie würden gern echt erscheinen; um keine Risiken einzugehen, machen sie keine zu großen Anstrengungen – wunderbare Parabel für das falsche Bewußtsein eines Künstlers, der zweifellos malen konnte und nicht auf seinen Stil verzichten wollte, aber der dem Regime zu gefallen suchte.

Wer nun die Frankfurter Ausstellung verlassen hätte, um sich direkt in die Mailänder Ausstellung des amerikanischen Hyperrealismus zu begeben, hätte entdeckt, daß uns die Amerikaner bei aller peniblen Figürlichkeit keineswegs einreden wollen, sie reproduzierten die Dinge. Sie bemühen sich vielmehr klarzumachen, daß sie die *Fotografie* der Dinge reproduzieren, das Bild der Dinge mit der ganzen typischen Starrheit, mechanischen Farbgebung, Ausschnittwahl, Vordergründigkeit und Tiefe der Fotografie.

Der Hyperrealismus denunziert die Tatsache, daß die Realität, wie wir sie zu sehen gewohnt sind, das Ergebnis einer mechanischen Manipulation ist; infolgedessen macht er seine eigene programmatische Falschheit öffentlich. Der Hy*po*realismus dagegen, der Irrealismus, der Staats-Malerismus und der Akademismus der NS-Malerei wollen uns an die Realität, die sie darstellen, glauben machen. Die Falschheit wird nicht deklariert, sie wird stillschweigend exerziert. Der Hyporealismus ist verlogen, weil er uns glauben machen will, er sage die Wahrheit; der Hyperrealismus stellt sofort unmißverständlich klar, daß er lügt. Dies ist der große Unterschied zwischen den beiden.

Daß dann das breite Publikum dazu neigt, derart verschiedene Phänomene in einen Topf zu werfen, als enthielten sie beide einen

Appell an »gesunde« Figürlichkeit («endlich versteht man alles, nicht wie in diesen avantgardistischen Werken, wo man nie was kapierte!«), zeigt nur wieder einmal, daß der »Krampf des Ikonismus« – die naive Haltung, als objektiv treu abbildend all das zu nehmen, was irgendwie »erkennbar« erscheint – eine alte Krankheit der menschlichen Wahrnehmung ist.

Und vielleicht ist die Schwierigkeit, zu erkennen, wie sehr die Bilder lügen können, dieselbe wie die, die Lügen der Macht zu durchschauen.

Es ist schwer, den Schleier der Maja zu zerreißen.

(Oktober 1974)

Marco Polo: das Unbekannte beschreiben

Während ich dieses schreibe, weiß ich noch nichts von dem televisiven *Marco Polo*, ich weiß nicht, ob er sich treu an das Buch halten wird oder es nur als Ansatz für eine freie Nacherzählung benutzt. Fernsehfilme nach einem großen Buch, so heißt es ja, fördern dessen Lektüre, und wer's nicht glauben will, nehme mich als Beweis: ich habe das Buch jetzt wiedergelesen, sogar schon vor der Ausstrahlung des Films. Dann habe ich mich gefragt, wie viele wohl, wenn sie den Film gesehen haben, sich aufmachen und das Buch kaufen werden, und wieviel Vergnügen sie wohl daraus ziehen können. Die Sprache der toskanischen Fassung, der sogenannten »besten« (bekanntlich hat Marco Polo seine Memoiren im Gefängnis dem Freund Rustichello da Pisa diktiert, der sie auf Französisch niederschrieb; die Urschrift stammt aus dem Jahre 1298, während die toskanische Fassung erst 1309 entstand), ist nicht in jedermanns Reichweite, auch wenn sie keine allzu großen Schwierigkeiten bereitet, und die unverständlichen Wörter schaffen ja »Atmosphäre«. Doch warten wir ab, was uns das Fernsehen davon erzählen wird, und fragen wir uns: Wie sollte man *Il Milione* lesen, das heißt jenes *Buch des Marco Polo, Bürger Venedigs, genannt Milione, worin von den Wundern der Welt berichtet wird*?[1]

Die Frage, die sich mir beim Wiederlesen aufgedrängt hat, ist nicht, wie heutige Leser das Buch verstehen können, sondern wie es die Leser damals verstanden haben. Zu verstehen, was es damals dargestellt haben mochte, hilft uns vielleicht dann zu klären, wie es heute gelesen werden müßte. Denn – und hier nehme ich meine Konklusion vorweg – Marco Polos Bericht *Il Milione* fügt sich in

1 *Le livre de Marco Polo citoyen de Venise, dit Million, où l'on conte les merveilles du monde*, textkrit. Ed., Florenz 1928 (erste deutsche Ausgabe: *Puch des edeln Ritters vnd landtfarers Marcho polo, das do sagt von mangerley wunder der landt vnd lewt*..., anonym, Nürnberg 1477; letzte deutsche Ausgaben: *Die Reisen des Venezianers Marco Polo*, München, Heyne, 1963, und: M.P., *Von Venedig nach China. Die größte Reise des 13. Jahrhunderts*, Tübingen/Basel, Erdmann, 1973).

eine Reihe enzyklopädischer Beschreibungen unbekannter und mehr oder minder sagenhafter Länder ein, die fast alle von Autoren stammen, die ihren Wohnsitz nie verlassen haben, und er berichtet annähernd dasselbe wie jene, aber gleichsam als Journalist oder Auslandskorrespondent.

Zwei Jahrhunderte vor der Erfindung des Buchdrucks, drei oder vier Jahrhunderte vor dem Triumph der »Fliegenden Blätter«, »Avisi« oder »Gazetten«, nimmt Marco Polos Buch eine Gattung vorweg. Nur war die Vorwegnahme derart früh, daß es schwerfiel, die Gattung zu akzeptieren. Ich will gleich ein Beispiel geben. In einer schönen französischen Handschrift des *Milione*, die um einiges später als die Urschrift von 1298 entstanden ist und heute in der Pariser Bibliothèque Nationale aufbewahrt wird, gibt es eine Miniatur zu Kapitel 157, in dem Polo das Königreich Coilu beschreibt, das sich an der Malabarküste befand. In diesem Kapitel berichtet er von einem Volk, das Pfefferschoten zu ernten pflegte sowie (in der toskanischen Fassung) *»i mirabolani emblici«*, von denen ich nicht genau weiß, ob es sich um eine Pflaumenart handelt oder um eine andere Gattung von gerbsäurehaltigen Früchten. Wie stellt nun der Miniaturenmaler die Bewohner der Malabarküste dar? Der eine ist ein Blemmyer, also eines jener kopflosen Fabelwesen mit dem Mund auf dem Bauch, der andere ein Scinopode oder »Entenfüßler«, der im Schatten seines einzigen großen Fußes liegt, und der dritte ein Einäugiger. Genau das also, was der zeitgenössische Leser in jener Weltgegend vorzufinden erwartete, nämlich im fernen Indien, dem sagenhaften Reich des Priesters Johannes oder »Presto Giovanni«, wie Polo ihn nennt. Das Schöne ist nun jedoch, daß diese drei Monster in Polos Text gar nicht vorkommen. Polo sagt lediglich, daß die Bewohner von Coilu schwarz seien, daß sie nackt herumliefen und daß es in jener Gegend (man bedenke, was der Miniaturenmaler daraus hätte machen können) viele schwarze Löwen, weiße Papageien mit rotem Schnabel und Pfauen gebe. Darüber hinaus vermerkt er in jenem kühlen Ton, der ihn auszeichnet, wenn er von Sitten und Gebräuchen spricht, die den guten Christen ein wenig seltsam erscheinen, daß jene Leute wenig Sinn für Moral hätten und ohne Unterschied die Cousine, die Stiefmutter oder die Frau des Bruders heirateten.

Warum erlaubte sich der Miniaturenmaler, diese drei Wesen einzufügen, die in der Welt des *Milione* nicht existieren (und genaugenommen auch nicht in der unserer Natur- und Humanwissenschaften), entgegen aller textlichen Evidenz? Nun, einfach weil er wußte – ebenso wie seine Leser, zur Zeit von Polo und auch noch später, im Vertrauen auf eine ununterbrochene Kette hochgelehrter Enzyklopädien über die Wunder der Welt –, daß sie dort sein *mußten*. Der Kaufmann Marco Polo war einfach ein schamloser Bursche, der sich herausnahm, die Dinge nicht so zu erzählen, wie sie sein mußten, sondern (so in seinen eigenen Worten oder denen von Rustichello), »Provinzen und Länder zu unterteilen, in denen er gewesen ist«. Ein Augenzeuge. Scheinbar ein leichtes Metier, doch zu jenen Zeiten war es das keineswegs. Für den Auslandskorrespondenten gab es noch keine gewerkschaftliche Definition.

Wer war damals der typische Kompilator historischer und geographischer Enzyklopädien? Einer, der am Schreibtisch saß und sich auf die ehrwürdigen Texte des Plinius, des Solinus, des Isidor von Sevilla stützte sowie auf die diversen Enzyklopädien des zwölften Jahrhunderts, den *Speculum Mundi* des Vinzenz von Beauvais oder den *Trésor* des Brunetto Latini. Und in diesen Texten waren die verschiedenen Länder, ob wirkliche oder legendäre, von allerlei phantastischen Tieren und höchst seltsamen Wesen bewohnt, deren Eigenschaften jedoch durchaus nicht beliebig waren. Diese Wesen hatten genau die Charakteristika, die benötigt wurden, um sie in lebende Beispiele, in lesbare Allegorien zu verwandeln. So erzählte der Stammvater all dieser enzyklopädischen Traktate, der *Physiologus* aus dem zweiten oder dritten Jahrhundert unserer Ära, daß der Löwe die Gewohnheit habe, mit dem Schwanz seine Spuren auszulöschen, um die Jäger irrezuführen; aber diese Eigenschaft war »notwendig«, damit der Löwe als Symbol für Christus herhalten konnte, der unsere Sünden auslöscht. Desgleichen lehrte er, daß der Phönix alle fünfhundert Jahre nach Heliopolis komme und dort auf dem Altar verbrenne, um dann (wie man weiß) drei Tage später aus der eigenen Asche wieder aufzuerstehen; auch diese Eigenheit war »notwendig«, damit der Phönix das Symbol des Erlösers sein konnte. Und in diesem Sinne war der Löwe ebenso »wahr« wie der Phönix.

Um 1357 schrieb ein ungewisser Autor, der sich John Mandeville nannte, einen Reisebericht unter dem Titel *Les voyages d'outre mer.*[2] Mandeville, soviel ist sicher, hat nie seinen Wohnsitz verlassen, und er schrieb sechzig Jahre nach Polo. Aber für Mandeville heißt von fremden Ländern berichten noch immer, von Wesen zu erzählen, die dort sein *müssen*, ob sie dort leibhaftig gesehen worden sind oder nicht – auch wenn einige seiner Darlegungen vermuten lassen, daß sich unter seinen Quellen auch die Darlegungen des Augenzeugen Marco Polo befanden. Nicht daß Mandeville immer und überall nur Märchen erzählt; zum Beispiel spricht er vom Chamäleon als von einem Tier, das seine Farbe wechselt, aber er fügt hinzu, es ähnele einer Ziege. Nun ist es interessant, Mandevilles Sumatra, sein Südchina und sein Indien mit denen von Polo zu vergleichen. Es gibt einen weitgehend gleichbleibenden gemeinsamen Kern, aber Mandeville bevölkert jene Weltgegenden mit Tieren und menschenähnlichen Monstern, die er in früheren Büchern gefunden hat. Polo nicht.

Wohlverstanden: Polo war Kaufmann und kein Gelehrter. Zudem beginnt er seine Reise mit siebzehn und kehrt als Einundvierzigjähriger zurück, und nur drei Jahre später, nachdem er sofort in den Krieg gezogen und dann in Gefangenschaft geraten ist, diktiert er seine Memoiren. Über europäische Dinge kann er nicht viel gelesen haben, vermutlich hat er die Legenden, die er erzählt, und die Märchen, die er zu glauben scheint, in Kathai gehört. Dennoch hatte ihn die Kultur der mittelalterlichen Enzyklopädien irgendwie berührt (im übrigen kamen ja viele Informationen dieser Enzyklopädien über verschlungene historische Wege aus dem orientalischen Sagenschatz). Und das Schöne an Messer Marco Polo ist, daß er auf seine Weise ein Mann seiner Zeit war und sich dem Einfluß jener – womöglich nie gelesenen – Bücher nicht zu entziehen vermochte, die ihn lehrten, was er hätte sehen müssen.

Am bezeichnendsten dafür ist die Stelle über die Einhörner, die ihm in Java erschienen sind. Daß es Einhörner gibt, stellt kein mittelalterlicher Mensch in Frage. Und man lese nur einmal den

2 Dt. *Die Reisen des Ritters John Mandeville durch das Gelobte Land, Indien und China*, Stuttgart, Steingrüben, 1966.

umfassenden Traktat *The Lore of the Unicorn* von Odeil Shepard (1930), aus dem hervorgeht, daß noch lange nach Marco Polo allerlei Leute das Einhorn gesehen und beschrieben haben. Zum Beispiel der elisabethanische Reisende Eward Webbe; oder Vincent Le Blanc, der im Jahre 1567 gleich drei davon sah, eins im Serail des Sultans, eins in Indien und eins sogar im Escorial in Madrid; im siebzehnten Jahrhundert sieht es der jesuitische Missionar Lobo (übersetzt von Samuel Johnson) in Abessinien; im Jahre 1713 dann auch John Belle, und schließlich, aber gewiß nicht als letzter, kein geringerer als Dr. Livingstone.

Daß das Einhorn existiert, hatte der *Physiologus* gesagt, der in Europa die Legende begründet hatte, nach welcher man, um es zu fangen, eine unbefleckte Jungfrau im Walde aussetzen müsse, und – wie noch dreißig Jahre vor Marco Polo der Florentiner Enzyklopädist Brunetto Latini schreibt – »wenn das Einhorn die Jungfrau sieht, gibt seine Natur ihm ein, daß es unverzüglich, kaum hat es sie erblickt, zu ihr hingeht und all seinen Stolz niederlegt...«

Konnte Marco Polo anders als Einhörner suchen? Er sucht und findet sie. Will sagen, er kann nicht umhin, die Dinge mit den Augen seiner Kultur zu betrachten. Doch kaum hat er hingeschaut und gesehen, geprägt von der traditionellen Kultur seiner Zeit, beginnt er, als Auslandskorrespondent zu reflektieren, das heißt als einer, der nicht nur neue Informationen liefert, sondern auch die Klischees des falschen Exotismus kritisiert und erneuert. Denn die Einhörner, die er sieht, sind in Wirklichkeit Nashörner, ein bißchen andersartige Wesen als jene graziösen weißen Gazellen mit spiralförmig gedrehtem Horn, die im Wappen der englischen Krone erscheinen.

Polo ist erbarmungslos: die Einhörner haben ihm zufolge »das Fell von Büffeln und Füße wie Elefanten«, das Horn ist schwarz und dick, die Zunge stachlig, der Kopf gleicht dem eines Ebers, kurzum: »Es ist ein sehr häßlich anzusehendes Tier. Es ist nicht so, wie man hierzulande sagt, daß es sich mit einer Jungfrau fangen ließe, sondern das Gegenteil ist der Fall.« Mit anderen Worten: Schickt ihm keine kleinen Mädchen in den Wald, sonst spießt es sie auf sein Horn. Schade, aber so ist es nun mal.

Das andere, was an Marco Polo verblüfft, an dieser unverblümten Art, die Dinge zu sagen, wie sie sind: sein Buch ist von Neugier beherrscht, aber nie von einer blöden Verwunderung und schon gar nicht von Widerwillen. Er berichtet wie ein moderner Anthropologe: wenn es eine Kultur gibt, in der es üblich ist, die Gattin den Fremden zu überlassen, und wenn die Ehemänner daran gar Gefallen finden, so berichtet er es und Amen.

Er hat soviel gesehen (wirklich gesehen, nicht nur davon reden hören), daß ihn nichts mehr wundert. Daher ist die Welt, von der er spricht, nicht unglaublich, mag sie auch erstaunlich sein, sondern sie *ist* einfach, und genau deshalb erzählt er von ihr. Gewiß, er hört mysteriöse Stimmen in der Wüste Lop, aber man reite nur einmal selber wochenlang durch die Wüste. Gewiß, er nimmt die ganze Geschichte vom Reich des Priesters Johannes ernst, aber damals zirkulierten so viele diplomatische Briefe (wenn auch gefälschte, heute wissen wir es), die hundert Jahre zuvor an den Kaiser von Byzanz gesandt worden waren. Er hält die Krokodile für große Schlangen mit Vorderbeinen, aber man darf nicht verlangen, daß er zu nahe heranging. Mir scheint, er hat mehr Menschenfresser gefunden, als es gegeben hat, aber schließlich sammelte er seine Zeugenaussagen in Ländern, deren Sprachen er erst mühsam lernen mußte. Immerhin findet er das Petroleum und die Steinkohle und spricht darüber sehr korrekt.

Neben Visionen unter dem Einfluß der Tradition, von denen er sich nur mühsam löst, als riebe er sich die Augen, hat er andere, in denen er sogar uns heute noch anti-traditionell erscheint. Vermutlich sind die Menschen für ihn entweder weiß oder schwarz, aber gewiß kommt ihm nicht die Idee einer »gelben Rasse«. Die Einwohner von Cipangu (das ist Japan) haben weiße Haut, und der Großkhan, der ein Mongole ist, »hat sein Gesicht weiß und rosenrot«. Das Schöne ist, daß er vielleicht ganz recht damit hat, denn mögen die Enzyklopädien auch (heute) noch immer von gelblicher Haut sprechen: wenn wir einen Chinesen oder Japaner genau betrachten, erkennen wir, daß er nicht gelb ist wie Ming, der wilde Kaiser von Mongo, sondern allenfalls nicht ganz so weiß und rot wie ein Tiroler. Ob dann der Großkhan wirklich rosenrot war – nun ja, vielleicht hatte er sich geschminkt, oder Polo hat ihn mit liebevollen Augen gesehen, geblendet von seinen kostbaren Kleidern und Juwelen.

Manchmal scheint es tatsächlich, als erfinde Polo Legenden wie seine Vorgänger und seine Nachfolger, zum Beispiel wenn er von dem *moscado* spricht, einem exquisiten Parfum, das sich unter dem Nabel, in einem »Geschwür« oder Abszeß eines katzenähnlichen Tieres finde. Und doch, man schaue in einer Enzyklopädie nach: das Tier gibt es wirklich in Asien, es heißt »Moscus moschiferus« und ist eine Art Hirsch, dessen Zähne genauso aussehen, wie sie Polo beschreibt, und der am Unterleib, vor der Penisöffnung, ein penetrant riechendes Moschusaroma ausscheidet. Daß dieses Tier einer Katze ähneln soll, liegt an der toskanischen Fassung, denn im französischen Original heißt es richtig, es ähnele einer Gazelle. Polo hat sich umgeschaut und das Gesehene mit soviel merkantiler Nüchternheit registriert, daß wir glauben, er erzähle uns mit unverfrorener Miene faustdicke Lügen.

Im Unterschied zu allen mittelalterlichen Enzyklopädien hat er weder allegorisiert noch moralisiert. Er registriert für jene, die ihm auf seinen Wegen folgen, und das sind kommerzielle Wege. In einem gewissen Sinne ist er illusionslos und realistisch wie Machiavelli und spricht als Techniker zu Technikern.

Seine Welt hat auf diese Provokation reagiert, indem sie ihn las, als wäre er einer seiner phantasiereichen Vorgänger, und ich fürchte, so werden auch wir es tun, womöglich beeinflußt von heraldischen Ausdrücken wie »Lionfante« oder »Salamandra«, die so schön nach *fantasy* klingen.

Aber der Salamander, von dem er spricht, ist ein Asbeststoff, den er sehr gut beschreibt, nicht jenes Fabeltier der Bestiarien, das angeblich im Feuer lebt und sich genußvoll darin räkelt. »Und dies sind die Salamander, die andern sind Fabeln.«

(November 1982)

Die Versuchungen der Schrift

Die Geburt der Schrift ist das Thema, das sich die Pariser Galéries Nationales du Grand Palais für ihre Ausstellung vorgenommen haben: eine nicht geringe Herausforderung, wenn man's genau bedenkt. Es mag ja noch angehen, die ägyptischen Hieroglyphen zu zeigen, die sind immer ganz unterhaltsam und farbig (doch alles in allem ziemlich bekannt), aber neben und vor ihnen kommt die sumerisch-assyrisch-babylonische Keilschrift, und deren Dokumente sind Täfelchen, fast immer sehr kleine, die das Pech haben, in den Augen des Profanen einander wie Wassertropfen zu gleichen, und alle nur die Idee einer manischen Pingelarbeit suggerieren.

Bedenkt man ferner, daß einige dieser Täfelchen wahrhaft winzig sind und die Schreiber sie über und über mit Zeichen bedeckt haben, die wir heute nur unterm Mikroskop oder auf vergrößerten Fotos zu unterscheiden vermögen, so könnte eine Ausstellung von Keilschrifttafeln leicht zu einer monotonen Sammlung von Steinchen werden. Was tun?

Wären wir noch im Mai 68 gewesen, es hätte ein sehr snobistischer Steinhagel, auch um den Preis, mit Schädelverletzungen durch Fragmente des Codex Hammurabi in der Klinik zu landen, nicht die Opfer getröstet.

Die Organisatoren der Ausstellung haben jedoch eine spektakuläre Lösung gewählt. Die Täfelchen, Statuetten, Zylinder sind da, wenn das echte Objekt fehlt, gibt es ein Foto, aber das Ganze wird durch didaktische Beischriften so gut erklärt und aufgelockert, daß die Ausstellung sich ein bißchen wie ein großes Bilderbuch präsentiert, dessen reich illustrierte Seiten an die Wände gehängt, in Vitrinen ausgelegt oder auf Monitoren wiedergegeben sind.

De facto würde der – äußerst reichhaltige – Katalog die Ausstellung ersetzen, nur ist es reizvoller, die Originale aus der Nähe zu betrachten, und sobald uns einmal erklärt worden ist, was sie sagen und auf welche Weise, werden die gut beleuchteten echten Steine – man verzeihe den Kalauer – sprechend.

Der Gang durch die Ausstellung wird zu einer fröhlichen Unternehmung, und nach einer Weile nimmt einen das Spiel gefangen, bis man zur Kinderabteilung gelangt und Lust hat, sich unter die Kleinen zu mischen, die da Tontafeln formen und mit einem Stift Hieroglyphen und Keile kopieren wie lauter kleine Schreiber.

Aber auch das Vergnügen am Entziffern der Keile und Hieroglyphen ist nicht gering. Man fühlt sich in der Rolle des babylonischen Großkönigs, der den Boten mit seiner unleserlichen Tafel empfängt (die Könige waren keine Intellektuellen, daran hat sich bis heute nicht viel geändert) und dem der Hofschreiber die Botschaft übersetzt: »Lieber Freund, ich schicke dir zwei Burschen, die jemand hier beschuldigt, sie seien Spione des Feindes. Laß sie in den Euphrat werfen, wenn sie ertrinken, bedeutet es, daß sie schuldig waren, wenn sie sich retten, sind sie unschuldig, in diesem Fall laß es mich wissen, damit ich ihren Ankläger töten lasse.« Eine simple und effiziente Methode, dem Codex Hammurabi zufolge, ich weiß nicht, ob sie auch mit dem Tiber funktioniert, wenn ja, könnten wir viele schwebende Prozesse beilegen.

Kurz, eine Ausstellung voller Rebusse und vieldeutiger Sätze, eine Seite der Sphinx in unserem beliebten Rätselmagazin *Settimana Enigmistica*. Ich mache diese Anspielung nicht zufällig, denn die Veranstalter haben sich nicht gescheut, auf Beispiele solcher Art zurückzugreifen, um uns die Funktionsweise jener frühen Schriftsysteme deutlich zu machen.

Sie tun sogar noch mehr. Seit jeher ist uns gesagt worden, daß viele ägyptische Flachreliefs und Malereien richtige Comic strips seien, aber stets blieb der Verdacht, es handle sich dabei um interpretatorische Freiheiten eines Lancelot Hogben und der Fans von Yellow Kid. Hier dagegen hatten hochseriöse Ägyptologen und Museumskuratoren den Mut, das Originaldokument auszustellen und ihm eine regelrecht Comic-förmige Rekonstruktion beizugeben, mit vielen Sprechblasen und die Hieroglyphen übersetzt in gutes Französisch – Schiffer, die sich beraten, oder Götter, die sich in wohlgesetzter Konversation ergehen. Und plötzlich wird eine tote Kultur lebendig und interessant, auch für den Besucher mit geringen archäologischen Kenntnissen. Woran man sehen kann, daß es, um eine gute Ausstellung zu machen, nicht vieler

Stücke bedarf, und nicht alle müssen authentische Originale sein, der Fetischismus des Originals kann durch die Phantasie temperiert werden. Voilà, eine Ausstellung zum Lesen, ein lebendiges Buch und – wenn wir so wollen – ein geniales, sendereifes Fernsehfeature.

So betrachtet, kann die Ausstellung allerlei weitergehende Spekulationen anregen. Zum Beispiel die Frage, ob es für die Menschen ein Segen war, daß sie schreiben gelernt haben. Man denkt an die Episode, die Platon im *Phaidros* erzählt, wie Pharao dem Gott Thot vorwirft, daß er die Schrift erfunden hat. Es ist vorbei, sagt Pharao, der Mensch wird nie wieder fähig sein, die eigenen Gedanken und die eigene Erinnerung zu kultivieren, denn du lehrst ihn, seine Seele auf Täfelchen und Papyri zu vergegenständlichen. Adieu, Gedächtnis, nun werden die Menschen lernen, sich mittels dieser Apparate zu erinnern... Es klingt wie eine heutige Rede über die Taschenrechner, und es ist eine kuriose Philippika, die gut zu Sokrates paßt, der keinerlei Hang zum Schreiben hatte. Zum Glück hat Platon für ihn geschrieben, und ein paar tausend Jahre später machen wir uns bewußt, daß die Erfindung der Schrift einen Proust keineswegs gehindert hat, sein Gedächtnis und seine Erinnerung zu kultivieren. Doch die alten Ägypter wußten das wohl, wenn dieser Thot für sie nicht nur der Erfinder der Sprache und der Schrift geworden war, sondern auch der Schutzpatron der Schreiber, der Gott der Medizin und der Magie – eine semiotische Gottheit wie keine andere, wußte er doch, daß das Lesen der in den Stein geritzten Zeichen und das Lesen der Symptome am menschlichen Körper, wie übrigens auch das Malen von Zeichen, um den Lauf der Natur zu lenken, alles dasselbe ist. Nicht zufällig wurde Thot oft als Affe dargestellt: Schreiben ist – wie Sprechen – Imitation der Wirklichkeit mittels Zeichen.

Wie imitiert man die Dinge mit den Zeichen der Schrift? Diese Ausstellung mit ihren Ideogrammen, die vage an die Form der Dinge erinnern, läßt uns an jene Erfinder der »ersten Tropen« denken, von denen Vico spricht, welche die Welt »durch beseelte Substanzen« interpretierten: ein Moment der Morgenröte, in dem alles Metapher und onomatopoetische Nachahmung ist. Doch die Ausstellung demonstriert auch sehr gut, wie rasch das imitierende Zeichen abstrakt wird, seinen visuellen Bezug auf die Objekte verliert: das Piktogramm wird zur Hieroglyphe, und die Hieroglyphe bleibt zwar Bild, bezeichnet aber bald nur noch einen phonetischen Laut.

Ein anderer platonischer Dialog kommt einem in den Sinn, der *Kratylos*, in dem diskutiert wird, ob die Wörter von Natur oder durch Konvention entstanden sind, und dessen vorsichtige Konklusion ist, daß vielleicht zu Beginn die Laute die Dinge imitiert hatten, aber dann ist diese direkte Verwandtschaft verlorengegangen, und was einst lebendiges Bild eines Gegenstandes war, wurde zum konventionellen Zeichen.

Das imitierende Zeichen stilisiert sich, weil die Tontafel und der Keil nicht gestatten, gebogene Linien gut zu zeichnen. Auch haben die Ideogramme von Anfang an nicht die Eigenschaften der Dinge imitiert, sondern die Grundzüge einer mentalen Konzeption der Dinge. Die Erde wird durch eine Raute dargestellt, das Wort durch eine grobe menschliche Silhouette mit kleinen Schrägstrichen, die den Bart andeuten und somit die Aufmerksamkeit auf den Mund als den Ort der Erzeugung des Wortes lenken.

Wie man sieht, handelt es sich nicht so sehr um pure Imitation als vielmehr um einen Komplex visueller Synekdochen und Metonymien. Es bedarf schon einer gewisse Phantasie, um den Begriff »König« in einer vagen menschlichen Gestalt mit einer Art Bürste auf dem Kopf zu erkennen (die den königlichen Fliegenwedel oder das Szepter darstellen soll). Aber hätte es keiner Phantasie bedurft, so hätte jeder beliebige diese Ideogramme deuten können, die jedoch zweitausend Jahre lang unverständlich blieben, bis Champollion kam, und der ist an der großen Anstrengung, sie zu entziffern, mit zweiundvierzig Jahren gestorben.

Was den bilderschaffenden barocken Jesuiten Athanasius Kircher betrifft, der alles als Nachahmung deuten zu können glaubte, so hat er dabei allerhand schönen Unsinn verzapft: »Die Segnungen des Gottes Osiris müssen durch heilige Zeremonien und durch die Kette der Geister herbeigeführt werden, damit man die Wohltaten des Nils empfängt.« Man reibt sich die Hände und geht zufrieden schlafen, nicht ahnend, daß die betreffenden Zeichen nur den Pharaonennamen »Apries« bedeuten. Denn die Ägypter benutzten mit bewundernswerter Unverfrorenheit einige Hieroglyphen im piktographischen Sinne und andere im phonetischen Sinne, ganz so wie wir die Buchstaben des Alphabets benutzen.

Nochmals kommt einem Vico in den Sinn, von dem uns in der Schule erzählt worden ist, er habe gedacht, zuerst hätten die Götter durch Synekdochen und Metonymien gesprochen (Quellen, Bäche, Felsen), dann die Halbgötter durch Metaphern (die Lippen der Vase, der Hals der Flasche) und schließlich seien die Menschen zur »lingua pistolare«, der viel konventionelleren Schreibsprache, übergegangen. Aber Vico wußte sehr wohl, daß man die erste Sprache nur auf der Basis der letzten sprechen kann und daß die drei Sprachen, beziehungsweise die drei Arten der Produktion von Zeichen, gleichzeitig entstanden sind. Mit anderen Worten, daß die poetische Erfindung immer auf einem vorausgegangenen kulturellen Gewebe entsteht.

Des weiteren zeigen uns diese Täfelchen auch, daß lesen seit jeher interpretieren gewesen ist, denn man mußte sich je nach dem Kontext entscheiden, wie ein Bild mit seiner Bedeutung korreliert werden und in welcher Richtung man lesen sollte. Wie bei einem Rebus mußte man sich entscheiden, was man zuerst lesen sollte, das phonetische oder das piktographische Zeichen. Zudem mußte man sich die Vokale dazudenken, und viele Zeichen waren homophon, so daß derselbe Laut auf verschiedene Bedeutungen verwies. Also mußten die Ägypter auch Zeichen für den Kontext erfinden. So gibt es Sinnzeichen (Ideogramme), die auf allgemeine Ideen verweisen (Haus, Kuh, Wind), Zeichen für phonetische Laute (das Bild des Mundes, der auf ägyptisch »ar« hieß, diente zur Bezeichnung des Konsonanten »r«) und schließlich auch reine Unterscheidungszeichen, sogenannte Determinative. Hat man zum Beispiel eine Zeichenfolge, die ein Brettspiel und einen Wasserlauf darstellt, und gibt ihr als Determinativ das Zeichen für Schriftrolle bei, so liest man »festgeschrieben«, gibt man ihr statt dessen das Zeichen eines bestimmten Vogels bei, der aufgrund seiner Eigenart die Assoziation an Schwäche und Übel weckt, so liest man »krank sein«. Ganz zu schweigen von der graphischen Metathesis, in der die Reihenfolge der Zeichen aus dekorativen Gründen umgedreht ist, so daß Lesen zu einer Kunst wird.

Die Schrift als Metapher der Textualität, die Codes, die sich mit

Kontextregeln verkomplizieren – dieser Gott Thot hatte wirklich schon alles erfunden, die Theorien der interpretatorischen Abdrift ebenso wie die Mystiken der Hermeneutik, die in unseren Zeiten höchstens noch eine unausrottbare Sehnsucht nach dem Hieroglyphischen demonstrieren, aber nach einem Hieroglyphischen, das wir noch immer in der Manier des Athanasius Kircher verstehen. Die Ägypter nämlich und die Sumerer waren imstande, mit diesen Erfindungen über Wirtschaft, Katasterwesen und Politik zu schreiben, mit einem Wort: sie kommunizierten und verloren sich nicht nur in den Wonnen des Textes.

Schlußgedanken über die Versuchungen der Schrift: Sie wird erfunden, um Daten zu registrieren, aber sofort beginnt sie auch ideologische Funktionen zu übernehmen. Sehr viel wird geschrieben, um Kulte zu feiern, um Rechte zu etablieren, um Prioritäten hervorzuheben. Die Schrift wird rasch zu einem Machtinstrument. Nicht nur für die Könige, die zumeist gar nicht schreiben können, sondern für die Schreiber. Die Ausstellung lehrt uns vieles über die Herausbildung einer Intellektuellenkaste, über die Ursprünge der Schule als Ort des Privilegs. Und diese Schreiber organisieren sich nicht nur, legen Ausbildungsgänge fest, zelebrieren die Schwierigkeiten, die Schönheit und die Macht ihrer Arbeit (sie, die Hüter des Wortes), sondern sie lassen sich auch fortwährend durch Bilder darstellen.

Scheinbar nur Diener, Hüter von Bibliotheken, die dem profanen Auge verschlossen bleiben, emsig vertieft in eine so undankbare und niedere Arbeit, daß sich wegen ihrer Reserviertheit für Jahrtausende das Geheimnis ihrer Schrift verliert, sind sie in Wirklichkeit überaus stolz auf ihre Rolle, eitel und eingebildet, immer sitzen oder stehen sie nahe beim König oder beim Pharao. Und damit sie immer noch wichtiger werden, erfinden sie alles mögliche, ändern die Regeln des graphischen Spiels, schreiben so winzig, daß niemand anders es lesen kann, machen die Rebusse immer noch komplizierter, denn (nie erloschene Versuchung) je dunkler du schreibst, desto größer wird deine Macht.

Wie verhielten sich diese Schreiber zur Macht? Dem Anschein nach waren sie bloß ihre Diener, Amanuenses, demütige Chronisten. Doch wenn wir von dieser Macht etwas wissen und wenn sie sich damals hat durchsetzen können, war es auch ihr Werk. So sehr ihr Werk, daß wir heute beim Gang durch die Ausstellung nicht mehr wissen, ob das, was sie uns erzählen, wirklich geschehen ist, denn als Zeugnisse jener großen Reiche sind uns nur ihre Täfelchen und Papyri geblieben. Sie hätten lügen können, sie hätten Reiche und Könige erfinden können, die es nie gegeben hat.

Und was, wenn die großen Entzifferer des achtzehnten und neunzehnten Jahrhunderts uns belogen hätten, so wie es im Grunde, ohne es zu wissen, Pater Kircher getan hat? Wenn uns diese ganze Ausstellung eine erfundene Geschichte erzählen würde, erfunden nicht von den alten Schreibern, sondern von ihren modernen Interpreten? Wenn diese Steine in Wirklichkeit eine ganz andere Geschichte erzählten?

Zum Glück haben wir den Stein von Rosette. In Hieroglyphen, demotisch und griechisch geschrieben, sagt er uns im griechischen Text ausdrücklich, daß der Stein dreisprachig ist. Ort einer möglichen Lüge, sind die Sprachen und Schriften auch die einzige Garantie der Wahrheit, die uns bleibt, und die Zeichen deuten sich wechselseitig. Daß jene bebilderten Worte tatsächlich das sagen, was wir wissen, wissen wir dank anderer Worte.

Die Zeichen – schemenhafte Gespenster – versichern uns, daß die Pharaonen wirklich in Fleisch und Blut existiert haben, sie knüpfen ein festes Band zwischen dem Abenteuer der Augen und dem Abenteuer der Finger, die heute nur noch zerbröselnde Mumien berühren, fragile Reste, die ohne sie namenlos wären.

(Juni 1982)

Über schlechte Malerei

Große retrospektive Ausstellungen sind immer nützlich, um Legenden zu zerstören und Klischees zu korrigieren. In Mailand gab es nun eine solche Ausstellung über Hayez.[1] Da wir gewohnt sind, Hayez für einen Kitschmaler zu halten, bin ich hingegangen, um meine Klischees zu korrigieren. Es ist ja bekanntlich sehr »camp« zu entdecken, daß der vermeintliche Kitsch in Wirklichkeit »wahre« Kunst war, so wie umgekehrt schlagartig zu erkennen, daß die für »wahr« gehaltene Kunst in Wirklichkeit Kitsch war, und so habe ich mich beeilt, in die Hayez-Ausstellung zu gehen. Am vorletzten Tag. Ich bin nicht sofort hingegangen, erstens um Abstand zu nehmen und zweitens weil ich meine, daß es bei einem Maler, der vor mehr als hundert Jahren gemalt hat, nicht darauf ankommt, ob man seine Werke nun einen Monat früher oder später sieht.

Die Überraschung, die mir die Ausstellung brachte, war: das Klischee brauchte nicht korrigiert zu werden. Hayez war, um es ganz klar zu sagen, ein miserabler Maler. Mehr noch, er war überhaupt kein Maler, er war ein biederer Illustrator, der heute Buchumschläge für populäre Romane machen könnte, und auch das nur so einigermaßen, denn selbst die diversen Frazetta und Co. haben inzwischen viel raffiniertere Techniken entwickelt. Es hat mir, offen gestanden, gar nicht gefallen, so viele Schulklassen durch jene Säle laufen zu sehen, geleitet von städtischen Führern, die ihnen die Geheimnisse der romantischen Malerei erklärten, kam mir dabei doch der böse Verdacht, daß diese zarten Gemüter, wenn sie in der sensibelsten Phase ihrer Reifung so brutalisiert werden, sich hinterher womöglich am sozialistischen Realismus berauschen.

Auf eine Ausstellung reagiert man instinktiv. Meine Instinkte waren recht gut disponiert (welche Freuden hatte ich mir von dieser Wiederbegegnung mit dem neugotischen Mythos des Mittelalters

1 Francesco Hayez (1791-1882), romantischer Historien- und Porträtmaler, gelegentlich als »der italienische Delacroix« bezeichnet (A.d.Ü.).

versprochen!), und doch sagte ich mir bei jedem Bild instinktiv, daß Hayez schlechte Malerei fabriziert hat.

So wurde mir klar, daß man nicht umhin kommt, sich eine Ästhetik zurechtzulegen (es sei denn, man reagiert auf solche Erfahrungen bloß mit Gefühlsurteilen à la »diesen Typ ertrage ich nicht«, ohne andere Rechtfertigungen als die der höchsten Seinsgründe des Begehrens), denn um sagen zu können, daß ein Maler schlecht ist, muß man eine Idee von der Kunst haben.

Mir wurde klar, daß die Idee der Kunst, aufgrund deren ich Hayez ablehnte, immer noch jene selbe war, mit der ich schon seit geraumer Zeit operierte, ohne sie bei jeder Gelegenheit neuerlich darzutun. Ich könnte sie immer noch in der von Jakobson stammenden Formel *Selbstreflexion und Ambiguität* resümieren, allenfalls mit ein paar genaueren Klärungen.

Wir sind gewohnt, als Kunstwerke jene Objekte zu nehmen, die a) uns einerseits zwingen, ihre Machart zu bedenken, und die b) uns andererseits unruhig lassen, da es gar nicht so sicher ist, ob sie wirklich nur das »sagen wollen«, was sie zu »sagen« scheinen. In diesem Sinne ist »Ambiguität« zwar nicht unbedingt reduzierbar auf Deformation, stilistische Innovation oder Bruch der Erwartungshaltungen des Betrachters; sie kann all das sein (und in der zeitgenössischen Kunst ist sie es oder war sie es häufig), aber vor allem bezeichnet sie ein Phänomen wie »Sinnüberschuß« oder »Polysemie« oder wie man es immer nennen will (oder wollen wir »Offenheit« sagen?). Das Werk ist da, ein Bild, ein Gedicht, ein Roman, es scheint uns zu sagen, es gebe da irgendwo eine Frau, eine Blume, einen Hügel, von dem aus man andere Hügel sieht, einen Dichter, der eine engelhafte Gestalt liebt, und doch spüren wir, daß es nicht nur dieses sagt, sondern noch etwas mehr suggeriert (und manchmal genau das Gegenteil dessen, was es zu sagen scheint).

Kommen wir nun zu den besten Werken von Hayez. Erster Eindruck: wenn er uns sagt, »dies hier ist der Doge Sowieso, der die Boten des Inquisitors empfängt« (oder »dies hier sind die griechischen Patrioten, die weinend ihr Land verlassen müssen«), scheint er nur dies zu sagen und nichts darüber hinaus. Jener Doge ist genau ein Doge (das Schlimme ist, daß er gewöhnlich nicht *jener* Doge ist, sondern *ein* Doge, die Dogenhaftigkeit im allgemeinen), er ist nichts anderes als ein Doge, der die Boten des Inquisitors anhört, und da die Botschaft ihm Kummer bereitet (was schon der Titel sagt, um jedes Mißverständnis auszuschließen), ist der Doge eben bekümmert, und bekümmert sind auch die Pagen und Diener um ihn her (indes die Boten des Inquisitors tückisch und bösartig sind,wie es sich für sie gehört). Und was zum Teufel kümmert mich die Geschichte jenes Dogen, dessen Namen ich glücklich vergessen habe? Nichts natürlich. Hayez läßt das Gemälde nicht in mir »vibrieren«; oder, wenn der Ausdruck noch zu impressionistisch erscheint, er bringt mich nicht auf den Gedanken, es könnte in dem, was er sagt, noch ein weiterer Sinn enthalten sein.

Wir können uns fragen: gibt es denn wirklich einen Sinnüberschuß in einer schönen dorischen Säule? Oder in einem Quadrat von van Doesburgh? Sagen wir ruhig fürs erste nein. Aber hier kommt der andere (komplementäre) Aspekt des Kunstwerks ins Spiel: seine Selbstreflexivität. Vor dem griechischen Tempel oder dem abstrakten Quadrat passiert es mir, daß ich nie aufhöre zu bewundern, *wie gut die Sache gemacht ist.* Ich weiß, daß es schwer zu sagen ist, was »gut gemacht sein« heißt, aber angesichts dieser Erfahrung der Selbstreflexivität, angesichts meines Staunens über die Sorgfalt und Hingabe, mit welcher der Künstler seine Sache »gut« gemacht hat (wobei diese Sache auch so unbedeutend sein kann wie ein Zylinder oder ein Quadrat), kommt mir der Verdacht, daß da noch ein Mehr an Sinn enthalten sein könnte, daß diese Konfiguration mir etwas »anderes« suggerieren will.

Ich kann sagen, daß die Gemälde von Hayez sehr schlecht gemacht sind, weil sie mich an die Art und Weise erinnern, wie ich selber (ein Dilettant im Zeichnen, wenn auch kein ganz unbedarfter Gelegenheits-Cartoonist) manchmal zu zeichnen versuche. Ich zeichne eine Figur im Vordergrund, sagen wir einen Mönch (wie es meine Art ist), dann schäme ich mich meiner Plattheit und zeichne zwei andere Mönche im Hintergrund. Da ich eine Ahnung von Perspektive habe (wenn auch nur nach Augenmaß), zeichne ich die beiden Mönche im Hintergrund kleiner als den ersten. Aber es kommt vor, daß ich, sobald ich die Kutte des ersten mit dem Filzstift zu schwärzen versuche, Gefahr laufe, sie mit den genauso behandelten Kutten der beiden anderen zu vermengen. Und dann, um den anderen (und mir selbst) deutlich zu machen, daß die drei Figuren auf verschiedenen Ebenen stehen und drei verschiedene Figuren sind, verdicke ich die Konturen, zeichne die Linien nach, die den ersten Mönch von dem endlosen weißen Raum und von den Umrißlinien der beiden anderen Mönche trennen. Mit anderen Worten, statt die Körper *im* hellen Raum erscheinen, *aus* ihm hervorgehen, sich *innerhalb* der umgebenden Helligkeit durch Licht- und Farbkontraste definieren zu lassen, zwinge ich sie in die Rüstung einer Kontur.

Geht man nun hin und prüft aus der Nähe, wie Hayez vorgeht, so wird man bemerken, daß er dasselbe macht. Ein Bein ist ein Bein, und um dieses wunderbar evidente Faktum wiederzugeben, *konturiert* er das Bein, nicht mit einer schwarzen Kohlestiftlinie (denn schließlich ist er ein Kunsthandwerker, der sein Metier versteht), aber de facto umgibt er es mit einer Kontur, trennt es von dem, was nicht Bein ist, vom Rest des Universums, und wenn man das Bild aus der Nähe betrachtet, wird man erkennen, daß er die Umrißlinien des Beins mit dem Pinsel nachgezogen hat, weil ihm die Farbe und das Licht nicht genügten. Und genau das nennt man zeichnen, zeichnen mit Farben, wenn man so will, aber nicht *malen*. Und im übrigen ist auch das Zeichnen mit Farben, glaube ich, etwas anderes. Und somit ist klar: wie sollten wir bei einem Bein, das so eindeutig Bein ist (so »beinig«, wie die Lucy von Charlie Brown sagen würde), auf den Gedanken kommen, daß da noch ein zweiter Sinn vorhanden sein könnte? Das Ding ist ein Bein, und es bleibt ein Bein.

Hayez weiß so genau, daß kein anderer Sinn darin steckt, daß er, um »Mißverständnisse« zu vermeiden, die größte Sorgfalt darauf verwendet, wie schon gesagt, nicht *jenen* Dogen, *jenen* Gekreuzigten, *jenen* Grafen darzustellen, sondern die Dogenhaftigkeit, das Gekreuzigtsein oder die Gräflichkeit im allgemeinen. Und um das zu tun, braucht er nur ins Repertoire der Ikonographie seiner Zeit zu greifen, so daß jedes seiner kleinen Mädchen und jeder seiner Krieger uns an Gestalten erinnert, die wir schon gesehen haben – diesen langen schmalen Nasen, diesen traurigen Augen, diesen pomadisierten, glatt angeklebten Haaren sind wir in den schönen

Stichen der Sonzogno-Bücher begegnet, bei Jeanniot, um uns recht zu verstehen, und zwar in seinen minderen Werken. Hayez zeichnete Zeichnungen, er illustrierte Illustrationen. Und wohlgemerkt, es interessiert mich nicht, ob er es »früher« als andere getan hat. Er tat es.

Diese seine unglückliche Kondition erklärt indes auch, warum seine Auftraggeber und Bewunderer im vergangenen Jahrhundert ihn alles in allem einen so exzellenten Maler fanden. Wir dürfen nicht glauben, das neunzehnte Jahrhundert habe keine Idee der Kunst gehabt und sei bereit gewesen, alles unterschiedslos für gut zu halten. Es ist vielmehr so, daß das neunzehnte Jahrhundert, oder zumindest dieses italienische neunzehnte Jahrhundert, eine eigene Idee von der Malerei als *Kommentar zur Literatur und zum Theater* hatte. Hayez gefiel nicht aus malerischen Gründen, sondern aus literarischen und szenographischen. Er gefiel, weil er die Posen und die räumliche Disposition der Szenen des Melodrams darstellte (deswegen sind seine Räume so monumental und so leer, als erwarteten sie eine Invasion von Komparsen), weil er Ausdrucksweisen auf die Leinwand zu übersetzen verstand, die auf der Buchseite hochgeschätzt waren, Formeln wie »er hob die tränenerfüllten Augen zum Himmel«, oder auf der Bühne, wo man das Nahen erbarmungsloser Schritte zu hören erwartet.

Vor einigen Jahren ist ein schöner Aufsatz von Aurelio Minonne über den »kinesischen Code in Alamanno Morellis »Handbuch der Bühnenposen« erschienen[2], in dem die »kinesische« Logik (die Semiotik der Gesten) der Theoretiker des romantischen Theaters untersucht wird, eines Theaters mit einem sehr verbindlichen, auf präzise und konventionell definierte Bedeutungen festgelegten Code der Posen und Gesten. Das romantische Theater des neunzehnten Jahrhunderts (zumal die Oper) lebte von diesen Konventionen, und wer sie nicht versteht, hält Verdi leicht für einen Prahlhans. In demselben Aufsatz wird nun gezeigt, daß diese Bühneninstruktionen auch von den damaligen italienischen Malern befolgt wurden – und am meisten von Hayez. Beweis, daß Auftrag-

2 »Il codice cinesico nel ›prontuario delle pose sceniche‹ di Alamanno Morelli«, in: *Versus* 22, Januar-April 1979.

geber und Publikum von Hayez verlangten, er solle sie, wenn er malte, *ans Theater erinnern*. Wenn dies die Forderung war, die von den Nutznießern an die Malerei gestellt wurde, so hat die Malerei eine Weile gut daran getan, sie zu erfüllen und damit sozusagen eine Ersatzbefriedigung zu geben: sie transportierte Gelegenheiten zum Nacherleben ästhetischer Emotionen, die im Theater erlebt worden waren. Und da diese Art von Erfahrung (die Evokation des Theatralischen) für jenes Publikum essentiell war, wurde sie zum *primären Wert*, auf Kosten all jener anderen Werte, die wir heute für fundamental zur Definition der Malerei als solcher halten. Weshalb wir uns fragen müssen, ob die Malerei von Hayez nicht für jenes Publikum doch einen Sinnüberschuß hatte – sprach sie doch nicht von einem bestimmten Dogen oder von der Dogenhaftigkeit im allgemeinen, sondern vom Theater, das sie selber nicht war, und vom Leben oder von der Geschichte als Theater (mit Musik).

Wenn dies der Fall ist, dann war Hayez vielleicht in seinem Jahrhundert ein Künstler. Heute freilich ist diese Möglichkeit schwer zu akzeptieren.

Offensichtlich überwog im neunzehnten Jahrhundert der *inter*textuelle Appell (die Malerei als Verweis aufs Theater) über die *inner*textuelle Betrachtung (die Malerei als Malerei). Vielleicht war Hayez nicht »postmodern«, da er – sehr modern (seiner Zeit gemäß) – dem Publikum die Ware lieferte, die es von ihm verlangte, nämlich eine Malerei, die nicht von Malerei sprach. Aber er kann im postmodernen Sinne »gelesen« werden, als schamloser Triumph der Intertextualität, als ein Maler, der von außer-malerischen Zitaten lebte.

Alles ist möglich, wir leben in einer ästhetisch freien und flexiblen Kultur. Doch wenn die Idee des Kunstwerks noch einen Sinn hat, kann sogar das »misreading« von Hayez, das ihn groß für uns macht, auf der Grundlage einer Untersuchung seines malerischen Textes legitimiert werden, sei's auch in freiem und offenem Dialog mit dem, was nicht Text ist, sondern Ambiente, Enzyklopädie einer Epoche.

Allerdings – und gewiß wird man mit den Jahren konservativer – wäre es mir lieber, wenn Hayez den Schulkindern als ein Maler vorgeführt würde, der keine guten Bilder gemalt hat, sei's auch in einem kulturellen Kontext, in dem die Idee von guter Malerei viel weniger zählte als die Idee von »Literatur« und von Literarizität der Malerei.

Freilich wird man dann auch erklären müssen, warum die Kunstidee des neunzehnten Jahrhunderts nicht mehr die unsere ist – bei allem Respekt, der jeder Idee gebührt (sofern sie sich nicht als *die* Idee präsentiert).

(1984)

Zehn Arten, vom Mittelalter zu träumen

1. Welcher Traum?

Was haben die Nibelungen eines Frazetta mit den ausgezehrten Geschöpfen der Präraffaeliten gemein? Was die Paladine von Franco Battiato mit der Geburt des Purgatoriums von Jacques Le Goff? Und würden, wenn sie einander an Bord eines Ufos in der Gegend von Montaillou begegneten, Jacques Fournier und Dart Vader dieselbe Sprache sprechen? Und wenn ja, wäre es die lateinische? Das Latein des Evangeliums nach Lukas?

Wie alle Träume droht auch der Traum vom Mittelalter, unlogisch zu sein, Ort wunderbarer Unförmigkeiten. Das haben schon viele gesagt, und so wäre es vielleicht schon genug, uns nicht darauf einzulassen, als homogen zu behandeln, was nicht homogen ist.

Doch jedes Wirbeln inhomogener Teile kann als einheitliches Feld benannt werden, wenn es in seinem Innern ein Netz von Familienähnlichkeiten aufweist. Zwischen diesen gilt es sich freilich zurechtzufinden.

Wann beginnt man, vom Mittelalter zu träumen? Selbstverständlich erst wenn, nimmt man das Mittelalter als einen Tag, der Tag zu Ende ist und die nächtliche Aufarbeitung in ihren natürlichen Formen des Traumes beginnt. Da aber nach dem Konsens des gemeinen Volkes das Mittelalter die Nacht ist, müßte man davon zu träumen beginnen, wenn der neue Tag anbricht, und so heißt es in einem alten Spottgedicht, zwischen der Entdeckung Amerikas und der Einnahme von Granada (zwei Namen, die, wie man sieht, die Gegenwart ebenso zu assoziieren liebt, wie es die Vergangenheit tat) erwachte die Menschheit freudig singend: »*Che sollievo, che sollievo, è finito il medioevo!*«* Woraufhin sie, wenn auch mit offenen Augen, zu träumen begann.

Im folgenden werde ich bei meinem eiligen Ritt durch die Zeiten, wie es sich für einen guten Reiter der finsteren Ära gehört, schnell

* »Welche Erleichterung, welche Erleichterung, das Mittelalter ist vorbei!«

wie der Wind sein und mich auf die schönen Lande Italiens beschränken, denn um die Etappen des Traumes vom Mittelalter im ganzen Weltkreis zu durchmessen, wäre mein Leben zu kurz, und ich liefe Gefahr, am Ende des Weges anzukommen, ohne die Hand auf den Heiligen Gral einer vernünftigen Konklusion gelegt zu haben.

2. Vier Jahrhunderte Träume

Am Anfang stehen die Dichter der Renaissance, die mit der gebotenen Ironie die Abenteuer der Paladine wiederbesingen: Pulci, Boiardo und Ariost, aber noch vor ihnen und mit weniger Ironie der Autor des Ritterromans *I Reali di Francia* und des *Guerrin Meschino*. Über die Wurzeln des Mittelalters und seiner Größe räsoniert mit philologischer Nüchternheit der Humanist Lorenzo Valla (um einen Mythos zu zerstören, nicht um ihn zu feiern und schon gar nicht, um ihn zu träumen, in jedem Fall aber durch Evokation der Zeiten von einst).

Mit sprachlicher Evokation des Mittelalters spielt das »küchenlateinische« Versepos *Baldus*, den Blick auf die Spätklassik und das Mittelalter richtet Trissino, der das von den Goten befreite Italien besingt. Wenn Vater Bernardo Tasso einen Amadis di Gaula besingt, weiß Sohn Torquato nichts Besseres zu tun, als manieristische Romanzen in den Mund hochmittelalterlicher Kreuzfahrer zu legen (die er allerdings nicht ironisch behandelt, wie es seine großen Vorgänger taten, sondern in anderem Sinne benutzt). Und wenn er dann eine Tragödie schreibt, gilt sie Torrismondo, dem König der Goten.

Das siebzehnte Jahrhundert scheint an der Restauration des Mittelalters wenig interessiert zu sein, als hätte das Konzil von Trient nicht seinen Traum einer nie erfolgten Reformation bloß unter barocken Gewändern verkleidet. Aber wir dürfen nicht nur auf die Literaten blicken. Haben doch die Theologen in jener Epoche – und bereits vorher – die mittelalterliche Philosophie neuformuliert: am Anfang des sechzehnten Jahrhunderts der Kardinal Cajetanus (der dabei so weit ging, daß die Unvorsichtigen nie recht begreifen, wo Thomas zu schreiben aufgehört und wo er begonnen hat), dann Pedro da Fonseca und Petrus Ramus und in der Barockzeit Francisco Suarez, schließlich der große Jean Poinset, Neoscholastikern besser bekannt als Johannes a Sancto Thoma, um nicht von den Feinden Galileos zu sprechen, die weniger dumm waren, als man glaubt. Sie alle lebten ihren Traum vom Mittelalter so gut, daß die Nachkommen, auch und gerade die angesehensten Neoscholastiker unserer Zeit, ihre gegenreformatorische Scholastik als echte, unverfälschte Scholastik nahmen und mit vollen Händen aus ihr schöpften, in Verkennung der Tatsache, daß all jene Denker etwas Besseres waren als bloß verspätete Scholastiker, so daß man erst heute beginnt, sie als Autoren ihrer Zeit zu lesen, die auf ihre Weise in die Zukunft blickten.

Und wie steht es mit dem rationalistischen, aufgeklärten achtzehnten Jahrhundert? Es beginnt die philologische Rekonstruktion des Mittelalters mit den *Rerum Italicarum Scriptores* von Lodovico Antonio Muratori, während Saverio Bettinelli sich zwar bemüht, wider Dante zu sprechen, aber dabei doch von ihm spricht, offenbar weil man zu seiner Zeit noch sehr wohl – und seiner Meinung nach eben zuviel – von ihm sprach. Und sosehr ihm auch Dante mißfiel, sowenig mißfiel ihm das Mittelalter, versuchte er doch in seiner Abhandlung über das *Risorgimento d'Italia*, an Muratoris Forschungen anknüpfend, die Geschehnisse in den Jahrhunderten nach dem Jahr Tausend neuzubewerten.

Andererseits schrieb Gasparo Gozzi zur selben Zeit eine Verteidigung Dantes. Und das Jahrhundert der Aufklärung endet in Italien, wie übrigens in ganz Europa, mit den Ossianica von Cesarotti. Die Romantik steht vor der Tür, und die englische Literatur ist dabei, sich mit gotischen Burgen und Abteien zu bevölkern. Wenig später wird Chateaubriand erklären, während er die balsamische Luft unter den Spitzbogenwölbungen eines keltischen Waldes atmet, was der Geist des Christentums sei.

An diesem Punkt bevölkert sich das Italien des Risorgimento mit retrospektiven Mittelaltern jeglicher Art, die in jeder möglichen Weise und jedem verfügbaren Zeichensystem erkundet und dargestellt werden: Pellico dichtet eine Francesca, Manzoni einen Adelchis, Grossi trompetet für die Lombarden auf dem Ersten Kreuzzug, Berchet schwört bei Pontida, Guerrazzi schlägt sich in Benevent, Prati erregt sich über König Alboins Mahl, Amari enthüllt die Geschehnisse der Sizilianischen Vesper, und was macht der große Literaturhistoriker De Sanctis zwischen einer Verbannung und einem Sieg, wenn nicht Vorlesungen über Dante und Forschungen über Petrarca?

Zu schweigen von all den damals vielgelesenen historischen Schwarten wie Grossis *Marco Visconti* und *Folchetto di Provenza* (»Folchetto, der schön gleich einer Rose durch die nordischen Nebel zieht«), Guadagnolis *Convinto d'Alboino*, Bazzonis *Castello di Trezzo*, Felice Bisazzas *Beati Paoli* (die nicht wie jene von Natoli aus dem achtzehnten, sondern aus dem zwölften Jahrhundert stammen, denn auch die Mafia hat mittelalterliche Wurzeln), Cesare Balbos *Lega di Lombardia*, Santorre di Santarosas *Lettere siciliane del secolo XIII* oder die Pleiade schnell vergessener Romane und Romänchen aus der Feder einer Diodata Saluzzo di Roero, eines Folleti, eines Agrati oder eines Bertolotti. Bis hin zu einem Carlo Tenca, den ich hier nicht aus naiven Gründen erwähne, sondern aus zweifellos sentimentalen, hat er doch 1840 sein Buch *La Ca' dei cani* geschrieben, laut Untertitel eine »Mailänder Chronik des 14. Jahrhunderts, entnommen einer alten Handschrift eines Ruderers von Barnabò Visconti«, mit einer Vorrede an die Leser, in der es heißt:

> ...da die Episoden notwendig sind, ja den wichtigsten Teil einer historischen Erzählung ausmachen, haben wir die Exekution von hundert auf dem Marktplatz gehenkten Bürgern eingefügt, dazu diejenige zweier lebendigen Leibes verbrannter Fratres und die Erscheinung eines Kometen, lauter Beschreibungen, deren jede soviel wert ist wie die von hundert Turnieren und die den Vorteil haben, daß sie den Geist des Lesers mehr denn je auf andere Fährten bringen... Darüber hinaus ist die Gelehrsamkeit mit vollen Händen ausgestreut worden, wobei uns unser Chronist sehr hilfreich war, der, wie es scheint, in den Erinnerungen seiner Zeit gegraben und sie als Schatz für seine Geschichte benutzt hat. Ja, so groß war sein Eifer, Tatsachen zu berichten, daß er in einem einzigen Jahre zusammenfaßte, was in fünf bis sechs Jahren geschehen war...
>
> Betreffend den Stil und die Sprache, die heutzutage von größter

Wichtigkeit sind, haben wir uns bemüht, so nahe wie irgend möglich an der Wahrheit zu bleiben... Weshalb wir dem Herrn und dem Fürsten eine blumige und sentenziöse Sprache in den Mund gelegt haben, geschmückt mit wohleinstudierten und weltklugen Sätzen, dem Volke ein niederes und geschertes Reden, gemischt aus Fehlern und Wortspielen aller Art. Auch hierin werden die Leser jene Vielfalt und, wir möchten fast sagen, Buntscheckigkeit finden, die im Kreis der Romane so gut gefällt.

Derweil erdröhnen die Bühnen von Verdischen Troubadouren, und die minnenden jungen Ritter des Salonmalers Hayez, mit Schnabelhüten wie Studenten im vierten Jahr, küssen ihre schmachtenden Burgfräulein, die das Glück gehabt haben, sich ihre Damastkleider von den Kostümbildnerinnen der Scala herrichten zu lassen. Aber wenn es nur Hayez wäre: Historienschinken mit mittelalterlicher Thematik malen Adeodato Malatesta, Ludovico Lipparini, Massimo D'Azeglio und Faruffini, Domenico Morelli und Nicolò Barabino und so weiter bis hin zu De Carolis, während anderswo bereits Ruskin und Morris ihre Mode lanciert haben und die dekadenten Franzosen dabei sind, Rosenkreuzer und Tempelritter im mystischen Shaker des »Sâr« Joséphin Péladan zusammenzumixen, um der entstehenden Tradition der Moderne eine traditionelle Avantgarde-Alternative zu bieten.

Auch die Architektur entzieht sich nicht dem Appell des Traumes, und während Camillo Boito über das mittelalterliche Modell als Neubegründung einer Logik des Bauens schreibt, renovieren Pelagio Pelagi und Alessandro Sidoli die historischen Zentren im mittelalterlichen Stil, die Fassaden des Doms von Neapel, der Kathedrale von Amalfi, von Santa Croce und Santa Maria del Fiore werden neu- oder fertiggebaut, zur Freude des noch nicht postmodernen Touristen auf der verzweifelten Suche nach historischer Authentizität. Modenesi entwirft die Fassade von San Petronio, Selvatico die Kathedrale von Trento, Coppedé das Castello Mackenzie, Falcini, Treves und Micheli die Synagoge von Florenz, während Edoardo Arborio Mella 1857 seine *Elementi di architettura gotica* schreibt.

Nicht einmal die neuerworbene Einheit Italiens kann die Dichter und Erzähler aus ihrem Traum vom Mittelalter reißen. Sprechen wir nicht von Carducci und seinen Kirchen von Polenta, seinen San Miniati, seinem greisen Sire d'Hohenzollern (der bei sich denkt »zu sterben / durch die Hand von Pfeffersäcken, die gestern noch / um ihre feisten Wänste den Stahl der Ritter gürteten«, indes mit hohen Feuern Alessandria, weit hinauf über den Apennin, die Flucht des ghibellinischen Cäsars erleuchtet und die Feuer der Lega aus Tortona antworten und ein Siegesgesang durch die fromme Nacht ertönt). Aber Pascoli zerfließt vor Rührung über die sanften Perspektiven Paolo Uccellos und über König Enzo, Verga flicht zierliche kleine Novellen im gotischen Stil, Giacosa spielt Schachpartien, Benelli spottet beim Mahle, Gozzano reist zu verlorenen Inseln, und Comparetti kehrt siegreich zurück aus dem finsteren Walde Vergils.

3. Warum heute?

Werden wir heute nun also von einer »Mode« sprechen, weil ein paar Romane erschienen sind, die im Mittelalter spielen, weil ein paar Stückeschreiber, Bühnen- und Filmregisseure das Mittelalter als Kulisse benutzen?

Wie es scheint, ist die mittelalterliche Mode – und damit der Traum vom Mittelalter – heute dabei, die ganze europäische Kultur zu erfassen. Über die Gründe dieser Faszination haben schon viele gesprochen. Man träumt nicht vom Mittelalter, bloß weil es die Vergangenheit ist, denn mit Vergangenheiten ist die europäische Kultur reich gesegnet, und nichts spräche dagegen, bis nach Mesopotamien oder zu Sinuhe dem Ägypter zurückzugehen. Das Besondere am Mittelalter ist jedoch, wie ich schon andernorts mehrfach gesagt habe, daß es den Schmelztiegel Europas und der modernen Zivilisation darstellt. Das Mittelalter hat alles erfunden, was uns noch heute zu schaffen macht: die Banken und den Wechselbrief, die Organisation der Latifundien, die Struktur der Verwaltung und der kommunalen Politik, die Klassenkämpfe und den Pauperismus, den Streit zwischen Staat und Kirche, die Universität, den mystischen Terrorismus, den Indizienprozeß, das Krankenhaus und das

Bistum, ja sogar den organisierten Tourismus, man braucht nur Jerusalem oder Santiago de Compostela durch die Falklandinseln zu ersetzen, und man hat alles, einschließlich des Guide Michelin. Und faktisch sind wir ja heute nicht vom Problem der Sklaverei oder des Ostrazismus besessen, oder von der Frage, wie man, und zwar notwendigerweise, die eigene Mutter umbringt (klassisch-antike Probleme par excellence), sondern wie man der Häresie begegnet und den Genossen, die auf dem falschen Wege sind, und denen, die Reue bekunden, und wie man die eigene Ehefrau respektieren und sich dabei nach der Geliebten sehnen kann, denn das Mittelalter hat auch den okzidentalen Begriff der Liebe erfunden.

4. Rekonstruieren und reparieren

Wie unterscheidet sich unsere freie Hinwendung zum klassischen Erbe von unserer notwendigen Aufmerksamkeit für das Erbe des Mittelalters? Ich glaube, wir können hier das Modell der *philologischen Rekonstruktion* dem der *gebrauchsorientierten Reparatur* gegenüberstellen. Die klassische Antike wird rekonstruiert, man gräbt die Römischen Foren aus, man stützt das bröckelnde Kolosseum ab, man reinigt die Akropolis. Aber man füllt sie nicht wieder mit neuem Leben, man begnügt sich damit, hat man sie einmal wiederentdeckt, sie andächtig zu betrachten.

Die Überbleibsel des Mittelalters dagegen repariert man so gut es geht und benutzt sie dann weiter als Räume, als Gefäße, in die man etwas hineinfüllt, das nie grundverschieden von dem sein kann, was sie einst enthielten. Man repariert die Banken, man repariert die Kommune, man repariert Chartres und San Gimignano, aber nicht, um sie andächtig zu betrachten, sondern um sie weiterhin zu benutzen und zu bewohnen. Um den griechischen Tempel zu besichtigen oder die Galerie der Philosophenbüsten, bezahlt man allenfalls die Eintrittsgebühr, aber in den Mailänder Dom oder die kleine romanische Dorfkirche geht man noch, um die Messe zu hören, und man wählt den neuen Bürgermeister im Palazzo Comunale aus dem zwölften Jahrhundert. Man diskutiert, ob Söldnerheere oder Bürgerwehren aufgestellt werden sollen, aber nicht, wie man die thebanische Legion rekonstruieren könnte. Der Traum vom Mittelalter betrifft immer nur das, was repariert werden kann und muß, nie das, was museifiziert werden kann.

Und wenn hier jemand einwendet, wir lebten noch immer von Platon, Aristoteles und Plotin, so hüte er sich vor der perspektivischen Täuschung. Wenn man die griechischen Philosophen benutzt, als wären sie Zeitgenossen, benutzt und repariert man sie sich als mittelalterliches Erbe, denn dies und nichts anderes ist der Aristoteles der Neoscholastiker. Sobald jedoch ein Philologe uns Aristoteles so restauriert, wie er war und nicht wie das Mittelalter ihn uns überliefert hat, ist dieser Aristoteles nicht mehr Lebenslehrer, sondern Examenstext. Im höchsten Falle wird er, für die Besten, Modell eines möglichen Denkens, nicht Instrument für ein heutiges Denken in seinen Begriffen. Aristoteles ausgebessert haben Romantiker wie Manzonis Schwiegersohn Taparelli d'Azeglio, und Historiker wie Minio Paluello haben eine Geschichte seiner Ausbesserungen geschrieben, und auf dieser Basis kann man noch an eine Theorie der Substanzen und Akzidentien glauben, die uns heute erlaubt, an den Tisch der Eucharistie zu treten, aber sobald strenge Philologen uns den verlorengegangen originalen Aristoteles rekonstruieren, verlassen wir die gebrauchsorientierte Reparaturwerkstatt, um in den Tempel der akademischen Veneration einzutreten.

5. Zehn Arten von Mittelalter

Wenn man jedoch zum Mittelalter stets nur zurückkehrt, um es in diesem Sinne zu reparieren, nicht um es in seinem Interesse und seiner Authentizität (welcher?) zu rekonstruieren, dann ist vielleicht jeder Traum vom Mittelalter (von 1492 bis heute) nicht Traum *des* Mittelalters, sondern nur Traum *eines* Mittelalters.

Wenn aber jeder Traum vom Mittelalter nur Traum *eines* Mittelalters ist, von welchem Traum und welchem Mittelalter sprechen dann wir?

Versuchen wir, eine Typologie der vielen Mittelalter zu skizzieren, die wir gekannt haben, grob und verallgemeinernd wie alle Typologien.

1. Das Mittelalter als *Manier und Vorwand*. Das von Tasso, um uns recht zu verstehen, das Mittelalter des Melodrams. Man hat kein reales Interesse für eine Epoche, die Epoche wird als mythischer »Ort« erlebt, in dem man zeitgenössische Personen auftreten läßt.

2. Das Mittelalter der *ironischen Rückschau*, das von Ariost und vielleicht auch das von Cervantes. Man kehrt zurück in die Vorstellungswelt einer vergangenen Epoche, die man genau als vergangene und nicht wiederholbare sieht, um ironisch über die heutigen Träume zu sprechen und über das, was wir Heutigen nicht mehr sind (»O große Güte der alten Ritter...«). Ariost hält Rückschau ins Mittelalter wie Sergio Leone in den Wilden Westen. Es ist das Mittelalter der Nostalgie, aber einer Nostalgie ohne Glauben.

3. Das Mittelalter als *barbarischer Ort*, jungfräulicher Boden elementarer Gefühle, Zeit und Land außerhalb jeden Gesetzes. Es ist das Mittelalter der »Heroic Fantasy« unserer Tage, aber es ist auch das Mittelalter des *Siebten Siegels* und der *Jungfrauenquelle* von Ingmar Bergman. Dieselben elementaren Leidenschaften könnten genausogut in der Epoche Gilgameschs oder an den Küsten Phöniziens ausgelebt worden sein. Das Mittelalter wird nur als dunkler Zeit-Raum gewählt, als *dark ages* par excellence. Doch in diesem Dunkel hofft man ein »anderes« Licht zu sehen. So verstanden gehört Wagners Ring-Tetralogie, wohin und in welche Zeit sie sich auch wenden mag, zu diesem Mittelalter. Es steht aufgrund seiner Berufung jedem Traum von Barbareien und sieghafter Urkraft zur Verfügung, und deshalb wird es auch immer, von Wagner bis zu Frazetta, des Faschismus verdächtigt. Faschistisch ist jedes Liebäugeln mit einer eminent männlichen Kraft, die weder lesen noch schreiben kann, und das Mittelalter, mit Karl dem Großen, der kaum seinen Namenszug krakeln konnte, eignet sich wunderbar für derlei Träume von einer Rückkehr zur unversehrten, zottelhaarigen Virilität. Je zotteliger das Modell, desto schwärmerischer der Kult – die Hobbits seien humanes Vorbild für die neuen Aspiranten auf neue und lange Nächte der langen Messer.

4. Das *romantische* Mittelalter, voller Liebe zur Düsternis der zerfallenden Burgen vor dem Hintergrund zuckender Blitze, bewohnt von Gespenstern vergewaltigter und in der Hochzeitsnacht ermordeter Bräute. Es ist das ossianische und neugotische Mittelalter, naher Verwandter der orientalischen Schreckenstaten von Beckfords Vathek. Das typische Mittelalter des neunzehnten Jahrhunderts, aber auch noch das Mittelalter mancher heutigen *space opera*, in der die Türmer durch Astronauten ersetzt worden sind.

5. Das Mittelalter der *Philosophia perennis*. Von Cajetanus und Johannes a Sancto Thoma vielleicht noch als schlaue Taschenspielerei verstanden, aber dramatisch ernst genommen von kleinen Geistern wie Pater Taparelli d'Azeglio, von großen wie Kardinal Mercier und von noch größeren wie Etienne Gilson. Mit Liebe und fast mit Wollust gehegt vom geblendeten Blick eines Maritain, mit konservativer Obstination von Pius XII., im Geiste der massenmedialen Heroic Fantasy von Kreuzträger Wojtyla, bietet dieses Mittelalter Aspekte philologischer Finesse neben solchen des antihistorischen Dogmatismus. Im katholischen Universum ist es dem falschen Modernismus der spiritualistischen Barone, die den Faschisten Gentile durch den Grafen Rosmini lesen, bei weitem vorzuziehen.

6. Das Mittelalter der *nationalen Identitäten*, nach Art eines Walter Scott und aller Verfechter des Risorgimento, die in den leuchtenden Zeiten der kommunalen Erhebung ein siegverheißendes Modell des Kampfes gegen fremdländische Vorherrschaft sahen.

7. Das Mittelalter *à la Carducci*, gänzlich restauriert, zur Feier des Dritten Italien, ein bißchen falsch und ein bißchen philologisch, alles in allem gutmütig und hypokrit, funktional für die Wiedergeburt und Stabilisierung einer Nation auf der Suche nach ihrer Identität. Aber verwandt mit dem Mittelalter der Décadence, dem der Ekstasen eines Jean Des Esseintes über spätlateinischen Manuskripten, dem eines bestimmten Dannunzianismus, dem der Präraffaeliten samt Ruskin und Morris. Und wenn ich hier Carducci nenne, so meine ich auch den Dichter-Maler Dante Gabriel Rossetti (mit dem ganzen medievalisierenden Neomystizismus der Fedeli d'Amore und den okkultistischen Dante-Interpretationen), da

beide, der eine als Republikaner und der andere als Aristokrat, sich letztlich in einen Restaurationsentwurf einschreiben, in dem das Mittelalter als Gegengift zur Moderne gesehen wird.

8. Das Mittelalter der Mediävisten in der Nachfolge Muratoris und seiner *Rerum italicarum*, ein Mittelalter ähnlich dem der *Annales*, nur daß beim ersten die philologische Rekonstruktion der Epoche anhand der großen Chroniken und Historien vorgenommen wird und bei den Historikern der Ecole des Annales anhand der Pfarr- und Gemeinderegister, der Inquisitionsakten und notariellen Urkunden. Im ersten Fall, um die Ereignisse wiederzufinden, im zweiten, um die alltäglichen Verhaltensweisen der geschichtslosen Massen und die Strukturen des materiellen Lebens freizulegen, aber in beiden mit dem Ziel, im Licht unserer aktuellen Probleme und unserer Neugierde zu begreifen, wie eine Epoche beschaffen war, die sich nicht auf ein Klischee reduzieren läßt, sondern in ihrer Vielfalt, ihrem Pluralismus und ihren Widersprüchen aufgedeckt werden muß. Zu diesem Mittelalter gehören die Bauforschungen eines Viollet-le-Duc, die Ikonographie eines Mâle und die Ikonologie eines Panofsky, wie selbstverständlich auch jede gute philosophiegeschichtliche Studie, der es mehr um kritisches Verstehen als um leidenschaftliche Wiederverwendung geht. Doch bezeichnenderweise kommt in all diesen Fällen nie jemand auf den Gedanken, von einer Mode zu sprechen. Es geht in der Tat nur um gute Arbeit. Oder vielleicht liegt es daran, daß, wer von Mode spricht, diese Arbeit gewöhnlich nicht kennt.

9. Das Mittelalter der *Überlieferung*. Der Ort, an dem sich der Kult eines sehr viel älteren Wissens gebildet hat (ich möchte fast sagen: in ikonographisch stabiler Form): der Kult des jüdischen und arabischen Mystizismus und der Gnosis. Es ist das synkretistische Mittelalter derer, die in der Legende vom Gral, im historischen Schicksal der Tempelritter und von dort aus weiter, quer durch die alchimistischen Experimente, über die Bayerischen Illuminaten bis hin zur aktuellen Freimaurerei nach schottischem Ritus, die Entfaltung einer einzigen, kontinuierlichen Initiationsgeschichte sehen. Unkritisch und antiphilologisch, lebt dieses Mittelalter von Allusionen und Illusionen, es gelingt ihm stets und bewundernswert, überall und unter welchem Vorwand auch immer dieselbe Botschaft

zu entziffern. Zum Glück, für uns und für seine Adepten, ist diese Botschaft verloren gegangen, so daß die Initiation ein Prozeß ohne Ende wird, Rosenkreuz und Wonne für die Privilegierten, die resistent bleiben, unzugänglich für den Popperschen Prüfstein der Falsifikation und gläubig den Paralogismen der universalen Sympathie ergeben. Mystisch und synkretistisch, schlägt dieses Mittelalter gefräßig alles, was weder bewiesen noch widerlegt werden kann, seiner zeitlosen Geschichte zu.

10. Schließlich das Mittelalter der *Erwartung des Millenniums*, einer Obsession, die in verschiedenen Formen jedes Jahrhundert verfolgt hat, von den frühchristlichen Circumcellionen bis zu den spätbürgerlichen Terroristen, von den mittelalterlichen Fratizellen bis zu den heutigen Ökologen. Keimzelle vieler Torheiten, wo es mit schwachen Nerven und halluzinierendem Sinn erlebt worden ist, kann es doch niemand je ganz vergessen, der mit klarem Verstand und starken Nerven darüber nachdenkt. Es begleitet uns als Mahnung und Drohung, als permanente Erinnerung an die Möglichkeit eines Holocaust, und es sagt uns, daß wir gut aufpassen müssen, um den Antichrist zu erkennen, wenn er an die Tür klopft, sei er auch in bürgerlichem Zivil oder in Militäruniform.

6. Wählen, von welchem Mittelalter man träumt

An diesem Punkt kann man sich legitimerweise fragen, an welches Mittelalter man denkt, wenn man von einem »neuen« Mittelalter, von einer »Rückkehr« zum Mittelalter oder von einer »Mode« des Mittelalters spricht. Denn es ist klar, daß es sich jedesmal um etwas anderes handelt und handeln wird, um etwas, das manchmal wünschenswert ist, manchmal harmlos (so harmlos wie die Literatur, solange sie nur von Minderen stammt), manchmal auch tückisch und gefährlich. Daher wird man auch sehr klar und eindeutig sagen müssen, was man im Sinn hat, wenn man eine Rückkehr zum Mittelalter feiert. Denn das Mittelalter ist entweder eine Epoche, die 1492 endete, oder es ist die Geschichte der permanenten Reparaturen, die unsere Kultur an den Ergebnissen dessen vornimmt, was zwischen dem Fall des Römischen Reiches und der Entdeckung Amerikas geschehen ist. Zu sagen, welcher der zehn Arten von Mittelalter wir uns heute wieder annähern, heißt zu sagen, wer wir sind und was wir wollen: ob wir uns bloß amüsieren, ob wir verstehen wollen oder ob wir uns, ohne zu verstehen, dem Spiel irgendeiner Restauration zur Verfügung stellen.

Als Roberto Vacca zu Anfang der siebziger Jahre vom Mittelalter in naher Zukunft sprach, dachte er an den Zusammenbruch der großen technologischen Systeme, aus dem, wie er meinte, ein neues feudales oder präfeudales Mittelalter hervorgehen würde, gegründet auf den Mangel und den Kampf ums Dasein. Ich erwiderte damals[1], das neue Mittelalter habe bereits begonnen, man brauche nicht erst auf den Atomkrieg zu warten, um ein neues Mittelalter herbeizusehnen oder zu fürchten. Aber mein Mittelalter war gemeint als eine Epoche des Übergangs, der Vielfalt und des Pluralismus, der Widersprüche zwischen einem entstehenden und einem absterbenden Imperium sowie einer dritten Gesellschaft, die sich zu bilden begann. Mein Mittelalter präsentierte sich als eine »interessante« Epoche, denn es war eine Zeit, in der die Karten neu gemischt wurden, in der es neben den großen Hungersnöten und Epidemien auch die großen Erfindungen gab und die Vorformen neuer Lebensweisen. So verstanden, kann mich das Mittelalter als Modell interessieren, aber Modelle funktionieren in prospektivem und, ich möchte fast sagen, zutiefst optimistischem Sinne.

Das Mittelalter kann jedoch auch als Modell einer Tradition verstanden werden, die ihrer Definition nach immer im Recht ist. Und dieses Neo-Mittelalter, Produkt der Märkte des Absoluten, fürchte ich – und ermuntere ich meine Leser zu entmystifizieren. Unter Benutzung der Worte eines Literaturkritikers, der zu Anfang des vorigen Jahrhunderts, in voller neo-mittelalterlicher Blüte, wo er verständlicherweise eine restriktive Vorstellung vom Mittelalter hatte, die ich nicht anders als ablehnen kann, gleichwohl den negativen Sinn jeder nostalgischen und idealisierenden Rückkehr erkannt hatte, die eher von Leidenschaft als von kritischer Vernunft genährt wird.

1 »Auf dem Wege zu einem Neuen Mittelalter«, in *Über Gott und die Welt*, p. 7–33.

So schließe ich hier mit einem Zitat von Carlo Giuseppe Londonio, einem Kritiker, den ich liebe, weil die nach ihm benannte Straße unter meinem Balkon verläuft, in schönen neoklassischen Symmetrien, so daß sie mir jeden Morgen beim Aufwachen eine Aussicht auf bald blühende, bald nordisch kahle, unter Rauhreif erstarrte Bäume bietet. Londonio war in der Kontroverse zwischen Klassikern und Romantikern ein moderater Romantiker, und wie moderat er in seinem Romantizismus war, sieht man an der gereizten Skepsis, mit der er, nicht ohne prä-positivistische Neigungen zu bekunden, gegen den zu seiner Zeit geträumten Traum des Mittelalters polemisierte:

> Nachdem ich nun die Doktrin der neuen romantischen Schule in literarischer Hinsicht geprüft habe, bleibt mir noch etwas über den moralischen Einfluß und den Zweck zu sagen, den sie haben kann. Es handelt sich um nichts weniger als die Korrektur der Welt und die Wiederbelebung, wenn sie denn möglich wäre, der seligen Ignoranz und der wilden Anarchie der Zeiten des Rittertums. Das Unternehmen ist wahrhaft groß, und löblich ist, wenn nicht anderes mehr, die gute Absicht der heutigen Reformatoren der Literatur und der Sitten. Jedoch, es sei mit ihrer Erlaubnis gesagt, Gott behüte uns vor dem Wahrwerden ihrer Hoffnungen. Daß unsere Bräuche einer Korrektur bedürfen, gebe ich durchaus zu. Aber daß wir uns zum Spiegel jener Zeiten machen sollen, das ist es, was ich nicht billigen kann. Jedesmal, wenn ich auf Bergeshöhen die einsamen Vorposten einer zerfallenden Burg sehe, fühle ich, wie sich mein Herz zusammenzieht und mich ein Schauder des Entsetzens überläuft. Jene Zinnen, jene Türme erinnern mich an jene Zeiten der Barbarei und der Entbehrung, die uns jetzt von manchen im Überschwang ihrer poetischen Phantasie als goldenes Zeitalter ausgemalt werden. Schön ist es, in alten Chroniken und in den Gedichten unserer Epiker von den großherzigen Taten der fahrenden Ritter zu lesen, doch welche Barbarei, welche Anarchie setzt notwendig jener Gesellschaftszustand voraus, in dem Tugend und Unschuld, schlecht verteidigt durch die Gesetze, gezwungen waren, sich unter den Schutz eines Privatiers zu begeben! Schauen wir zurück in jene unglückliche Epoche, so sehen wir Europa bedeckt von Wäldern, von Heideland und von Sümpfen; die Provinzen, die Städte, ja selbst die Familien zerteilt von ewigem Haß, zerrissen, einander zerstö-

rend; kein Handel, keine Kommunikation zwischen den Nationen; die Wissenschaften und Künste vernachlässigt, die Gerechtigkeit unterdrückt durch Gewalt, die Religion entstellt durch Aberglauben; die Souveräne zu schwach, um sich ihre Vasallen gehorsam zu machen; die Adligen ständig im Krieg miteinander und einträchtig nur im Widerstand gegen den Willen des Souveräns und das Wohl des Staates; das Volk erniedrigt und eingeschätzt wie das Vieh. Wir sehen die Ehre, das Leben, das Vermögen ausgeliefert der Zufallsentscheidung des Duells, der Feuerprobe, der Prüfung durch kochendes Wasser; wir sehen ganz Europa sich mehr und mehrfach bewaffnen, um den Ungläubigen die durch die ehrwürdigsten Erinnerungen unserer Religion geweihten Orte zu entreißen, wir sehen jene Helden des Kreuzes, jene Muster an Religion, an Tugend, an Ehre, den christlichen Namen mit tausend Schändlichkeiten besudeln und zugrunde gehen als Opfer der Zwietracht, der Unredlichkeit und der Ausschweifung. Wenn sie solcherart sind, wie sie leider sind, jene heroischen Zeiten, die man unserer Bewunderung vorsetzt, so können wir uns wohl beglückwünschen, in diesem prosaischen Jahrhundert und inmitten der heutigen Depravation zu leben... Romantiker wollen auch wir Italiener sein, wir Erstgeborenen der modernen Zivilisation, wir, bei denen einst die noch rohe Troubadourdichtung Form und Glanz gewann; Romantiker ja, aber gegen Vorurteile, Trübsinn und Aberglauben; Romantiker in den Ideen, in den Meinungen, den Affekten, aber treu dem Beispiel der Klassiker und ihrer Lehren im Gebrauch der Formen und Regeln der Kunst. (*Cenni critici sulla poesia romantica*, 1817)

Werden wir unterschreiben, was Londonio über das Mittelalter und den moralischen wie zivilen Primat der Italiener dachte? Sicher nicht, andernfalls läsen wir ihn mit demselben unkritischen Eifer, mit dem seine romantischen Freunde das Mittelalter lasen. Aber unterschreiben würde ich seine Bekundung guten lombardischen Aufklärersinns, und seinen Appell würde ich in die Worte übersetzen: Träumt vom Mittelalter, aber fragt euch immer, von welchem. Und warum.

Was unsere Zeit vielleicht wirklich mit dem Mittelalter gemeinsam hat, ist am Ende der gefräßige enzyklopädische Pluralismus. Einverstanden, und vermutlich ziehen wir inzwischen alle, wenn wir ganz ehrlich sind, die Kathedrale von Straßburg, wie Goethe sie pries, dem Tempel von Malatesta vor. Aber Galileo hatte recht (jedenfalls bis er, wie Popper lehrt, wieder unrecht haben wird), und das kann uns kein Traum vergessen machen.

Also: lang lebe das Mittelalter und sein Traum, solange er kein Schlaf der Vernunft ist.

Monster haben wir schon genug erzeugt.

(1983)

Zwischen
Experiment und Konsum

Die Gruppe 63: experimentelle und avantgardistische Kunst

Die Gründe einer Wiedervereinnahmung

In einer Rückschau auf das kulturelle Geschehen im Italien der sechziger Jahre gebührt der Gruppe 63 zweifellos ein besonderer Platz. Doch mehr als ihre Geschichte nachzuzeichnen, ihre Mitglieder aufzuzählen und die von ihr angeregten oder direkt hervorgebrachten Werke zu nennen, muß man vom Ende ausgehen und sich fragen, warum die Gruppe anläßlich ihres zwanzigsten Gründungstages, 1983, so weithin gefeiert und gewürdigt wurde.

In solcher Weise, auf der Suche nach den Gründen für diese späte Akklamation, gelangt man zu einer Analyse der kulturellen Tiefenströmungen im Italien der sechziger und der achtziger Jahre zugleich.

Daß die Gruppe in einem Maße gefeiert wurde, das alle Erwartungen überstieg, ist eine gegebene Tatsache. Keine überregionale oder lokale Tageszeitung, die ihrem Gedenken nicht mindestens eine ganze Feuilletonseite widmete, zu schweigen von den umfangreichen Dossiers in den Wochenzeitschriften. Und zur Teilnahme an diesen ideellen Diskussionsrunden wurden die Protagonisten beider Seiten der Barrikade gebeten, die einstigen Mitglieder der Gruppe ebenso wie ihre alten Gegner, wobei jeder paradoxerweise sowohl die Rolle des Zeugen wie die des distanzierten Richters spielte.

Gewiß betreiben die Massenmedien in den letzten Jahren ausgiebig das, was die Amerikaner *instant nostalgia* nennen, das heißt die nostalgische Rückbesinnung auf die jüngstvergangene Zeit, aber die Fülle und Breite der Gedenkartikel läßt vermuten, daß dahinter noch andere Motive stecken. Wurden der Gruppe in den Jahren ihrer Tätigkeit Laster nachgesagt, deren sie sich nicht rühmen konnte, so sind ihr jetzt Tugenden zugeschrieben worden, für die sie nicht verantwortlich war. So erhebt sich der Verdacht, daß die italienische Kultur, während sie scheinbar ihr Konto mit der Gruppe ins reine brachte, in Wirklichkeit mit etwas anderem abrechnete, und am Ende wohl mit sich selbst.

Um zu verstehen, was da geschehen ist, in den sechziger Jahren und zu Beginn der achtziger Jahre, muß man sich zunächst einige Fragen stellen:

- Hat die Gruppe überhaupt existiert?
- War sie eine avantgardistische Gruppe?
- War sie eine experimentelle Gruppe?
- Konnten die beiden genannten Charaktereigenschaften in ihr koexistieren und wenn ja, wie?
- Beeinflußte die Dialektik zwischen den verschiedenen Eigenschaften der Gruppe ihre Aktivität, ihr Ende, ihre Wiederentdekkung nach zwanzig Jahren?

Die Existenzweise der Gruppe 63

Manche haben gesagt, die Gruppe 63 habe gar nicht existiert. Im organisatorischen Sinn war das richtig: es handelte sich de facto um einen Kreis von Schriftstellern, Kritikern, Malern und Musikern, die einander seit langem kannten und sich zusammentaten, um gemeinsamen Interessen nachzugehen.

Die Gruppe existierte mithin als *fait de coutume* oder kulturelle Gepflogenheit und als gelegentliche Manifestation – so wie eine Laienbühne existieren kann, auf der sich Leute, die sehr verschiedenen Berufen nachgehen, ab und zu treffen, um miteinander ein Stück einzuüben, animiert von ähnlichen Vorlieben, und sich alle sechs Monate einmal der Öffentlichkeit zu präsentieren.

Vielleicht war es diese »Ungreifbarkeit« der Gruppe, die sie gleichzeitig irritierend und einflußreich machte. Sie war keine Freimaurerei, keine Loge, in die man sich heimlich aufnehmen lassen kann, wenn man gute Empfehlungen hat und von der Mehrheit der Mitglieder akzeptiert wird. Sie war eher so etwas wie ein Dorffest, an dem teilnimmt, wer gerade da ist und am allgemeinen Geist oder Genius loci partizipiert.

Als Gruppe trat sie nur in Erscheinung, wenn Treffen veranstaltet wurden, bei denen die Teilnehmer sich ihre Arbeiten zeigten und einander rückhaltlos und ohne Komplizenschaft kritisierten. In diesem Sinne, vor allem, wollte man gegen einen Literaturbetrieb protestieren, der auf wechselseitige Lobhudelei oder, wenn man so will, auf das Modell der gegenseitigen Hilfe gegründet war. Es gab somit in der Gruppe 63 etwas, das (in kleineren Dimensionen) die Protestbewegung von Achtundsechzig antizipierte. Eine neue Umgangsform, ein freies Reden jenseits der Rituale (auch wenn diese Praktiken später zwangsläufig ihre eigenen Rituale entwickelt haben).

Aber die Gruppe war keine »Bewegung« wie die von Achtundsechzig. Ihre Mitglieder waren im Unterschied zu den Achtundsechzigern keine Jugendlichen, die auf ihre Eingliederung in den Produktionskreislauf warteten oder sich der Integration zu verweigern suchten. Sie waren dreißig- bis vierzigjährige Intellektuelle und arbeiteten schon in der Kulturindustrie, in Verlagen, Redaktionen, Universitäten. Daher verhielt sich die Gruppe, als die Studentenbewegung aufkam, insgesamt eher widersprüchlich und, wenn man so sagen kann, fragend. Dennoch war es genau ihre Zeitschrift *Quindici*, die sofort Interesse für die Bewegung von Achtundsechzig zeigte und Texte ihrer führenden Köpfe druckte. Allerdings begnügte sie sich nicht damit, deren Meinungen zu publizieren, sondern kritisierte sie auch, wenn es nötig war. Die Angehörigen der Gruppe suchten nach einer Neubestimmung ihrer Rolle als mittlere Generation, zwischen der älteren und der ganz jungen. Und dabei entdeckten sie, daß sie keine Gruppe mehr waren. Hätte die Gruppe als feste Institution existiert, wäre das nicht geschehen; es geschah, weil sie als geistiges Klima existierte, als Atmosphäre, und Atmosphären sind, außer ungreifbar, unbeständig und flüchtig.

Auf literarischer und allgemein künstlerischer Ebene war das Verhältnis zwischen den »Mitgliedern« stets sehr komplex. Einige meinten, die Gruppe sei ein intellektueller und experimenteller Zirkel, der seine Pflicht zur aktiven Opposition als eine kulturelle Aufgabe ansehe, die im Laboratorium der Sprachen gelöst werden müsse. Für andere handelte es sich dagegen um so etwas wie eine

Avantgardebewegung, die keineswegs still und reserviert vorzugehen hatte.

Doch die Bewegungen der historischen Avantgarde trachteten in gewissem Sinne danach, sich »im Leben« durchzusetzen und alltägliche Praxis zu werden, während es schien, daß die Intellektuellen der Gruppe 63 sehr skeptisch im Hinblick auf diese Möglichkeit waren.

Jedenfalls blieben sie standhaft gegenüber der Provokation des Nach-Achtundsechziger-Radikalismus, der die Techniken der historischen Avantgarden direkt ins Alltagsverhalten zu überführen suchte, indem er sozusagen den Surrealismus oder Dadaismus *sur nature* nachstellte. Daher dann übrigens – wie ich in meinem Band *Sette anni di desiderio* zu zeigen versucht habe – die Krise der sogenannten »Bewegung«, die einer uralten ästhetischen Utopie zum Opfer gefallen ist: im Glauben, Politik zu machen, hat sie versucht, die Kunst ins Leben zu tragen, um sie dort zu verwirklichen. Was überaus schwierig ist, um nicht zu sagen unmöglich.

Die Gruppe 63 konnte diese Richtung nicht einschlagen, vielleicht eben weil sie gleichzeitig eine Gruppe von Avantgardisten und ein Zusammenschluß von experimentellen Schriftstellern und deren Theoretikern war (mit aller Vorsicht, mit der Verschwiegenheit des Arbeitens in der Alchimistenküche, die diese zweite Eigenschaft implizierte).

Hier ist nun aber genauer zwischen experimenteller und avantgardistischer Kunst zu unterscheiden, wie es übrigens manche Autoren der Gruppe, etwa Guglielmi, schon in den sechziger Jahren getan haben.

Experimentelle Kunst

Wenn experimentieren heißt, innovativ gegenüber den etablierten Traditionen zu operieren, so ist jedes Kunstwerk, das wir als bedeutend feiern, auf seine Weise experimentell gewesen.

Es war experimentell, wenn Manzoni mitten im nationalstolzen Risorgimento, als man das Mittelalter bevorzugte, das als Epoche glorreicher nationaler Erhebungen galt,einen Roman schrieb, der im siebzehnten Jahrhundert spielte, einem Jahrhundert der nationalen Demütigung. Es war experimentell, wenn Rabelais ironisch mit dem Erbe der um die Sorbonne kreisenden Kultur spielte, so wie es heute experimentell wäre, in einer Weise zu schreiben, die die implizite Semiotik der Pariser Ecole Pratique des Hautes Etudes in Frage stellte. Experimentell war Conrad (sein Marlow spricht, wie noch niemand zuvor gesprochen hatte, jedenfalls nicht in einem Roman), und experimentell waren die Spiele mit dem Blickwinkel, die Henry James praktizierte (und theoretisierte).

Gewiß gibt es Schriftsteller und Künstler, die – sozusagen wie in einer literarischen Animal Farm – experimenteller als andere sind. Auch intuitiv wird man zugeben können, daß Joyce mehr experimentierte als James. Ein guter intuitiver und soziologischer Prüfstein für den experimentellen Grad eines Künstlers ist die Frage »Wieviel ist verständlich?« Die Antwort »nichts« garantiert nicht, daß wir es mit einem hochgradig experimentellen Künstler zu tun haben, denn schließlich kann es sich immer auch um einen verworrenen Dilettanten handeln, aber sie bringt uns dazu, den möglichen Experimentalcharakter des betreffenden Werkes zu untersuchen. Ein Autor kann unverständlich erscheinen, weil er die Grammatik nicht beherrscht, oder weil er bewußt gegen die Regeln der traditionellen Grammatik verstößt (und sie indirekt neustrukturiert).

In jedem Fall ist das, was den experimentellen Autor soziologisch – wenn nicht textlich – charakterisiert (und wir haben gesehen, daß jeder große Autor mehr oder minder experimentell ist), der Wille, *akzeptiert zu werden*. Er verstößt zwar gegen die Regeln, aber gleichsam in pädagogischer Absicht, um Zustimmung zu erlangen. Der Traum eines experimentellen Autors ist, daß seine Experimente mit der Zeit zur Norm werden.

Selbstverständlich muß man, um einen experimentellen Autor zu beurteilen, seine Werke als Grundlage nehmen und nicht seine Poetik, denn es kann einer vieles projektieren und wenig realisieren.

Anders verhält es sich mit der Avantgarde. Zunächst und vor allem kann man nicht von einem avantgardistischen Werk sprechen, sondern nur von einem Werk (oder Nicht-Werk, Exposé einer Poetik, Manifest, Programm), das aus einer Avantgardebewegung hervorgegangen ist.

Typisch für die Avantgardebewegung ist die Entscheidung zur Provokation, der Wille zum Verstoß gegen die Regeln der literarischen oder allgemein künstlerisch-kulturellen Institutionen durch Produkte, die sich als inakzeptabel manifestieren.

Die klarsichtigsten Bemerkungen über alle Avantgardebewegungen dieses Jahrhunderts hat immer noch Renato Poggioli in seiner *Teoria dell'arte di avanguardia*[1] gemacht. Als Charakteristika jeder Avantgardebewegung bestimmte er folgende Elemente:

- *Aktivismus*: Enthusiasmus, Abenteuerlust, Zweckfreiheit;
- *Antagonismus*: Opposition gegen etwas oder jemanden;
- *Nihilismus*: keinerlei Skrupel im Niederreißen der traditionellen Schranken, Verachtung der gängigen Werte;
- *Kult der Jugendlichkeit*;
- *Ludizität*: Kunst als Spiel;
- *Agonismus*: kämpferischer Einsatz bis zur Selbstaufopferung, Fähigkeit zum Suizid im richtigen Augenblick, Geschmack an der eigenen Katastrophe;
- *Revoluzzertum und Terrorismus* (im kulturellen Sinn);
- *Selbstpropaganda*: rücksichtslose Durchsetzung des eigenen Modells als des einzig möglichen;
- *Vorrang der Poetik vor dem Werk*.

Ich glaube, man könnte sämtliche Avantgardebewegungen unseres Jahrhunderts durchgehen, von den Futuristen bis zur Gruppe 63, und würde diese Elemente (mutatis mutandis) überall wiederfinden.

1 Bologna, Il Mulino, 1962

Dies erlaubt uns nun, experimentelle und avantgardistische Kunst einander gegenüberzustellen. Experimentelle Kunst setzt auf das einzelne Werk, aus dem zwar jeder eine Poetik ableiten kann, das aber vor allem als Werk zählt; avantgardistische Kunst setzt auf eine Gruppe von Werken oder Nicht-Werken, von denen einige nichts anderes als Exemplifikationen einer Poetik sind. Im ersten Fall extrapoliert man aus dem Werk eine Poetik, im zweiten aus der Poetik ein Werk.

Experimentelle Literatur tendiert zu einer Provokation innerhalb der Geschichte einer gegebenen literarischen Institution (Roman als Anti-Roman, Poesie als Nicht-Poesie), avantgardistische Literatur tendiert dagegen zu einer äußeren Provokation, insofern sie will, daß die Gesellschaft in ihrer Gesamtheit den avantgardistischen Vorschlag annimmt als eine neue und grenzüberschreitende Konzeptionsweise der literarischen Institutionen.

Marinettis *Schlacht von Adrianopolis* wäre, präsentiert in einer literarischen Zeitschrift mit begrenzter Verbreitung, nichts anderes als ein experimenteller Vorschlag gewesen. Vorgetragen vor einem Publikum, das sich in einem gegebenen Saal versammelt hatte, um zu hören, was in der Gesellschaft als »Dichtung« galt, provozierte sie heftige Ablehnung und Skandal.

Wenn Piero Manzoni eine weiße Leinwand malt, macht er noch experimentelle Malerei; wenn er eine hermetisch geschlossene Schachtel in ein Museum stellt und verkündet, sie enthalte »Künstlerscheiße«, macht er avantgardistische Kunst. Im ersten Fall stellt er die Möglichkeiten und Grenzen der Malerei zur Diskussion, im zweiten die Idee der Kunst als solcher und ihrer Museifizierung.

Um zu vereinfachen und auf ein gängiges Schema der Textsemiotik zurückzugreifen: wenn wir einerseits eine Dialektik zwischen empirischem Autor und empirischem Leser eines Textes ins Auge fassen und andererseits die Dialektik zwischen »Modell-Autor« und »Modell-Leser« (beide verstanden als Textstrategien), so könnten wir sagen: Avantgardistische Literatur betrifft die Verhältnisse zwischen empirischem Autor und empirischen Lesern und experimentelle das Verhältnis zwischen »Modell-Autor« und »Modell-Leser«:

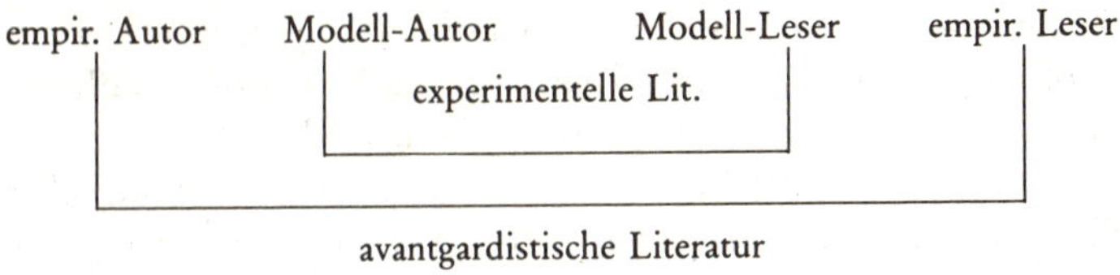

Zweifellos koexistierten diese zwei Seelen, die avantgardistische und die experimentelle, in der Gruppe 63 und charakterisierten ihre substantielle Ambiguität. Dies mag erklären, warum an ihren Arbeiten so verschiedene Personen teilnahmen wie Vittorini, dessen *Menabò* zweifellos eine Zeitschrift für experimentelle Literatur, aber keine der Avantgarde war, die avantgardistischen Jungtürken der Florentiner Gruppe 70 und neobarocke Schriftsteller wie Manganelli.

Es gilt aber auch zu begreifen, wieso die Gruppe »sterben« konnte, was ihre avantgardistische Seele betraf, ohne damit den experimentellen Ertrag zu vergeuden, den sie akkumuliert hatte.

Getreu dem Prinzip, daß jede Avantgardegruppe bewußt ihrer eigenen Katastrophe entgegengeht, hat sich die Gruppe 63 praktisch mit der Einstellung ihrer Zeitschrift *Quindici* selbst liquidiert, und *Quindici* stellte sein Erscheinen 1969 genau im Moment seines größten kommerziellen Erfolgs und Prestiges ein.

Darin liegt nichts Paradoxes. Vergegenwärtigen wir uns die Lage: *Quindici* war ein neuer Freiraum geworden, in dem sich von nun an sowohl die alten »kulturellen« Instanzen der Gruppe und ihrer Gründerväter als auch die umstürzlerischen »politischen« Instanzen der »Bewegung« gleichzeitig hätten ausdrücken müssen. Angesichts der Entscheidungen, vor die sich die Gruppenmitglieder gestellt sehen, entdecken sie, daß es zwischen ihnen keine ideologische Einheit gibt (das hatte man zwar schon gewußt, aber die Differenzen waren verdeckt worden durch den gemeinsamen Willen, *als Avantgarde tätig zu sein*). Im selben Moment entdeckt die Gruppe, daß sie als Avantgardegruppe keine Funktion mehr hat, weil sie sich nicht einig ist, *für wen und gegen wen* sie sich schlagen soll: Achtundsechzig hat neue Fronten geschaffen, hat alte Bündnisse annulliert und sogar die Wunden mancher polemischer Schlachten geheilt. Die Gruppe hat (durch ihre Zeitschrift) das historische Verdienst (und selbst wenn es ihr einziges wäre, wäre es groß), zu begreifen, wann eine Avantgardebewegung aufhören muß, um sich nicht pathetisch selber zu überleben.

An diesem Punkt ziehen sich die verschiedenen experimentellen Komponenten der Gruppe wieder in ihre jeweiligen Arbeitsbereiche zurück. Die Gruppe bleibt ihr gemeinsames Erbe, fruchtbarer Boden für jene, die als *lonesome dogs* weitermachen.

Die Gruppe 63 und die norditalienische Aufklärung

Gehen wir nun noch etwas genauer auf die Beziehungen zwischen dem experimentellen Ansatz der Gruppe 63 und dem Zustand der internationalen Kultur jener Jahre ein. Die Gruppe versammelte Angehörige der ersten Nachkriegsgeneration, für die Europa keine Grenzen hatte und die sich sowohl bei Leopardi wie bei Eliot zu Hause fühlten. In den Gedenkartikeln zu ihrem zwanzigsten Gründungstag sind der Gruppe Interessen und »Entdeckungen« zugeschrieben worden (Linguistik, Strukturalismus, Soziologie der Massenkommunikationen, Semiotik etc.), für die sie als Gruppe nicht verantwortlich war. Außerdem handelte es sich keineswegs um »Entdeckungen«, denn 1963 Saussure zu entdecken wäre ungefähr so gewesen, wie heute Amerika zu entdecken, im Jet zum Billigtarif.

Ich zum Beispiel beschäftigte mich zwar in jenen Jahren mit Strukturalismus, aber in Verbindung mit Wissenschaftlern in Italien und anderswo, die mit der Gruppe nichts zu tun hatten, ja sogar eher auf ästhetisch und ideologisch entgegengesetzten Positionen standen. Trotzdem hat die italienische Kultur der Gruppe alles zugeschrieben, was damals an Neuem zirkulierte. Vielleicht ist dies überhaupt der wahre positive Einfluß der Gruppe gewesen: daß sie zum Symbol, zum Katalysator der Neuerungen und des Kampfes gegen die provinziellen Mythen geworden war. Deswegen wird sie heute so umstandslos mit der politischen Protestbewegung zusammengeworfen. Damals jedoch gab es zwischen der Gruppe und den politischen Zeitschriften, die dann später die Achtundsechzigerbewegung animierten, heftige Polemiken.

Natürlich atmeten alle dasselbe Klima, ein Klima, in dem man nicht mehr von seinen persönlichen regionalen Erinnerungen sprechen konnte, ganz Europa und Amerika diskutierten über dieselben Probleme.

In diesem Sinne könnte man die Gruppe 63 als die grellste und provokatorischste, aber auch als reichlich epigonale Erscheinungsform dessen sehen, was ich die norditalienische Aufklärung* nennen würde. Der Ausdruck ist sicher zu allgemein und taugt nur insoweit, als er einen Gegensatz zu beleuchten vermag, der seit dem vorigen Jahrhundert zwischen lombardischer Aufklärung und süditalienischem Idealismus besteht.

Was den Verweis auf die lombardische Aufklärung betrifft, so ist es kein Zufall, daß die Zeitschrift von Anceschi, in der die künftigen Mitglieder der Gruppe sich begegneten und ihre ersten Versuche machten, nach dem Mailänder Aufklärer Verri genannt worden war. Aber es ist auch kein Zufall, daß bereits 1832, also noch bevor die neapolitanische Kultur der De Sanctis, Spaventa und Vera sich das hegelianische Erbe aneignete, in der florentischen *Antologia*, aus der Feder von Romagnosi, einem Exponenten der lombardischen Kultur, ein wütendes antihegelianisches Pamphlet erschienen war.

Kurzum, während der ganzen Zeit, als die italienische Kultur von Croces Idealismus beherrscht worden war, zumal in den Jahren des Faschismus, als Croces Idealismus (mit der daraus folgenden Ästhetik und literarischen Vorliebe) für viele Italiener das einzige Modell eines liberalen und »europäischen« Denkens darstellte, war Norditalien dagegen der Ort, wo sich die antiidealistische Schule eines Banfi entwickelte; wo man vom positiven Existentialismus eines Abbagnano über den Neorationalismus eines Geymonat bis zum zweiten und letzten Paci die Themen der zeitgenössischen Philosophie in einem Geist diskutierte, der dem des Neoidealismus entgegengesetzt war; wo die Verleger Rosa und Ballo (während die traditionalistischen Feuilletonschreiber immer noch »toskanisier-

* Im Original *illuminismo padano*, »Aufklärung in der Poebene« (A.d.Ü.).

ten«) Brecht und Yeats, die deutschen Expressionisten und den frühen Joyce herausbrachten; wo der Turiner Frassinelli uns Kafka und (via Pavese) das *Portrait* nahebrachte und Vittorini zuerst die Amerikaner entdeckte und übersetzte und dann mit seinem *Menabò* die ersten Formen von Literatur des »industriellen Dreiecks« der Poebene (Turin-Mailand-Bologna) erforschte; wo man in Venedig schon lange Schönberg und Strawinsky eingeschmuggelt hatte, so wie später in Mailand eines der beiden ersten europäischen Laboratorien für elektronische Musik gegründet wurde. Um nicht von dem zu reden, was noch viel früher, zu Beginn des Jahrhunderts, im österreichisch-ungarischen Triest geschehen war.

Aus den genannten Namen wird deutlich, daß der Ausdruck »norditalienische Aufklärung« eine journalistische Formel bleibt, denn an dieser ideellen *Weltanschauung** des Nordens partizipierten der Sarde Gramsci und der Sizilianer Vittorini, während umgekehrt viele Intellektuelle, die ihren Wohnsitz in Mailand, Turin oder Bologna genommen hatten, weiterhin vollwertige Exponenten des süditalienischen Idealismus blieben.

Nicht zu übersehen ist jedoch, daß zu dieser norditalienischen *koinè* Figuren wie Gozzano, Pascoli und Montale gehörten, in denen die jungen Kritiker von *Il Verri* später die wahren Meister unseres Jahrhunderts erblickten (gegen D'Annunzio, gegen Carducci natürlich und gegen die ganze Ausdrucksästhetik). Es liegt auf der Hand, daß die Unterscheidung keine ethnische oder geographische sein kann, die Formel »norditalienische Aufklärung« kennzeichnet lediglich eine Denkweise, die gewiß eher mitteleuropäisch als mediterran ist. Doch eben deshalb war es nicht zu vermeiden, daß diese Denkweise sich idealiter nördlich der *linea gotica* polarisierte, und es läßt sich auch nicht vermeiden zu bemerken, daß diese Kultur des Nordens zeitgleich und in gewisser Weise organisch verwoben war mit der Entwicklung des industriellen Dreiecks der Poebene – womit begreiflich wird, warum die traditionalistische italienische Kultur dann so wütend über die norditalienisch geprägte (wenn auch in Palermo gegründete) Gruppe 63 herfiel, um sie als »Schmeißfliege des Neokapitalismus« zu beschimpfen.

* Im Original deutsch (A.d.Ü.).

Auch ist es genau besehen kein Wunder, daß eine derart vulgärmarxistische Anklage ausgerechnet aus dem süditalienischen Idealismus kam, stand doch ein Großteil des marxistischen Denkens in Italien damals der neoidealistischen Matrix viel näher als der rationalistischen, ein italienischer Marxist konnte nicht umhin, so materialistisch er immer sein mochte (aber er war es selten), den Croce von »poesia e non poesia« (und den des Historismus) nicht nur dem Geist der *Enzyclopédie* vorzuziehen, sondern auch einem Gramsci, der sich mit souveräner Mißachtung der Gattungsunterschiede für die populäre Literatur interessierte oder für andere Phänomene, die mehr dem Geschmack der Padania entsprachen als dem der Magna Graecia.

Später prägte dann Arbasino das glückliche Bild vom »Ausflug nach Chiasso«*, um daran zu erinnern, daß es seit den ersten Dezennien des Jahrhunderts möglich und geboten war, ein engeres Verhältnis zu den Fermenten der europäischen Avantgarden des zwanzigsten Jahrhunderts zu unterhalten, zu Denkern und Wissenschaftlern, die durch Croces Lehrautorität und Gentiles Schulreform aus dem Horizont der italienischen Bildungsinteressen ausgegrenzt worden waren. Doch was Arbasino mit seiner Formel dann machte, war nichts anderes als nahezulegen (indem er sich selbst als Modell derjenigen präsentierte, die nach Chiasso zu fahren pflegten), daß der Ausflug nach Chiasso für Norditaliener normal war.

Um die neuere italienische Kultur etwas grobschlächtig in Perioden einzuteilen, könnten wir sagen: Bis zur Jahrhundertmitte bleibt sie beherrscht vom neapolitanischen Idealismus (man nehme das Todesjahr Croces, 1952, als emblematische Jahreszahl, so wie 1520 in den Manualen der Kunstgeschichte den Übergang von der Renaissance zum Manierismus markiert). In der zweiten Jahrhunderthälfte setzt sich schroff das Modell der nordeuropäischen Aufklärung durch, man entdeckt das Erbe des Positivismus wieder, man »realisiert«, daß die italienische Kultur einen Peano, einen Vailati, einen Pareto hervorgebracht hat, die von der Philosophie

* *Gita a Chiasso*: nach Chiasso an die Schweizer Grenze fuhr in den fünfziger Jahren der norditalienische Spießer, um ein bißchen Ausland zu schnuppern, vgl. Eco, *Über Gott und die Welt*, München 1985, S. 173 (A.d.Ü.).

des Geistes ins Purgatorium der Pseudobegriffe verbannt worden waren, man macht sich ans Studium der historischen Avantgarden und der angelsächsischen Dichtung (Pound und Eliot voran)... Es ist ein Klima, das Klima der von Antonio Banfi inspirierten Buchreihe »Idee Nuove« bei Bompiani, der »Edizioni Einaudi«, später der Reihen von Il Mulino in Bologna und Feltrinelli in Mailand, gegen die alten Jugendstil-Einbände des von Croce beherrschten Verlages Laterza in Bari, aber es ist ebendieses Klima, in dem das Interesse für die Soziologie explodiert, in dem man sich mit den transalpinen Gruppen des linguistischen Strukturalismus verbindet, in dem man Sartre, Wittgenstein, Husserl oder Merleau-Ponty liest, in dem die neorationalistischen Architekten des industriellen Dreiecks die Ergebnisse der zeitgenössischen Philosophie und Linguistik in ihre Überlegungen einbeziehen, in dem die Welt der in die großen neokapitalistischen Konzerne integrierten Intellektuellen sich mit neuer und wissenschaftlicherer Neugier dem Universum der Massenmedien annähert (das italienische Fernsehen entsteht zuerst in Turin, dann in Mailand und wandert erst gegen Ende der fünfziger Jahre allmählich nach Rom aus), es ist dieses Klima, in dem – während einerseits Lampedusas *Leopard* veröffentlicht wird (als Bewußtseins- und Gewissensprüfung sowohl der süditalienischen Kultur wie der kolonialistischen Art und Weise, in der die norditalienische Kultur sich ihr genähert hatte) – man andererseits jetzt Gadda und Svevo liest und sich langsam aufmacht, nicht die Psychoanalyse zu entdecken, sondern zu begreifen, daß genau in dieser Region diejenigen lebten und schrieben, die sie in aller Stille längst entdeckt hatten...

Dies war das Klima, und *Il Verri* wie später die Gruppe 63 gaben ihm Ausdruck, nur tat es die Gruppe, wie gesagt, lauter, als eine recht »stimmgewaltige« Minderheit.

Heute wissen wir, woher Sanguinetis Vorliebe für eine mittelalterlich inspirierte Dichtung kam, die das Symbol und die Allegorie aufwertete, dazu die Berufung auf das Unbewußte, gegen jede Poetik des Ausdrucks und der Empfindsamkeit; woher der Sinn für die Vermischung von Umgangssprache und Wissenschaftsjargon in der Dichtung Pagliaranis kam; ja sogar, woher die Bezugnahme auf den angelsächsischen Symbolismus bei vielen Dichtern der »lombardischen Linie« kam oder – immer in dieser selben Region – der magische Gusto am gelehrten Zitat bei Luciano Erba (auch wenn die Gruppe 63 dann später, zu Unrecht, diese jüngeren Brüder vernachlässigte). All das konnte im Umkreis der norditalienischen Kultur nur »natürlich« erscheinen, doch in den Ohren des mediterranen Italien klang es skandalös. Angesichts der provokatorischen und technologisch-saloppen Sprache des Pressebüros der Gruppe 63 (das von Nanni Balestrini mit fröhlich »terroristischer« Verve geleitet wurde – wer weiß, ob diese seine provokatorische Pose nicht Jahre später dazu beigetragen hat, in den Augen der Ermittler sein Bild als subversiver »Zerstörer« zu zeichnen), angesichts all dieser Manifestationen sah die italienische kulturelle Öffentlichkeit in der Gruppe 63 das beunruhigende Bild von etwas, das der Gruppe vorausgegangen war und sie ermöglicht hatte. Ich meine, daß man in Sanguinetis Rekurs auf die mittelalterlichen Poetiken geradezu die Gefahr entdeckte, die sein so überaus sanftmütiger Lehrer Giovanni Getto darstellte, der schon seit einigen Jahren dabei war, die allegorisch-philosophische Lektüre des Danteschen *Paradiso* wieder aufzuwerten, gegen alle guten vor- und nachromantischen Bräuche.

Dies war es ja letztlich, worum es ging: Durch die tödlichen Hiebe, die sie seit geraumer Zeit dem süditalienischen Idealismus versetzte, war die norditalienische Aufklärung im Begriff, die letzten Nachkommen des romantischen Geistes zu liquidieren.

Das erklärt, warum der Gruppe nicht erst zwanzig Jahre nach ihrer Gründung, sondern beinahe auf Anhieb Sünden und Tugenden zugeschrieben wurden, die in Wirklichkeit solche der norditalienischen Aufklärung im allgemeinen waren. Die norditalienische Aufklärung war experimentell, weil »wissenschaftlich« und rationalistisch (und sie glaubte nicht an den Bruch zwischen den »zwei Kulturen«); die Gruppe 63 mag experimentell und »technologisch« gewesen sein, aber dank ihrer avantgardistischen Komponente wirkte sie wie ein Resonanzboden der akademischsten norditalienischen Aufklärung.

Das erklärt schließlich auch, warum die Gruppe nun zwanzig Jahre später gerade von denen gefeiert wird, die damals ihre aktiven Gegner waren, und mit Gelassenheit abgehandelt von denen, die sich damals am heftigsten über sie aufgeregt hatten. In Wahrheit feiert man in der Gruppe das, was die Gruppe nicht war, es sei denn durch Spiegelung, nämlich den Sieg der Pseudobegriffe über den absoluten Geist. Die Jubelfeiern für die Gruppe sind nur einer der vielen Aspekte des Tributs an Schmeicheleien, den die Besiegten jedem darbringen, der in ihren Augen den Sieger darstellt.

Aber das ist nur möglich gewesen, weil die Gruppe in den Chroniken und Archiven als experimentelle Einheit überdauert hat, und es ist charakteristisch für den experimentellen Ansatz, daß er, wenn er seine Schlachten gewinnt, Anerkennung findet. Die Gruppe 63 konnte als experimentelle Gruppe gefeiert werden, weil sie sich 1969 als Avantgardegruppe mit luzider und stoischer Geste selbst liquidiert hatte.

Wenn sie heute gelobt wird, so weil sie damals zu sterben verstand. In ihren Gedenkfeiern wird etwas anderes gefeiert, nämlich die nun beglaubigte und rechtskräftig gewordene Wiederversöhnung zwischen italienischer und europäischer Kultur.

(Mai 1984)

Die Zeit in der Kunst

Wenn Kant recht hat, gibt es keine Wahrnehmung und Kategorisierung, die nicht unter die »reinen Anschauungen« der Zeit und des Raumes fiele.

Es ist also vernünftig, daß jede Ästhetik und Theorie der Künste nach der Rolle fragt, welche die Zeit in unserem Verständnis von einem Kunstwerk spielt. Aber wenn Kant recht hat, begründet jedes Kunstwerk, da es ein Objekt der Wahrnehmung ist, ein besonderes Verhältnis zur Zeit.

Doch zu welcher Zeit? Es ist schon schwer genug, den Begriff der Zeit physikalisch und kosmologisch zu bestimmen. Fügen wir die Schwierigkeiten jeder Physik und Metaphysik der Zeit noch den Schwierigkeiten jeder Physik und Metaphysik der Kunst hinzu, so droht das Problem der Zeit in der Kunst recht verwickelt zu werden.

Deshalb meine ich, daß eine allgemeine Einführung in die Thematik zunächst definieren sollte, in welchem Sinne wir von der Zeit im Kunstwerk sprechen (wobei wir im Augenblick auf eine Definition des Kunstwerks verzichten, um den Begriff eher intuitiv zu benutzen – ich erinnere an die wunderbare Erklärung von Dino Formaggi, mit der er sein kleines Handbuch *Arte* begann: »Kunst ist alles das, was die Menschen Kunst genannt haben«[1]).

Im folgenden will ich darlegen, in welcher Weise die Komponente »Zeit« in die Bestimmung unseres Verhältnisses zur Kunst eingeht. Ich habe nicht vor, eine Theorie der Zeit in der Kunst zu entwickeln, sondern zu klären, in welchem Sinne man von einer Zeit in der Kunst sprechen kann.

Zu diesem Zweck ist es nützlich, von einer Reihe grundlegender und geläufiger Begriffe in der Semiotik auszugehen. Sie werden im Laufe des Textes erklärt, auch wenn ich zu ihrer genauen Definition auf meine früheren Schriften verweisen muß.[2] In jedem Fall lassen sie sich in folgendem Schema zusammenfassen:

1 Dino Formaggi, *Arte*, Mailand, Isedi, 1973.

2 Vgl. meinen *Trattato di semiotica generale*, dt. *Semiotik. Entwurf einer Theorie der Zeichen*, München, Fink, 1987.

Zeit des Ausdrucks
- der Ausdruck verläuft in der Zeit
- der Ausdruck verlangt eine Zeit der Rezeption durch den Betrachter
- der Ausdruck verlangt eine Zeit der Rekonstruktion

Zeit des Inhalts
- Zeit des Dargelegten oder Erzählten
- Zeit des Darlegens oder Erzählens

1. Die Zeit des Ausdrucks

Der Ausdruck in der Zeit: der physische Verbrauch

Das Kunstwerk ist ein Objekt, das unabhängig von der Art, in der die Menschen es konsumieren, wie jedes physische Objekt in der Zeit lebt. Diese Definition umfaßt auch die Werke der sogenannten »Concept Art«, die sich manchmal in einer Geste, einem Zitat, einem bloßen Gedanken erschöpfen. Nehmen wir an, ein »conceptueller« Künstler beschließt, daß sein Werk darin bestehen solle, am 12. Dezember eines Jahres X zwischen 12.55 Uhr und 12.56 Uhr an seinen siebten Geburtstag zu denken. Angesichts einer solchen Möglichkeit ist entweder unser Leben eine endlose Folge von Kunstwerken, oder der Künstler müßte, um dieses Ereignis von anderen zu unterscheiden, die nicht in kunstschöpferischer Absicht erzeugt worden sind, das Ereignis irgendwie darstellen und die Darstellung irgendwie aufzeichnen. Diese Aufzeichnung, die sich in einem physischen Objekt konkretisieren müßte, würde dann effektiv das Kunstwerk darstellen und wäre als solches ein zum zeitlichen Verbrauch bestimmtes Objekt. Fehlt dieses Objekt, so mag zwar (auf der Grundlage einer bestimmten Kunsttheorie) Kunst produziert worden sein, aber man könnte darüber nicht sprechen – oder höchstens in einem philosophischen Essay, der eine solche Form von vergänglicher Kunst theoretisch beschriebe, aber in diesem Fall beträfe das Problem der Zeit nicht die Kunst, sondern die Philosophie (und faktisch irritiert es mich, wenn der conceptuelle Künstler mir zumutet, über etwas zu sprechen, was seiner Definition nach unsagbar ist).

Ich habe dies vorausgeschickt, um hervorzuheben, daß ein Kunstwerk stets und vor allem ein materielles Substrat, ein Vehikel oder physischer »Ausdruck« ist – auch wenn es (falls das möglich wäre) keinerlei Inhalt befördert oder ausdrückt. Wie jedes physische Objekt lebt es in der Zeit und ist dem Naturgesetz der Abnutzung unterworfen. Nun könnte man sagen, es sei sowohl aus ästhetischer wie aus semiotischer Sicht völlig irrelevant, daß eine Statue oder ein Gemälde sich mit der Zeit abnutzen, bis sie verschwinden. Im selben Maße, wie die großen babylonischen Bauten zerfallen sind, hat die Ästhetik nichts mehr über sie zu sagen, ebensowenig wie die Semiotik. Allenfalls haben Semiotik und Ästhetik etwas über die *Vorstellungen* zu sagen, die sich unsere Kultur von diesen vergangenen Objekten macht. Es kann sein, daß es eine präbabelisch-adamitische Sprache gegeben hat (die viele Gelehrte, von Dante bis zu den englischen Semiologen des achtzehnten Jahrhunderts, zu rekonstruieren versucht haben), aber für diese Sprache gibt es, da keine physischen Spuren von ihr geblieben sind, weder eine Semiotik noch eine Literaturkritik der in ihr geschaffenen Dichtungen.

Interessant wird die Sache jedoch, wenn wir noch Reste eines *fast*, aber *nicht ganz* verschwundenen Werkes haben. Aus ihnen können wir, trotz des Wirkens der Zeit oder vielleicht gerade deswegen, etwas ästhetisch Interessantes herauslesen. Aus den Resten, die dem zerstörerischen Wirken der Zeit unterworfen sind, versuchen wir die mögliche Form des Werkes zu erschließen. Dazu brauchen wir eine Theorie der organischen Gesetzmäßigkeit der Formen, die uns erlaubt, obwohl die Zeit einen Teil des Objektes zerstört hat, das Ganze nach Kriterien einer inhärenten Gesetzmäßigkeit und Organik zu rekonstruieren (über diese Probleme hat Luigi Pareyson sehr interessante Dinge gesagt).[3]

Doch diese Zeitlichkeit des Werkes als physisches Objekt hat

3 L. Pareyson, *Estetica. Teoria della formatività*, Turin, Einaudi, 1954.

vermutlich wenig mit dem Verhältnis von Zeit und Kunst zu tun. Denn das Problem existiert genauso auch bei der Rekonstruktion jedes beliebigen archäologischen Fundes, jeder Spur von Lebensformen und Werkzeugen, die nichts mit Kunst zu tun haben.

Der Ausdruck in der Zeit: syntagmatischer Fluß

Hier kommen wir zur Musik, zum Kino oder zu plastischen Kunstwerken wie den Calderschen *Mobiles*.

Die Tatsache, daß der Ausdruck in der Zeit abläuft, hat im Prinzip keine Auswirkung auf den Inhalt. Ein Film läuft zwar in der Zeit als Ausdruck ab, und vermutlich erzählt er dabei (auf der Inhaltsebene) von Ereignissen, die ebenfalls in der Zeit ablaufen; aber dasselbe gilt keineswegs für ein musikalisches Werk oder für ein *Mobile*. Die Zeitlichkeit bezieht sich vor allem auf die Art und Weise, wie der Ausdruck vor unseren Augen abläuft. Die Mobilität kann sequentiell sein (wie im Film) oder punktuell-global wie beim *Mobile*. Daraus ergeben sich verschiedene Dynamiken der Wahrnehmung des Ausdrucks.

Es gibt Kunstformen, in denen die Zeit der Syntax auch die Zeit der Semantik ist, wie die Musik. Und es gibt andere (wie Musik und Film), in denen die Zeit der Ausführung mit der Zeit des Verbrauchs zusammenfällt.

Immobiles Werk und Rezeptionszeit

Demgegenüber gibt es Kunstformen, deren Werke räumlich und zeitlich immobil sind, aber unabhängig von ihren Inhalten eine *Zeit der Umkreisung* verlangen.

Gewöhnlich sind es dreidimensionale Werke, bei denen der Betrachter, wenn er nicht nur einen partiellen Eindruck von ihnen gewinnen will (wie er ihn durch eine zweidimensionale Reproduktion erhielte), eine gewisse Zeit braucht, um sie zu umkreisen. Das gilt für Statuen wie für Bauwerke. Die Statue und das Bauwerk verlangen von ihrem Betrachter eine bestimmte Mindestzeit. Gewiß kann man beschließen, auf die Umkreisung der Kathedrale von Chartres, in wiederholten Besuchen, ein ganzes Jahr zu verwenden, aber es gibt zweifellos eine Mindestzeit, in der man sie langsamen Schrittes betrachten und zufriedenstellend »begreifen« kann. Die Dimensionen des Werkes bestimmen die Mindestzeit der Umkreisung. Natürlich kann das Werk auch durch seine Form diese Art der Umkreisung verlängern oder verkürzen. Ein Bau wie etwa die Beinecke Library in Yale, deren Seiten alle gleich sind und immer dieselbe Fensterzahl aufweisen, erfordert eine geringere Zeit der Umkreisung als die Kathedrale von Chartres, bei der man annehmen darf, daß der Betrachter die verschiedenen Portale und ihre Skulpturen einzeln in Augenschein nimmt.

Natürlich steht es dem Betrachter frei, sich die Kathedrale von Chartres wie einen Kubus der Minimal Art anzusehen, aber wir können vernünftigerweise annehmen, daß er zu ihrer vollen Würdigung erst gelangt, wenn er keines ihrer architektonischen und dekorativen Details ausläßt. In einem gewissen Sinn stellt die Fülle der dekorativen Elemente einen Zwang dar, den die architektonische Form dem Betrachter auferlegt: indem sie sich mit Einzelheiten bereichert, beansprucht die Form eine längere Zeit der Betrachtung. Wobei nicht gesagt ist, daß die dekorativen Details als solche mehr Zeit beanspruchen: manchmal *produziert* die architektonische Form ihre dekorativen Details gleichsam wie erotische Reize, um dadurch die Aufmerksamkeit des Betrachters besser und gründlicher auf ihre eigenen Primärstrukturen zu lenken. Ich glaube, daß die Entscheidung, Dekorationen nicht nur als bloße Ornamente zu sehen, sondern als *Maßangaben der geforderten Rezeptionszeit*, zu interessanten kunstkritischen Beobachtungen führen kann.

Hier ließe sich noch weiter unterscheiden nach räumlich immobilen Werken, die man linear durchmessen, und solchen, die man umkreisen muß; zu letzteren gehören auch Werke, die mehrfach umkreist werden müssen, da sich bei jeder »Reise« die Perspektive ändert und das Verständnis des Werkes vertieft. Gewiß verlangt jedes Kunstwerk wiederholte Besichtigung, aber einige Werke machen dieses Prinzip zur Grundlage ihrer Ästhetik.

Beispiele solcher Werke finden wir in der informellen Kunst und im sogenannten Action Painting. Auf den ersten, naiven Blick erscheint das Bild nur als ein Agglomerat von Materie, doch bei einer zweiten »Lektüre« verlangt es, als die »erstarrte« Spur seiner Erzeugung gesehen zu werden. Was der Betrachter schließlich entdecken und genießen können sollte, ist der zeitliche Ablauf des kreativen Aktes.[4]

Ich frage mich allerdings, ob wir hier noch bei einer Zeit der Rezeption des *Ausdrucks* sind, denn in den genannten Fällen »erzählt« das Bild die Phasen seiner Erzeugung, als ob sie sein *Inhalt* wären. Deshalb scheint es mir angebracht, auf diese Phänomene noch einmal im Zusammenhang mit der Zeit des Inhalts und besonders der Zeit der erzählten Erzählung zurückzukommen.

Erwähnt habe ich sie hier nur deshalb, weil in der informellen Kunst und im Action Painting die Entscheidung, eine zeitliche Optik *ins Werk* einzuführen, dem Betrachter überlassen bleibt. Das Werk kann sehr wohl auch betrachtet werden, ohne daß man dabei an die Zeit denkt, die zu seiner Hervorbringung nötig war.

Die Zeit der Rekonstruktion

Schließlich gibt es auch Werke, die eine Zeit der Wiederzusammensetzung oder Rekonstruktion verlangen. Typische Beispiele sind ein Puzzle oder ein »Lego«: sie erfordern (und sind nicht wirklich genießbar ohne) einen manuell-operativen Eingriff, der *Zeit verlangt*. Wenn man keine Zeit dafür aufbringt, das Objekt zusammenzusetzen, ist es wertlos. Wir können uns fragen, ob nicht auch jene Musik, die sich als reine Partitur präsentiert, die also erst noch interpretiert und ausgeführt werden muß, mit der Unverzichtbarkeit dieser Zeit der Ausführung spielt, die ja immer auch Zeit der physischen Manipulation des Vehikels oder Ausdrucks ist. Man kann das Werk nicht wirklich genießen, wenn man nicht an der Gestaltung des Ausdrucks arbeitet.

4 Vgl. mein Buch *Das offene Kunstwerk*, Frankfurt, Suhrkamp, 1973.

2. Die Zeit des Inhalts

Dargelegte oder erzählte Zeit

Man kann von dargelegter oder erzählter Zeit (*temps énoncé*) bei jenen Künsten sprechen, deren Inhalt die Erzählung einer zeitlichen Abfolge von Tatsachen ist. Es scheint, daß die Zeit vor allem in der erzählenden Prosa dargelegt wird, aber auch in der Poesie, im Film und sogar in der Malerei werden Tatsachenabfolgen dargelegt. Es scheint, daß ein Gemälde, auch wenn es ein historisches Ereignis schildert, immer »im Präsens« spricht, aber besonders in der alten Malerei erzählt das Bild, die Predella oder das Triptychon oft Ereignisabfolgen mit ihrem »Vorher« und »Nachher«.

Viele Werke der traditionellen Malerei stellen die Zeit innerhalb eines räumlichen Rahmens dar, so daß verschiedene Punkte des Raumes für verschiedene Zeitpunkte stehen. In Hieronymus Boschs *Heuwagen-Triptychon* beispielsweise zeigt der linke Flügel den Sündenfall, die Mitteltafel das irdische Leben und das Jüngste Gericht und der rechte Flügel die Hölle. Im Prinzip könnte man die ganze Geschichte mit einem einzigen Blick erfassen, praktisch setzt aber das Triptychon eine Bewegung der Augen voraus: der Blick des Betrachters muß von der einen Seite zur anderen wandern, und das räumliche Verhältnis zwischen linker und rechter Seite muß als Ausdruck des zeitlichen Verhältnisses (Inhalt) zwischen Vorher und Nachher gelesen werden. Hier haben wir einen Fall, bei dem kein zeitlicher Verlauf im Ausdruck vorliegt, bei dem jedoch ein unbeweglicher Ausdruck (der nur eine ganz kurze Rezeptionszeit erfordert) als Inhalt eine erzählte Zeit ausdrückt.

Manchmal wird die Zeit des Ausdrucks auch zu einem Mittel, um die Zeit des Inhalts zu erfassen. Man denke an Piero della Francescas Freskenzyklus der *Legende vom Heiligen Kreuz* in Arezzo, den der Betrachter abschreiten muß, um dem Verlauf der Ereignisse folgen zu können. Der Ausdruck verlangt durch die räumliche Disposition der Fresken eine gewisse Rezeptionszeit, aber je intensiver man diese Zeit nutzt, desto besser erfaßt man die »historische« Zeit, die der Zyklus erzählt.

An diesem Punkt wird nun verständlich, warum ich oben bei der informellen Kunst und beim Action Painting von einer Zeit des Inhalts gesprochen habe. Das Bild »erzählt« auch die Zeit und die zeitlichen Phasen, die zu seiner Herstellung nötig waren. Es läßt eine Richtung des *dripping* erkennen, des Abdrucks der farbauftragenden Hand, es zeigt einen Weg, den das immobile Zeichen zurückgelegt hat, eine Spur, die für den »erzählt« wird, der sie erkennt und zu lesen versteht, und das erfordert einen *Zeit-Raum*, einen weder linearen noch kreisförmigen, sondern gleichsam spiralförmigen Rezeptionsgang, um zur Dynamik des Aktes, der das Zeichen erzeugt hat, vorzudringen.

Anders verhält es sich mit der Darstellung der Zeit in den verbalen Künsten, wo sie in Form von Aussagen über sukzessive Weltzustände erscheint. Tatsächlich ist die Abfolge der Zustände, die im Roman die *Fabel* konstituiert, nicht notwendig linear: Auf der Ebene des Vortrags oder *Diskurses* ordnet der Text ein Geschehen in eine lineare (aber nicht chronologische) Abfolge, das jedoch auf der Ebene der Fabel oder Geschichte in einer anderen Abfolge rekonstruiert werden muß. Mit anderen Worten, wenn die chronologische Abfolge der Fabel A-B-C ist, kann die lineare Abfolge im Text B-A-C sein, wobei dann A gegenüber B eine Rückblende darstellt. Fabel und Diskurs operieren mit der Zeit des Erzählten. Wenn es in der verbalen Geschichte heißt: »Rotkäppchen begegnete im Wald einem Wolf und ging *dann* zum Haus der Großmutter«, so haben wir es mit drei Zeitabschnitten zu tun (Rotkäppchens Gang durch den Wald, Begegnung mit dem Wolf, Gang zum Haus der Großmutter), die der Text auf seine Weise als dargelegte oder *besprochene* Zeitsequenz inszeniert. Anders steht es mit der Zeit der Darlegung.

Die Zeit der Darlegung oder des Erzählens

Unter Darlegung (*énonciation*) versteht man den Akt des Erzählens oder jedenfalls »Sprechens«, sei es in einem verbalen oder visuellen Text. An sich gehört dieser Akt bloß zum Privatleben des Autors und betrifft weder die Semiotik noch die Ästhetik. Aber wir haben gesehen, daß in einem Bild von Pollock die Geschichte des Bildes (seine Erzeugung) einen Teil der »Geschichte« ausmacht, die es erzählt. In solchen Fällen sprechen wir von dargelegter Darlegung oder erzähltem Erzählen (*énonciation énoncée*), das heißt vom Akt des Erzählens als einem *in Szene gesetzten* Inhalt des Textes.

Wenn ein Autor viel Zeit aufwendet (also viele Seiten braucht), um eine Landschaft zu beschreiben, haben wir keine bemerkenswerten Ereignisse in der Zeit des Erzählten, aber eine interessante Entfaltung der Erzählzeit.

Die Erzählzeit kann auch die Form des Rhythmus annehmen, den der Autor seinem Text gibt, um dem Leser Verzögerungen und tote Zeiten aufzuzwingen und so seine Annäherung an die erzählten Ereignisse zu verlangsamen. Es gibt Geschichten, die aus fast nichts bestehen, in denen die Zeit des Erzählten sich in wenigen Sätzen erschöpft, während die Zeit des Erzählens überaus lang ist. Man denke etwa an die *Exercices de style* von Queneau: Die Zeit des Erzählten ist auf ein Minimum reduziert, aber der Leser wird beharrlich und unüberhörbar dazu eingeladen, die Zeit der Darlegung zu genießen. Die Zeit, die Queneau darauf verwendet hat, seine neunundneunzig Stilübungen zu ersinnen, gehört nicht bloß zum Privatleben des Autors, sie ist in Szene gesetzt, vom Autor zur Schau gestellt worden als integraler Bestandteil seines Textes, der Akt des Erzählens wird also selber erzählt und hat eine eigene, *im* und *vom* Text sichtbar gemachte Zeitlichkeit.

Korrelativ zur Erzählzeit, aber nicht zur Zeit des Erzählten, ist die *Zeit der Lektüre*. Dabei muß man eine empirische Zeit der Lektüre (und einen empirischen Leser) von der Lektürezeit des Modell-Lesers unterscheiden, also des idealen Lesers, den der Text verlangt und voraussetzt.[5] Die empirische Zeit der Lektüre interessiert uns hier nicht – jeder kann sechs Monate darauf verwenden, ein Märchen der Brüder Grimm zu lesen, und eine einzige Woche für die Lektüre der ganzen Bibel. Gleichwohl verlangt die Bibel von ihrem Idealleser eine andere, viel längere Lesezeit als ein Märchen der Brüder Grimm. Im Bereich der Zeit des erzählten Erzählens verlangt eine lange Landschaftsbeschreibung einen langsameren und geduldigeren Modell-Leser als ein gedrängter Dialog in einem Roman von Dumas.

5 Vgl. mein Buch *Lector in fabula*, München, Hanser, 1987.

Schließlich gehört zur Erzählzeit auch die *Zeit der erneuten Lektüre*, die der Autor ausdrücklich vom Leser verlangt. In *The Murder of Roger Ackroyd* führt Agatha Christie den Leser durch eine Reihe von Vermutungen über den Mörder, die sich alle als falsch erweisen, denn der Mörder ist – ein Novum in der Geschichte des Kriminalromans – der Erzähler. Am Ende erklärt jedoch der Erzähler dem Leser, er habe ihn keineswegs irregeführt, denn er habe ihm immer gesagt, was er jeweils tat, auch als er den Mord beging, nur habe er es in euphemistischer Form gesagt (zum Beispiel: »ich tat, was ich tun mußte«). Und er fordert den Leser auf, das Ganze noch einmal zu lesen, um zu erkennen, daß er, der Leser, dem Mörder durchaus hätte auf die Spur kommen können. So schließt das Buch gleichsam mit dem Leser einen *Vertrag*: es verspricht ihm die Möglichkeit einer zweimaligen Lektüre, einer »naiven« und einer »kritischen«, und es fordert ihn auf, am Ende seiner naiven Lektüre das Ganze noch einmal kritisch zu lesen. Das Buch der Christie ist somit ein Buch, das aufgrund seiner Machart zu erneuter Lektüre anregt, und der dafür nötige Zeitaufwand ist von der Autorin und vom Text selber mit einkalkuliert. Wir werden dies eine Erzählzeit mit eingebauter Schleife nennen, in der (wie bei einem Computerbefehl in Basic, der »goto« sagt) der Leser das Buch idealiter immer wieder von vorn beginnen könnte.

Die Zeit der Serie und der Intertextualität

Bliebe zu fragen, welche Art von Zeitlichkeit die seriellen Werke verlangen, die TV-Serien wie übrigens auch der frühere Fortsetzungsroman. Hier kommt, unabhängig von der Zeit des Ausdrucks (TV-Serie) oder der Zeit des Erzählten und des Erzählens, ein besonderes Zeitgefühl des Zuschauers ins Spiel. Mit anderen Worten, in seriellen Werken verschränken sich mehrere Arten von Zeitlichkeit ineinander:

a) Das Werk erzählt einen zeitlichen Ablauf, wobei es sich, wie wir noch sehen werden, um eine »maskierte« Zeit handelt.

b) Das Werk läßt den Konsumenten spüren, daß es selbst in der

Zeit abläuft; das galt bereits für den klassischen Feuilleton- oder Zeitungsroman, bei dem der Autor sogar bereit war, auf Leserbriefe einzugehen und die Geschichte zu ändern oder eine Person wieder auferstehen zu lassen, je nach den Wünschen seines empirischen Lesers, der damit zu einer Art von Modell-Mitautor wurde.

c) Das Werk zwingt dem Leser einen Rhythmus auf, indem es Pausen und Haltepunkte festlegt, es bestimmt sozusagen die Spannungspunkte, die Momente, in denen der Leser Erwartungen ausbilden und begierig auf den (verzögerten) Fortgang des Geschehens warten soll.

d) Das Werk zwingt den Leser, sich zu »erinnern«, das aus früheren Folgen Bekannte mit dem zu verbinden, was ihm von Mal zu Mal mitgeteilt wird; es bezieht also die psychologisch-idiosynkratische Zeit des Lesers in seine Erzählstrategie mit ein.

e) Schließlich gibt es auch Fälle, die nicht auf die »Serie« zurückführbar sind, sondern sich eher mit jenem intertextuellen Zitatenspiel verbinden, das Michail Bachtin »Dialogismus« genannt hat, in dem die Zeit des Zuschauers die Zeit seiner enzyklopädischen Kompetenz wird.

Mit der Serialität und ihren Problemen befaßt sich der folgende Aufsatz, auf den ich hier verweise. Aus der dort dargelegten Typologie (Reprise, Kopie, Serie, Saga etc.) wird ersichtlich, daß auch die seriellen Werke eine Art von Modell-Leser konstituieren, der die Zeit des Erzählten in zweierlei Weise zu erleben vermag, einmal schneller und nur auf den Ablauf der Handlung fixiert, ein zweites Mal langsamer und mit mehr Aufmerksamkeit für den Diskurs und seine (Verzögerungs-)Strategien.

Desgleichen wird man dort auch sehen, daß es eine *Zeit des Zitates* gibt. Wenn ein Text einen früheren Text zitiert, zwingt er den Leser damit zu einer Durchsicht seiner Kenntnisse anderer Texte und seiner Kenntnis der Welt, also insgesamt seiner enzyklopädischen Kompetenz. Diese Durchsicht erfordert Zeit. Es handelt sich nicht unbedingt um eine auf molarer Ebene meßbare Zeit (die Erkenntnis kann blitzartig sein), aber auf jeden Fall um eine molekulare Zeit, sei sie auch nur in Millionstelsekunden meßbar. Und es handelt sich um eine Verausgabung von Energie, die ja, wie das zweite Gesetz der Thermodynamik lehrt, immer etwas mit Zeit zu tun hat. Um das Werk zu verstehen, muß man aus dem Werk *heraustreten* und erkunden, was dem Werk *vorausgeht*.

Unsere folgenden Überlegungen werden also nicht nur das Phänomen der Zeit innerhalb eines einzelnen Werkes (oder einer Serie von Werken) zu bedenken haben, sondern auch das komplexere Phänomen, das die verschiedenen Strategien einer Wiedervergegenwärtigung der intertextuellen Zeit ermöglicht. Somit erweitert sich unser Begriff der Zeitlichkeit in der Kunst von der erzählten Zeit und der Zeit des Erzählens auf die psychologische Zeit des Konsumenten und die historische Zeit oder die Zeit der Kultur.

(1985)

Die Innovation im Seriellen

1. Das Problem des Seriellen in den Massenmedien

Die »moderne« Ästhetik hat uns daran gewöhnt, als »Kunstwerke« lediglich solche Objekt anzuerkennen, die sich als »einmalig« (also nicht wiederholbar) und »original« präsentieren. Unter Originalität oder Innovation hat sie eine Vorgehensweise verstanden, die unsere Erwartungen in eine Krise treibt, uns ein neuartiges Bild der Welt vorsetzt, unsere Erfahrungen erweitert. Dies war das ästhetische Ideal, das im Manierismus aufgekommen ist und sich in der Folge, von den Ästhetiken der Romantik bis zu den Positionen der Avantgarden dieses Jahrhunderts, immer mehr durchgesetzt hat.

Als die moderne Ästhetik sich dann mit den Werken der Massenmedien konfrontiert sah, hat sie ihnen jedweden künstlerischen Wert abgesprochen, da sie »repetitiv« erschienen, konstruiert nach einem gleichbleibenden Modell, um ihren Adressaten genau das zu geben, was sie erwarteten und verlangten. Sie hat diese Werke als *Serienprodukte* definiert, als Erzeugnisse einer Industrie, vergleichbar den Automobilen, die in großer Stückzahl nach einem konstanten Modell gebaut werden. Die »Serialität« der Massenmedien ist sogar negativer als die der Industrie bewertet worden. Um diese negative Natur der Massenmedien in Relation zu den anderen Industrieproduktionen zu verstehen, muß man zwischen »Serienproduktion eines Objekts« und »Serienproduktion der Inhalte scheinbar verschiedener Ausdrucksformen« unterscheiden.[1]

Die Ästhetik, die Kunstgeschichte und die Kulturanthropologie kennen das Problem der Serialität seit langem. Sie haben allenfalls von »Kunsthandwerk« (statt von Kunst) gesprochen, aber sie haben den sogenannten »minderen Künsten«, wie der Herstellung von Keramiken, Stoffen, Arbeitsgeräten etc., nicht einen elementaren ästhetischen Wert abgesprochen. Sie haben zu bestimmen versucht,

1 Vgl. die Unterscheidung zwischen Serialität des Vehikels und Serialität des Programms in dem Aufsatz von A. Costa und L. Quaresima, »Il racconto elettronico: veicolo, programma, durata«, *Cinema & Cinema* 35-36, 1983, p. 20-24.

in welcher Weise diese Objekte als »schön« definiert werden können: es müssen perfekte Reproduktionen bestimmter Typen oder Modelle sein, die zur Erfüllung einer praktischen Aufgabe konzipiert worden sind. Griechen und Römer verstanden unter *techne* oder *ars* die Geschicklichkeit im Erzeugen von Objekten, die in geordneter und vollkommener Weise funktionierten. Das Qualitätsurteil wurde anhand des Modells abgegeben, und die Reproduktionen des Modells wurden in dem Maße als schön oder angenehm anerkannt, in dem das Modell als schön oder angenehm galt, auf das sie sich beriefen, ohne originell erscheinen zu wollen. Im übrigen wußte auch die moderne Ästhetik, daß viele originale Kunstwerke unter Benutzung präfabrizierter »serieller« Elemente produziert werden können, weshalb die Originalität auch aus der Serialität hervorgehen konnte. So etwa in der Architektur, aber auch in der traditionellen Dichtung, wo der Autor feststehende Muster benutzen konnte (wie den Hexameter oder die Terzine) und dennoch, obwohl er dem Adressaten die Präsenz des Musters zu erkennen gab, die Erfahrung der Innovation oder der Erfindung in ihm hervorrufen wollte.

Anders liegt der Fall dagegen bei Formen, die bloß »vorgeben«, immer neu und anders zu sein, um jedoch faktisch immer dieselben elementaren Inhalte auszudrücken. So etwa, in den Massenmedien, die kommerziellen Filme, die Comic strips, die Tanzmusik und – speziell im Fernsehen – die sogenannten *serials*, bei denen man immer etwas Neues zu lesen, zu sehen, zu hören meint, während letztlich immer dieselbe Geschichte erzählt wird.

Es ist genau diese Serialität der Massenmedien, die der »hohen« Kultur als eine *degenerierte* (und tückische) Serialität erschien – gegegenüber der offenen und ehrlichen Serialität der Industrie und des Kunsthandwerks.

Freilich vergaß man im Zuge solcher Polemiken gern, daß auch diese Art von Serialität in vielen früheren Phasen der künstlerischen Produktion immer präsent gewesen war. Seriell in diesem Sinne ist ein Großteil der primitiven Kunst, seriell waren viele musikalische Formen, die zur Unterhaltung dienten (wie die Sarabande, die Gigue, das Menuett usw.), was viele große Komponisten nicht daran hinderte, zum Beispiel Suiten nach einem festen Schema zu komponieren und Variationen über bekannte und populäre Melodien einzufügen. Auch denke man nur an die Commedia dell'arte, in der die Schauspieler ihre Rollen mit minimalen Variationen über einem vorgefertigten Muster improvisierten, das gleichwohl immer dieselbe Geschichte erzählte.

Die massive Präsenz der Serialität in den heutigen Massenmedien (man denke nur an TV-Genres wie die *soap opera*, die *situation comedy* oder die *Saga*) zwingt uns indessen zu einer gründlichen Revision des gesamten Problems. Inwieweit unterscheidet sich die Serialität der Massenmedien von derjenigen vieler Kunstformen der Vergangenheit? Inwieweit entwickelt sie womöglich neue Kunstformen, die zwar von der »modernen« Ästhetik abgelehnt werden, aber eine sogenannte »postmoderne« Ästhetik zu anderen Schlüssen führen?

2. Eine Typologie der Wiederholung

Serie und Serialität, Wiederholung und Wiederaufnahme oder Reprise sind heute inflationär gebrauchte Begriffe. Die Philosophie und die Kunstgeschichte haben sie in verschiedenem Sinne als Termini technici benutzt, die wir tunlichst hier außer acht lassen sollten; ich werde nicht von Wiederholung im Sinne der Kierkegaardschen »Wiederaufnahme« sprechen, auch nicht in dem der *répétition différente* à la Deleuze. In der Geschichte der zeitgenössischen Musik sind die Termini Serie und Serialität in mehr oder weniger entgegengesetztem Sinn zu dem benutzt worden, was wir hier diskutieren. Die dodekaphonische Serie (oder Zwölftonreihe) ist das Gegenteil der für die Medienwelt typischen seriellen Repetitivität, und noch weiter von ihr entfernt ist die post-dodekaphonische Serie (beide, wenn auch in verschiedener Weise, sind Schemata, die nur für *eine* Komposition und in ihr nur *einmal* benutzt werden dürfen).

Wenn ich ein geläufiges Wörterbuch aufschlage, finde ich unter »wiederholen« die Erklärung »etwas von neuem tun oder sagen«, aber im Sinne von »etwas schon Gesagtes sagen« oder »monoton immer dasselbe tun«. Die Frage ist, was man unter »von neuem« oder unter »dasselbe« versteht.

Wir werden also einen ersten Sinn von »wiederholen« definieren müssen, nach dem der Ausdruck soviel bedeutet wie »eine *Replik* desselben abstrakten Typs reproduzieren«. Zwei Bögen Schreibmaschinenpapier sind zwei Repliken desselben Warentyps.

In diesem Sinne ist »dasselbe« wie etwas anderes das, was dieselben Eigenschaften wie jenes andere aufweist, zumindest unter einem bestimmten Gesichtspunkt; zwei gleichartige Bögen Papier sind für die Zwecke unserer funktionalen Bedürfnisse »dasselbe«, aber sie sind es nicht für einen Physiker, den die molekulare Zusammensetzung der Objekte interessiert. Unter dem Gesichtspunkt der industriellen Massenproduktion werden als *Repliken* zwei Exemplare (*tokens*) desselben Typs definiert, also zwei Objekte, die, wenn sie keine evidenten Fehler aufweisen, für einen normalen Benutzer mit normalen Bedürfnissen so »identisch« sind, daß es keinen Unterschied macht, ob er das eine oder das andere wählt. Repliken desselben Typs sind zum Beispiel zwei Kopien eines Films oder eines Buches.

Die Repetitivität und die Serialität, die uns hier interessieren, betreffen dagegen etwas, das auf den ersten Blick nicht identisch mit etwas anderem erscheint.

Sehen wir uns einmal die Fälle an, in denen uns etwas als original und neuartig präsentiert (und verkauft) wird, bei dem wir jedoch bemerken, daß es in gewisser Weise etwas wiederholt, was wir schon kannten (und was wir vermutlich gerade deswegen kaufen).

2.1. Die Reprise

Ein erster Typ von Wiederholung ist die Wiederaufnahme oder Reprise eines erfolgreichen Themas beziehungsweise die *Fortsetzung*. Berühmte Beispiele sind Dumas' Musketier-Fortsetzung *Zwanzig Jahre später* und im Kino die diversen Fortsetzungen von Archetypen wie *Star Wars* oder *Superman*. Die Reprise entspringt einer kommerziellen Entscheidung, und es ist reiner Zufall, wenn die zweite Episode besser oder schlechter gerät als die erste.

2.2. Die Kopie

Die Kopie besteht im Neuformulieren einer Erfolgsgeschichte, gewöhnlich ohne den Konsumenten darüber ins Bild zu setzen. Fast alle kommerziellen Western der älteren Machart waren Kopien vorausgegangener Werke, oder vielleicht waren alle zusammen eine Serie von Kopien eines erfolgreichen Archetyps.

Eine Art von expliziter und offen als solche deklarierter Kopie ist das *Remake*, siehe die verschiedenen Neuauflagen der Filme über Dr. Jekyll und Mr. Hyde, über die Schatzinsel oder die Meuterei auf der Bounty.

In die Kategorie der Kopie können wir sowohl Fälle von echtem Plagiat wie auch solche von »Neufassung« mit erklärten Interpretationsabsichten klassifizieren.

2.3. Die Serie

2.3.1. Bei der eigentlichen Serie haben wir es mit einem Phänomen recht anderer Art zu tun. Während die Kopie auch eine Kopie nicht der narrativen Situationen, sondern der stilistischen Vorgehensweisen sein kann, betrifft die Serie, scheint mir, unmittelbar und ausschließlich die narrative Struktur. Wir haben eine feststehende Situation und eine Anzahl ebenso feststehender Hauptpersonen, um welche sich Nebenpersonen gruppieren, die von Fall zu Fall wechseln, damit der Eindruck einer neuen Geschichte entsteht. Beispiele für die typische Serie sind im Universum der populären Literatur die Kriminalromane von Rex Stout (mit ihren feststehenden Personen Nero Wolfe, Archie Goodwin, Wolfes Koch, Inspektor Cramer, Sergeant Stebbins und wenigen anderen) und im TV-Universum die Serials *All in the family, Starsky and Hutch, Columbo* etc. (ich fasse verschiedene Genres zusammen, die von der Seifenoper über die Situationskomödie bis zum Detektivfilm gehen).

Die Serie ist ausgiebig untersucht worden, und wenn von »iterativen Strukturen« oder »repetitiven Pattern in der Massenkommunikation« gesprochen worden ist, war genau das Serienschema gemeint.[2] In der Serie glaubt der Konsument, sich an der Neuheit der Geschichte zu erfreuen, während er faktisch die Wiederkehr eines konstanten narrativen Schemas genießt und sich freut, bekannte Personen wiederzufinden, mit ihren charakteristischen Ticks, ihren feststehenden Redeweisen, ihren immer gleichen Techniken zur Lösung der Probleme... In diesem Sinne entspricht die Serie dem infantilen, aber darum nicht krankhaften Bedürfnis, immer wieder dieselbe Geschichte zu hören, Trost zu finden an der (oberflächlich maskierten) *Wiederkehr des Immergleichen*.

Die Serie tröstet den Konsumenten auch deshalb, weil sie scheinbar seine prognostischen Fähigkeiten prämiiert: er ist glücklich, weil er entdeckt, daß er voraussagen kann, was geschehen wird, und weil er den Eintritt des Erwarteten genießt. Wir sind zufrieden, wenn wir wiederfinden, was wir erwartet hatten, aber wir schreiben dieses »Wiederfinden« nicht der Struktur des Textes, sondern unserem Scharfsinn zu. Wir denken nicht: »Der Autor hat mich den Fall erraten lassen«, sondern: »Ich habe erraten, was der Autor mir zu verbergen suchte.«

2.3.2. Eine Variante der Serie finden wir in der Struktur mit *Rückblende*. Denken wir beispielsweise an die Situation mancher Comic-Geschichten (wie der von Superman), in denen die Abenteuer des Helden nicht in chronologischer Folge erzählt werden, sondern in ständigem Wechsel kreuz und quer durch verschiedene Phasen seines Lebens, auf die beharrlich immer wieder zurückgegriffen wird, um ihnen neue narrative Gelegenheiten abzugewinnen. Es scheint fast, als wären sie dem Erzähler vorher entgangen, aber ihre »Wiederentdeckung« ändert nichts an der ein für allemal festgelegten Physiognomie der Figur. In mathematischen Begriffen kann diese Unterart der Serie als »Schleife« definiert werden.

Serien mit Schleifenstruktur werden gewöhnlich aus kommerziellen Gründen ersonnen: es geht darum, dem Problem des natürlichen Alterns der Hauptfigur zu begegnen. Anstatt sie neue Abenteuer erleben zu lassen (die ihren unerbittlich näherrückenden Tod

2 Die einschlägige Literatur über diese Repetitivität der Massenmedien ist sehr breit. Ich verweise auf meine Studien über Superman, James Bond oder den Feuilleton-Roman des 19. Jahrhunderts (in *Apokalyptiker und Integrierte*, dt. 1984, S. Fischer).

implizieren würden) läßt man sie sozusagen immer weiter »rückwärts« leben. Diese Lösung erzeugt Paradoxien, die schon oft parodiert worden sind: die Figur hat wenig Zukunft, aber eine enorme Vergangenheit, und dennoch darf nichts von ihrer Vergangenheit je etwas an der mythischen Gegenwart ändern, in der sie dem Leser vom ersten Moment an präsentiert worden ist. Zehn Leben reichen nicht aus, um Little Orphan Annie all das erleben zu lassen, was ihr de facto in den ersten (und einzigen) zehn Jahren ihres Lebens widerfahren ist.

2.3.3. Eine andere Variante der Serie ist die *Spirale*. In den Geschichten von Charlie Brown passiert scheinbar immer dasselbe, genaugenommen passiert überhaupt nichts, und doch erweist sich Charlie Browns Charakter in jeder neuen Folge als reicher und tiefer. Das ist weder bei Nero Wolfe noch bei Starsky und Hutch der Fall: wir wollen zwar stets ihre neuen Abenteuer erfahren, aber wir wissen schon alles Nötige über ihre Psychologie, ihre Gewohnheiten und ihre Fähigkeiten.

2.3.4. Anfügen würde ich schließlich jene Formen von Serialität, die weniger durch die narrative Struktur als durch die Natur des Schauspielers ausgelöst werden. Die schiere Präsenz eines John Wayne (oder Jerry Lewis) erzeugt, wenn sie nicht von einer sehr starken Regie geführt werden, zwangsläufig immer denselben Film, da die Ereignisse aus der Mimik, aus den stereotypen Verhaltensweisen, manchmal aus der ganzen Wesensart des Schauspieler-Helden hervorgehen, der immer und überall nur dieselben Dinge tun kann. In diesen Fällen, sosehr sich der Autor auch um die Erfindung neuer und anderer Geschichten bemühen mag, erkennt das Publikum faktisch (und mit Befriedigung) immer wieder dieselbe alte Geschichte.

2.4. Die Saga

Die Saga ist eine Abfolge scheinbar immer neuer Ereignisse, die im Gegensatz zur Serie den »historischen« Werdegang einer Person oder besser noch einer Personenfamilie betreffen. In der Saga *altern* die Helden, die Saga ist eine Geschichte des Alterns (von Individuen, Familien, Völkern, Gruppen). Sie kann *linear* verlaufen (man folgt dem Helden von der Geburt bis zum Tod, dann seinem Sohn, dann seinem Enkel und so weiter, potentiell ad infinitum) oder *stammbaumförmig* (im Zentrum der Stammvater, dann diverse narrative Verzweigungen, die nicht nur seine direkte Nachkommenschaft betreffen, sondern auch Seitenlinien und ferne Verwandte mit einbeziehen, auch hier potentiell ad infinitum, womöglich durch Verlagerung der Aufmerksamkeit auf neue Stammväter; das bekannteste Beispiel ist sicherlich *Dallas*).

Entstanden zu zelebrativen Zwecken, in den Massenmedien bei ihren mehr oder minder degenerierten *avatars* angelangt, ist die Saga letztlich immer eine maskierte Serie. Zwar sind die Personen in ihr, anders als in der typischen Serie, veränderlich (insofern sie einander ersetzen und insofern sie altern), aber de facto wiederholt sie nur in historisierter Form, scheinbar den Ablauf der Zeit zelebrierend, immer dieselbe Geschichte und erweist sich somit in der Analyse als fundamental ahistorisch und zeitlos. Den Figuren in *Dallas* passieren mehr oder weniger immer dieselben Dinge: Kampf um Reichtum und Macht, Leben, Tod, Niederlage, Sieg, Ehebruch, Liebe, Haß, Neid, Täuschung und Enttäuschung. Aber erging es den Rittern der Artus-Runde in den keltischen Wäldern anders?

2.5. Der intertextuelle »Dialogismus«

2.5.1. Einige Formen von Dialogismus überschreiten die Grenzen dieses Beitrags. Zum Beispiel das Stilzitat – ein Text zitiert mehr oder weniger explizit eine Kadenz, eine Erzählweise, einen Tonfall. Wenn das Zitat für den Leser nicht erkennbar und dem Autor selbst nicht bewußt ist, haben wir die normale Dynamik der künstlerischen Kreation: die Lehrmeister scheinen durch. Wenn das Zitat für den Leser nicht erkennbar sein *soll*, dem Autor aber sehr wohl bewußt ist, haben wir in der Regel einen banalen Fall von Plagiat.

Interessanter wird es, wenn das Zitat ausdrücklich und bewußt als solches eingesetzt worden ist. In diesem Falle sind wir entweder sehr nahe der *Parodie* oder der *Hommage* – oder auch, wie es in der postmodernen Literatur und Kunst vorkommt, dem ironischen Spiel mit der Intertextualität (Roman über den Roman und seine Erzähltechniken, Dichtung über die Dichtung, Kunst über die Kunst).

2.5.2. Ein typisches Verfahren der postmodernen Literatur ist jedoch neuerdings oft auch in den Massenmedien benutzt worden: das *ironische Topos-Zitat*.

Erinnern wir uns an die Szene der Tötung des schwarzgekleideten arabischen Riesen in dem Film *Raiders of the Lost Ark*. Oder auch an das Zitat der großen Treppe von Odessa in Woody Allens *Bananas*. Was verbindet diese beiden Zitate? In beiden Fällen muß der Zuschauer, um die Anspielung zu genießen, den originalen »Ort« kennen (im Falle des Riesen einen Topos der Gattung, im Falle der Treppe einen Topos, der zum ersten und einzigen Mal in einem singulären Werk erschienen und in der Folge zu einem obligaten Zitat geworden ist, also zu einem Topos der Filmkritik und des cinephilen Diskurses).In beiden Fällen ist der Topos längst in die »Enzyklopädie« des Zuschauers eingegangen[3], er ist Teil der kollektiven Bilderwelt und wird als solcher zitiert. Was die beiden Zitate unterscheidet, ist allenfalls die Tatsache, daß in *Raiders* der Topos zitiert wird, damit er widerlegt werden kann (es passiert gerade nicht das, was man in solchen Fällen erwartet), während in *Bananas* der Topos mit den dazugehörigen Variationen allein seiner Inkongruenz wegen eingeführt wird (er paßt überhaupt nicht in die Szene). Im ersten Fall ist er kongruent (und genau darum wirkungsvoll, wenn er widerlegt wird), im zweiten inkongruent.

Der erste Fall erinnert an jenen Comic strip, der vor einigen Jahren in der satirischen Zeitschrift *Mad* erschien, wo jedesmal »ein Film, den wir gerne sehen würden«, erzählt wurde. Zum Beispiel ein Western: die junge Heldin, von Banditen gefesselt und auf die Eisenbahnschienen gelegt, dann in dramatischen Schnitten à la

3 Zum Begriff der semiotischen Enzyklopädie vgl. meine Bücher *Lector in fabula*, cit., und *Semiotik und Philosophie der Sprache*, München, Fink, 1986.

Griffith abwechselnd Bilder vom heranbrausenden Zug und vom wilden Galopp der Retter, die der Lokomotive zuvorzukommen versuchen – bis das Mädchen schließlich (entgegen den vom Topos genährten Erwartungen) vom Zug überfahren wird. Hier haben wir es mit einem komischen Spiel zu tun, das von der (richtigen) Annahme ausgeht, das Publikum werde den originalen Ort des Topos erkennen, auf sein Zitat das System der Erwartungen anwenden, die er per definitionem weckt (und zwar per definitionem des *frame*, des szenographischen Rahmens, der Eingang in die allgemeine Enzyklopädie gefunden hat), und dann die Art genießen, wie seine Erwartungen frustriert werden. An diesem Punkt überwindet der naive Zuschauer, einmal widerlegt, seine Frustration und verwandelt sich in einen kritischen Zuschauer, der die Raffinesse goutiert, mit der ihm ein schöner Streich gespielt worden ist.

Im Falle von *Bananas* sind wir dagegen auf einer anderen Stufe. Der Zuschauer, mit dem der Text einen Pakt schließt, ist nicht der naive Zuschauer (der allenfalls verblüfft über das Auftauchen eines inkongruenten Ereignisses sein kann), sondern der kritische Zuschauer, der das ironische Spiel des Zitates und seine gewollte Inkongruenz genießt.

In beiden Fällen haben wir jedoch einen kritischen Nebeneffekt. Wenn dem Zuschauer das Zitat bewußt geworden ist, fängt er an, ironisch über die Topos-Natur des zitierten Ereignisses nachzudenken und das Spiel, zu dem er eingeladen worden ist, als eine Infragestellung seiner Enzyklopädie zu erkennen.

Komplizierter wird das Spiel in der Fortsetzung von *Raiders*, nämlich *Indiana Jones and the Temple of Doom*. Hier begegnet der Held nicht einem, sondern zwei feindlichen Riesen. Im ersten Fall erwartete der Zuschauer, den klassischen Mustern des Abenteuerfilms zufolge, daß der Held unbewaffnet ist, und lachte, als sich herausstellte, daß er eine Pistole hatte und den Gegner problemlos erledigen konnte. Im zweiten Fall weiß der Regisseur, daß der Zuschauer, der den ersten Film gesehen hat, beim Helden nun eine Waffe erwartet, und tatsächlich sucht Indiana Jones sofort nach der Pistole. Er findet sie nicht, und der Zuschauer lacht, weil er in der Erwartung frustriert worden ist, die der erste Film in ihm geweckt hatte.

2.5.3 Die genannten Fälle bringen eine intertextuelle Enzyklopädie ins Spiel: Wir haben Texte, die andere Texte zitieren, und die Kenntnis der zitierten Texte ist Voraussetzung für den Genuß des zitierenden Textes.

Interessanter für eine Analyse der neuen Intertextualität und Dialogfreudigkeit der Medien ist die Szene in Spielbergs *E.T.*, wo das außerirdische Wesen (eine Erfindung von Spielberg) an Halloween in die Stadt geführt wird und einer anderen Figur begegnet, die als der Gnom aus *The Empire Strikes Back* (eine Erfindung von Lucas) maskiert ist. E.T. fährt hoch und will dem Gnom entgegeneilen, um ihn zu umarmen, als wäre er ein alter Freund. Hier muß der Zuschauer vieles wissen: Natürlich muß er den anderen Film gesehen haben (intertextuelle Kenntnis), aber er muß auch wissen, daß beide Monster von Rambaldi entworfen worden sind, daß die Regisseure der beiden Filme aus verschiedenen Gründen zusammengehören, nicht zuletzt weil sie die beiden erfolgreichsten Regisseure des Dezenniums sind, er muß alles in allem nicht nur eine *Kenntnis der Texte* haben, sondern auch eine *Kenntnis der Welt* beziehungsweise der Umstände außerhalb der Texte. Wobei selbstverständlich beide Kenntnisse, der Texte wie der Welt, nur verschiedene Kapitel der enzyklopädischen Kenntnis sind, weshalb der Text in gewisser Weise immer und überall auf dasselbe kulturelle Erbe Bezug nimmt.

Phänomene dieser Art waren einst typisch für eine experimentelle Kunst, die einen sehr kultivierten Modell-Leser voraussetzte. Daß ähnliche Verfahren heute immer mehr in den Massenmedien um sich greifen, gibt Anlaß zu einigen Überlegungen: Die Medien verbreiten – indem sie sie voraussetzen – Information, die bereits von anderen Medien transportiert worden ist.

Der Text *E.T.* »weiß«, daß die Zuschauer aus den Zeitungen oder dem Fernsehen erfahren haben, welche Beziehungen zwischen Rambaldi, Lucas und Spielberg bestehen. Die Medien scheinen sich im Spiel der extratextuellen Zitate auf die Welt zu beziehen, aber tatsächlich beziehen sie sich auf den Inhalt der Botschaften anderer Medien. Die Partie wird sozusagen auf dem Boden einer »erweiterten« Intertextualität gespielt, der gegenüber die Kenntnis der Welt (naiv verstanden als eine Kenntnis, die sich aus einer außertextlichen Erfahrung herleitet) praktisch jede Bedeutung verloren hat.

Unsere künftigen Überlegungen müssen also nicht nur das Phänomen der Wiederholung innerhalb eines einzelnen Werkes oder einer Serie von Werken in Betracht ziehen, sondern auch das übergreifende Phänomen, das die verschiedenen Wiederholungsstrategien produzierbar, verständlich und verkäuflich macht. Mit anderen Worten: Wiederholung und Serialität in den Massenmedien implizieren neue Probleme der Kultursoziologie.

2.5.4. Eine Form von Dialogismus ist das »*embedding*«, der Rückverweis auf die Gattung, der sich in den Massenmedien großer Beliebtheit erfreut. Man denke an das Broadway-Musical (im Theater oder im Kino), das in der Regel nichts anderes ist als die Geschichte der Produktion eines Broadway-Musicals. Auch dieser Typ scheint eine breite intertextuelle Kenntnis zu verlangen; tatsächlich schafft und instituiert er jedoch die verlangte und für sein Verständnis vorausgesetzte Kenntnis, insofern jeder Film, der erzählt, wie man ein Broadway-Musical macht, alle nötigen Gattungsbezüge liefert, die man zum Verständnis dieses einen Musicals braucht. Das Musical gibt dem Publikum das Gefühl, all das schon zu kennen, was es de facto erst in diesem Moment erfährt. Wir haben es mit einem Fall von kolossaler Paralipse zu tun. In diesem Sinne ist das Musical ein didaktisches Werk, das die (idealisierten) Regeln seiner eigenen Produktion bekannt macht.

2.5.5. Schließlich haben wir das Werk, das von sich selbst spricht – nicht von der Gattung, zu der es gehört, sondern von seiner eigenen Struktur und Machart. In der Regel findet sich dieses Verfahren nur bei Werken der Avantgarde und scheint den Massenmedien fremd zu sein. Die Ästhetik kennt das Problem seit langem und hat ihm auch längst einen Namen gegeben: es ist das Problem des *Todes der Kunst*. In letzter Zeit sind sind jedoch da und dort auch Produkte der Massenmedien mit der Fähigkeit zur Selbstironisierung aufgetreten, und einige der genannten Beispiele scheinen mir dafür recht interessant. Auch hier scheinen die Grenzen zwischen hoher und niederer Kunst, zwischen *high brow* und *low brow* sehr schmal zu werden.

3. Eine ästhetisch moderate oder »moderne« Lösung

Betrachten wir nun die aufgezählten Phänomene noch einmal unter dem Gesichtspunkt einer »modernen« Konzeption des ästhetischen Wertes, nach welcher vor allem zwei Merkmale jeder ästhetisch *gut geformten* Botschaft zählen:

a) Es muß sich eine Dialektik zwischen Ordnung und Neuheit oder Schema und Innovation bilden.

b) Diese Dialektik muß vom Empfänger realisiert werden: er darf nicht nur die Inhalte der Botschaft wahrnehmen, er muß auch erfassen, *in welcher Weise die Botschaft ihre Inhalte übermittelt.*

Nichts verbietet in diesem Fall, daß sich bei den oben genannten Arten von Wiederholung die Bedingungen einer Realisierung des ästhetischen Wertes einstellen, und die Geschichte der Künste ist reich an guten Beispielen für jeden Typus unserer Klassifizierung.

Reprise: Ariosts *Orlando furioso* ist im Grunde eine Reprise von Boiardos *Orlando innamorato*, und zwar genau wegen des Erfolges jener ersten Fassung, die ihrerseits eine Reprise der Themen des bretonischen Zyklus war. Boiardo und Ariost fügen dem ziemlich »ernsten« und »ernst genommenen« Stoff, von dem sie ausgehen, eine gute Prise Ironie hinzu, aber auch der dritte *Superman*-Film ist ironisch im Vergleich zu dem (mystischen und hochernsten) ersten, so daß wir in ihm die Reprise eines vom Evangelium inspirierten Archetyps haben, die augenzwinkernd auf die Filme von Frank Tashlin verweist.

Die Reprise kann sowohl einfältig wie auch ironisch sein: die Ironie unterscheidet die verheimlichte Reprise von der ästhetisch anspruchsvollen. Es fehlt nicht an kritischen Maßstäben (und Begriffen des Kunstwerks), die uns zu entscheiden erlauben, inwiefern die Ariostsche Reprise reicher und komplexer ist als die des Films von Lester.

Serie: Jeder Text verlangt und erschafft sich stets zwei Arten von Modell-Leser.[4] Der erste nimmt das Werk als rein semantisches

4 Zum Begriff des »Modell-Lesers« vgl. *Lector in fabula*, cit.

Gebilde und wird zum Opfer der Strategien des Autors, der ihn Schritt für Schritt durch eine Reihe von Voraussagen und Erwartungen führt; der zweite bewertet das Werk als ästhetisches Produkt und beurteilt die Strategien, die der Text anwendet, um ihn zum Modell-Leser der ersten Art zu machen. Es ist dieser Leser der zweiten Art, der die Serialität der Serie genießt, und zwar nicht so sehr wegen der Wiederkehr des Immergleichen (das der naive Leser für immer verschieden hält), sondern wegen der Variationsstrategien beziehungsweise der Art, wie das Immergleiche behandelt wird, um es jeweils verschieden erscheinen zu lassen.

Selbstverständlich wird dieser Genuß der Variation von den anspruchsvolleren und subtiler gebauten Serien gefördert. Wir könnten die seriell-narrativen Produkte geradezu klassifizieren anhand einer kontinuierlichen Skala der Abstufungen des *Lektüre-Vertrags* zwischen Text und Leser der zweiten Art oder *kritischem* Leser (im Gegensatz zum naiven Leser der ersten Art). Es ist evident, daß auch das banalste narrative Produkt dem Leser erlaubt, sich in autonomer Entscheidung als kritischer Leser zu konstituieren, das heißt als ein Leser, der beschließt, die Innovationsstrategien zu bewerten, so minimal sie auch sein mögen, beziehungsweise das Fehlen von Innovation zu registrieren. Aber es gibt auch serielle Werke, die einen expliziten Pakt mit dem kritischen Leser schließen und ihn sozusagen herausfordern, die innovativen Kräfte des Textes freizulegen.

Zu dieser Kategorie gehören die Fernsehkrimis mit Inspektor Columbo, in denen absichtlich gleich zu Anfang gezeigt wird, wer der Mörder ist. Der Zuschauer wird nicht so sehr zu dem naiven Ratespiel des *Whodunit* eingeladen, sondern einerseits aufgefordert, die Aktualisierung der Untersuchungstechniken des Inspektors zu genießen (die als *da capo* eines wohlbekannten und sehr geliebten Bravourstückes geschätzt wird) und andererseits zu entdecken, wie es dem Autor diesmal gelingen wird, seine Wette zu gewinnen – nämlich Columbo das tun zu lassen, was er immer tut, ohne daß es banal repetitiv erscheint.

Im Extremfall können wir serielle Produkte haben, die nur sehr wenig auf den naiven Leser zielen, nur insofern sie ihn als Vorwand benutzen, um alles auf den Pakt mit dem kritischen Leser zu setzen. Denken wir an das klassische Beispiel der musikalischen Variationen: Sie können zwar auch als Hintergrundmusik verstanden werden (und werden de facto manchmal so benutzt), die den naiven Konsumenten mit der Wiederkehr des – kaum verhüllten – Immergleichen belohnt. Doch im Grunde ist der Komponist nur an dem Pakt mit dem kritischen Zuhörer interessiert, dessen Beifall er gerade für die innovatorische Phantasie haben will, die er beim Variieren eines bekannten Themas entfaltet hat.

In diesem Sinne steht die Serie nicht notwendig im Gegensatz zur Innovation. Nichts ist »serieller« als ein Krawattenmuster, und dennoch ist nichts so persönlichkeitsbildend wie eine Krawatte. Das Beispiel mag elementar sein, aber es ist keineswegs zu banal oder zu eng. Zwischen der elementaren Ästhetik der Krawatte und dem anerkannt »hohen« ästhetischen Wert der Goldberg-Variationen besteht ein abgestuftes Kontinuum serialisierender Strategien, die in unterschiedlicher Weise versuchen, ein Verhältnis zum kritischen Konsumenten herzustellen. Daß der größte Teil der serialisierenden Strategien in den Massenmedien nur an den unkritischen Konsumenten interessiert ist – wobei es den Soziologen und Semiotikern freigestellt bleibt, ein Interesse (rein theoretischer Art) für ihre Strategie einer übermäßigen Repetivität und geringen Innovation zu entwickeln –, ist ein anderes Problem. Die Stilleben der niederländischen Meister sind ebenso seriell wie die *Imagérie d'Epinal.* Den einen mag man gründliche kritische Studien widmen und der anderen liebevolle nostalgische Antiquariatskataloge – das Problem liegt jedoch darin, zu sehen und anzuerkennen, daß in beiden Fällen eine Serialität vorliegen kann.

Das Problem ist, daß es nicht auf der einen Seite eine Ästhetik der »hohen« (originalen und nicht-seriellen) Kunst gibt und auf der anderen eine reine Soziologie des Seriellen. Es gibt eher eine Ästhetik der seriellen Formen, die nicht getrennt werden darf von einer historischen und anthropologischen Sensibilität für die verschiedenen Formen, welche die Dialektik von Wiederholung und Neuerung in den verschiedenen Zeiten und Ländern annimmt. Wir müssen uns fragen, ob nicht womöglich dort, wo wir keine Innovation im Seriellen finden, dies weniger an den Strukturen des Textes liegt als an unserem Erwartungshorizont und an der Struktur unserer Sensibilität. Wir wissen sehr wohl, daß in vielen Fällen von außereuropäischer Kunst, in denen wir immer dasselbe sehen, die Eingeborenen zahllose Variationen erkennen und auf ihre Weise den Reiz der Innovation genießen. Während dort, wo wir Innovationen erblicken, womöglich in seriellen Formen der europäischen Vergangenheit, die ursprünglichen Adressaten überhaupt kein Interesse an diesem Aspekt hatten und dafür die Wiederholung des Schemas genossen.

Saga: Um zu bekräftigen, daß unsere Typologie keinerlei ästhetische Qualitätsprobleme löst, werden wir sagen, daß die gesamte *Comédie Humaine* von Balzac ein schönes Beispiel der Saga in Stammbaumform darstellt – mindestens ein so schönes wie *Dallas*. Balzac ist ästhetisch zweifellos interessanter als die Autoren von *Dallas*, da jeder Roman von Balzac etwas Neues über die Gesellschaft seiner Zeit sagt, während jede Folge von *Dallas* immer dasselbe über die amerikanische Gesellschaft sagt. Aber beide benutzen dasselbe Erzählmuster.

Intertextueller Dialogismus: Hier scheint die Notwendigkeit, die ästhetischen Resultate des Dialogismus zu erklären, weniger dringlich zu sein, da der Begriff des Dialogismus im Rahmen einer ästhetischen und zugleich semiotischen Reflexion über die sogenannte hohe Kunst entwickelt worden ist. Gleichwohl sind die eben genannten Beispiele provokatorisch vom Universum der Massenkommunikation aufgegriffen worden, um zu zeigen, daß und wie auch die Formen des intertextuellen Dialogismus sich mittlerweile in den Bereich der populären Produktion verlagert haben. Typisch für die Literatur und Kunst der sogenannten Postmoderne ist (aber war es nicht auch schon typisch für die Musik von Strawinsky?) das Zitieren *in Anführungszeichen*, so daß der Leser nicht so sehr auf den Inhalt des Zitates achtet als vielmehr auf die Art und Weise, wie das Zitat in das Geflecht eines anderen Textes eingefügt wird, um einen neuen Text zu erzeugen. Eines der Risiken dieses Verfahrens ist jedoch, wie Renato Barilli bemerkt hat[5], daß es nicht gelingt, die

5 »Dal leggibile all'illeggibile«, in L. Russo, ed., *Letteratura tra consumo e ricerca*, Bologna, Il Mulino, 1984.

Anführungszeichen *deutlich genug herauszustellen*, so daß der naive Leser dann das Zitierte – und oft wird nicht Kunst, sondern Kitsch zitiert – nicht als ironische Reverenz begreift, sondern als originale Invention mißversteht.

Betrachten wir noch einmal unsere drei Beispiele für Zitate von Topoi: die Filme *Raiders of the Lost Ark*, *Bananas* und *E.T.*

Zunächst der dritte Fall: Der Zuschauer, der nichts über die Produktionsgeschichte der beiden Filme weiß (deren einer den anderen zitiert), versteht nicht, was auf der Leinwand geschieht. Wenn die Bedingung des ästhetischen Genusses das Gelingen des Gags ist (wenn also der Gag als ein autoreflexives Gebilde verstanden sein will – und in einem gewissen, wenn auch minimalen Sinne ist er es, so wie die gute Pointe, der Witz, der für die Ökonomie seiner Mittel bewundert sein möchte), dann steht und fällt die Szene in *E.T.* mit der Erkennbarkeit ihrer »Anführungszeichen«. Man könnte ihr vorwerfen, daß sie die Wahrnehmung ihrer Anführungszeichen einem textfremden Wissen anvertraut – nichts im Film hilft dem Zuschauer zu erkennen, daß an der betreffenden Stelle Anführungszeichen stehen müßten, der Film verläßt sich ganz auf das außertextliche Wissen des Zuschauers. Und wenn nun der Zuschauer nicht »Bescheid weiß«? Pech für ihn, aber kein Drama, der Film hat noch genügend andere Mittel, um seinen Konsens zu erreichen.

Diese unmerklichen Anführungszeichen sind, mehr noch als ein ästhetischer Kunstgriff, ein sozialer: sie selektionieren die *happy few* (von denen man hofft, daß sie Millionen sind). Dem naiven Zuschauer hat der Film schon genug gegeben, dieses eine geheime Vergnügen bleibt für diesmal dem kritischen Zuschauer vorbehalten.

Anders liegt der Fall in *Raiders*. Wenn hier der kritische Zuschauer scheitert, weil er den zitierten Topos nicht (er-)kennt, bleiben noch viele Genußmöglichkeiten für den naiven Zuschauer, der zumindest genießen kann, daß der Held einmal mehr die Oberhand über den Gegner behält. In diesem Fall ist die Konstruktion weniger subtil als im vorigen, mehr bereit, den Bedürfnissen des Produzenten entgegenzukommen, der das Produkt so breit wie möglich verkaufen muß. Zwar fällt es schwer, sich vorzustellen, wie jemand *Raiders* sehen und genießen kann, ohne die Zitierwut des Films zu bemerken, aber es mag immerhin vorkommen, das Werk ist auch für diese Möglichkeit offen. Ich möchte hier nicht entscheiden, welcher der beiden Filme die ästhetisch edleren Ziele verfolgt. Es genügt mir (und gibt mir im Moment schon genug zu denken), auf eine Differenz in Funktionsweise und Textstrategie hinzuweisen, die ein anderes kritisches Urteil hervorrufen kann.

Kommen wir nun zu dem Fall in *Bananas*. Auf jener großen Treppe sehen wir nicht nur einen Kinderwagen herunterkommen, sondern auch Scharen von Rabbinern und ich weiß nicht mehr, was sonst noch alles. Was geschieht mit dem Zuschauer, der das Zitat aus dem *Panzerkreuzer Potemkin* nicht erkennt? Ich glaube, dank der orgiastischen Energie, mit der sowohl die Treppe wie deren inkongruente Population gezeigt werden, erfaßt auch der naive Zuschauer den symphonischen und überdrehten Sinn dieser Brueghelschen Kirmes. Auch der naivste Zuschauer nimmt einen Rhythmus, eine Erfindung wahr, er kann nicht umhin, seine Aufmerksamkeit auf die Form und die Machart zu richten.

An den äußersten Pol des ästhetischen Interesses werden wir schließlich ein Werk stellen, für das ich kein Äquivalent in den heutigen Massenmedien finden kann, nämlich ein Meisterwerk nicht nur des intertextuellen Dialogismus, sondern auch der hohen metasprachlichen Fähigkeit, sowohl von der eigenen Form und Machart als auch von der eigenen Gattung zu sprechen – um hier im Endspurt auch noch die letzten Punkte meiner Typologie zu erledigen. Ich spreche von *Tristram Shandy*.

Es ist unmöglich, Laurence Sternes Antiroman-Roman zu lesen und zu genießen, ohne sich bewußt zu machen, daß er die Romanform ironisiert. Und der Text weiß das so genau, daß man vermutlich keinen einzigen ironischen Ort in ihm finden wird, an dem er sein Verfahren des Anführungszeichen-Setzens nicht evident macht, indem er die rhetorische Technik der *pronuntiatio* – essentielle Voraussetzung, um den Kunstgriff der Ironie mit Erfolg anzuwenden – zu einer ästhetischen Auflösung führt.

Ich denke, wir haben damit eine Reihe zunehmend subtiler Kunstgriffe zur Setzung der Anführungszeichen identifiziert, die in mancher Hinsicht Relevanz für die Zwecke einer Phänomenologie des ästhetischen Wertes und des aus ihm resultierenden Vergnügens haben muß. Erneutes Zeichen dafür, daß die Strategien der Überraschung und der Neuheit in der Wiederholung, mögen sie auch semiotische, in sich neutrale Strategien sein, auf ästhetischer Ebene zu verschiedenen und verschieden bewertbaren Lösungen führen können.

So ließe sich abschließend sagen:

– Keiner der untersuchten Typen von Wiederholung ist auf die Massenmedien beschränkt, jeder gehört rechtens zur ganzen Geschichte der künstlerischen Kreativität. Das Plagiat, das Zitat, die Parodie, die ironische Wiederaufnahme, das intertextuelle Spiel – sie alle sind typisch für die gesamte künstlerisch-literarische Tradition.

– Viele Kunst war und ist daher seriell; der Begriff einer absoluten Originalität, bezogen auf die vorausgegangenen Werke und auf die Gattungsregeln, ist ein moderner Begriff, entstanden mit der Romantik; die klassische Kunst war in hohem Maße seriell, und die historischen Avantgarden haben auf verschiedene Weise die romantische Idee der Kreation als absoluter Neuschöpfung in die Krise gestürzt (mit den Techniken der Collage, dem Schnurrbart der Mona Lisa etc.).

– Selbst der Grundtypus des seriellen Verfahrens kann sowohl hohe Qualität wie auch Banalität hervorbringen; er kann den Empfänger in eine Krise mit sich selbst wie mit der intertextuellen Tradition in ihrer Gesamtheit stürzen; er kann ihm folglich billige Tröstungen, Projektionen oder Identifikationen liefern; er kann einen Pakt allein mit dem naiven Empfänger oder allein mit dem kritischen Empfänger schließen, oder auch mit beiden zugleich auf verschiedenen Stufen einer kontinuierlichen Skala von Lösungen, die nicht auf eine elementare Typologie reduzierbar ist.

– Deshalb liefert eine Typologie der Wiederholung keine Kriterien zur Bestimmung ästhetischer Wertunterschiede.

– Dennoch wird man Wertmaßstäbe gerade dann definieren können, wenn man prinzipiell akzeptiert, daß die verschiedenen Wiederholungsarten charakteristische Konstanten des künstlerischen Vorgehens darstellen; eine Ästhetik der Wiederholung setzt eine Semiotik der textuellen Wiederholungsverfahren voraus.

4. Eine ästhetisch radikale oder »postmoderne« Lösung

Alles bisher Gesagte stellt jedoch nur den Versuch dar, die verschiedenen Formen von Wiederholung, die uns die Massenmedien vorsetzen, in Begriffen der »modernen« Dialektik von Ordnung und Innovation zu reflektieren.

Tatsache ist, daß die neueren Untersuchungen zu diesem Thema, wenn sie von einer Ästhetik der Serialität sprechen, auf etwas Radikaleres abheben, nämlich auf einen Ästhetikbegriff, der sich nicht mehr auf die – wenn das Oxymoron hier erlaubt ist – traditionell-modernen Kategorien reduzieren läßt.

So ist zum Beispiel bemerkt worden[6], daß wir mit dem Phänomen der TV-Serials einen neuen Begriff von »Unendlichkeit des Textes« haben: Der Text übernimmt die Rhythmen und Zeiten jener selben Alltäglichkeit, innerhalb welcher (und finalisiert auf welche) er sich bewegt. Das Problem ist nicht, zu erkennen, daß der serielle Text endlos auf dem Grundschema variiert (in diesem Sinne kann er noch aus der Sicht der »modernen« Ästhetik beurteilt werden). Das wahre Problem liegt darin, daß heute das, was interessiert, nicht so sehr die Variabilität des Schemas ist als vielmehr die Tatsache, daß man *endlos* auf ihm variieren kann. Und eine endlose Variabilität hat alle Merkmale der Wiederholung, aber nur sehr wenige der Innovation. Was hier gefeiert wird, ist eine Art Sieg des Lebens über die Kunst – mit dem paradoxen Ergebnis, daß die Ära der Elektronik, statt das Phänomen des Schocks, der Interruption, der Neuheit und der Frustration unserer Erwartungen zu betonen, »eine Rückkehr der Kontinuität des Zyklischen, Periodischen, Regulären produziert«.[7]

Omar Calabrese hat das Problem vertieft: Aus der Sicht der »modernen« Dialektik von Wiederholung und Innovation kann man gewiß erkennen, wie – zum Beispiel in den *Columbo*-Serials – einige der besten Autoren des amerikanischen Kinos gearbeitet haben, um ein vorgegebenes Schema zu variieren. Es wäre daher recht schwierig, in diesem Zusammenhang von bloßer Wiederho-

6 Vgl. den zitierten Aufsatz von Costa und Quaresima in *Cinema & Cinema* 35-36.
7 Ibid.

lung zu sprechen: mögen das Untersuchungsschema und die Psychostruktur des Inspektors auch unverändert bleiben, ist der Stil der Erzählung doch jedesmal anders. Und das ist nicht wenig, zumal aus der Sicht der »modernen« Ästhetik. Doch es ist gerade ein neuer Stilbegriff, auf den sich die Aufmerksamkeit von Calabrese richtet. Gerade in diesen Formen von Wiederholung, schreibt er, »interessiert uns nicht so sehr das, *was wiederholt wird*, als vielmehr die Art und Weise, wie die Komponenten eines Textes segmentiert und codifiziert werden, um ein System von Invarianten zu etablieren, wobei dann alles, was sich in dieses System nicht einfügt, als ›unabhängige Variable‹ definiert wird.«[8] Und in den typischsten und scheinbar »degradiertesten« Formen von Serialität sind die unabhängigen Variablen durchaus nicht die sichtbarsten, sondern gerade die mikroskopischsten, wie in einer homöopathischen Lösung, deren Heilkraft um so stärker ist, je mehr die Partikel des Medikaments sich verflüchtigt haben. Was Calabrese erlaubt, von der *Columbo*-Serie als einer »exercice de style« à la Queneau zu sprechen. An diesem Punkt haben wir es mit einer »neobarocken Ästhetik« zu tun, die nicht nur in den kultivierten Produkten voll funktioniert, sondern auch und gerade in den degradierten. Auch über *Dallas* kann man sagen: »Die semantischen Oppositionen und die Artikulation der elementaren Erzählstrukturen können Hand in Hand gehen mit einer Kombination höchster Unwahrscheinlichkeiten um die verschiedenen Personen.«

Organisierte Differenzierung, Polyzentrismus, regulierte Irregularität – das wären demnach die Grundmerkmale dieser neobarocken Ästhetik, und ihr Leitbild wäre die musikalische Variation à la Bach.

Da nun aber in der Epoche der Massenkommunikation »die Bedingung des Zuhörens darin liegt, daß *alles schon gesagt und schon geschrieben worden ist*..., wie im Kabuki-Theater, wird es die geringfügigste Variante sein, die Vergnügen am Text hervorruft, beziehungsweise die Form der expliziten Wiederholung dessen, was man schon kennt«.

8 »I replicanti«, *Cinema & Cinema* 35-36, p. 25-39.

Es ist klar, was mit diesen Überlegungen geschieht. Die theoretische Aufmerksamkeit der Untersuchung verlagert sich. Ging es vorher für den noch modernen Massenmediologen darum, die Würde des Seriellen zu retten, indem er ihm die Möglichkeit einer traditionellen Dialektik von Schema und Innovation zuerkannte (wobei die Innovation den Wert konstituierte – oder den rettenden Ausweg, um das Produkt der Degradierung zu entziehen und zum Wert zu befördern), so wird jetzt der Akzent auf das unentwirrbare Knäuel Schema-Variation gelegt, in dem die Variation das Schema nicht mehr auf-, sondern höchstens noch abwerten kann. Der Begriff »neobarock« darf uns nicht täuschen: hier wird die Geburt einer neuen ästhetischen Sensibilität behauptet, die sehr viel archaischer und wahrhaft post-postmodern ist.

An diesem Punkt, bemerkt nun Giovanna Grignaffini, »benutzt die TV-Serie, anders als andere vom oder für das Fernsehen realisierte Produkte, dieses Prinzip (und seine unvermeidlichen Nebeneffekte) gewissermaßen im Reinzustand, wobei sie es schließlich aus einem produktiven in ein formales Prinzip verwandelt. Und in diesem schrittweisen Abgleiten wird jeder Begriff von Einzigartigkeit bis auf die Wurzeln zerstört.«[9]

Triumph einer Struktur selbständiger Versatzstücke, die den – zuerst gefürchteten, dann realistisch als Gegebenheit anerkannten, schließlich als neue Bedingung der Ästhetizität proklamierten – Erfordernissen des »Konsums in der Zerstreuung« entgegenkommt (was im übrigen auch mit der Barockmusik geschah).

Wohlgemerkt, es ist nicht so, daß die Autoren der zitierten Studien nicht sähen, wieviel an kommerziell Tröstlichem und »Gastronomischem« im Auftischen von Geschichten liegt, die immer dasselbe erzählen und sich immer kreisförmig in sich selber schließen: sie sehen, scheint mir, durchaus die Pädagogik und die Ideologie, die von den *Inhalten* dieser Geschichten ausgedrückt werden. Aber sie wenden auf diese Produkte nicht nur ein streng formalistisches Kriterium an, sondern sie geben auch zu verstehen, daß wir anfangen müssen, ein Publikum zu konzipieren, das fähig ist, diese Produkte aufgrund ihrer *reinen Form* zu genießen. Denn nur unter

9 »J. R.: vi presento il racconto«, *Cinema & Cinema* 35-36, p. 46-51.

dieser Voraussetzung kann man von einer neuen Ästhetik des Seriellen sprechen.

Nur unter dieser Voraussetzung ist das Serielle nicht mehr ein armer Verwandter der Kunst, sondern die Kunstform, welche die *neue* ästhetische Sensibilität befriedigt – oder die post-postmoderne Form der antiken Tragödie.

Wir wären nicht schockiert, wenn ein solches Kriterium (wie es geschehen ist) auf die Werke der Minimal Art angewandt würde, oder andererseits auf die der abstrakten Kunst. Und tatsächlich zeichnet sich hier eine neue Ästhetik des »Minimalen« ab, die auf die Produkte der Massenkommunikation angewandt wird.

Aber all dies setzt voraus, daß der naive Leser der ersten Sorte *verschwindet*, um nur den kritischen Leser der zweiten Sorte übrigzulassen. Es gibt ja faktisch keinen naiven Leser eines abstrakten Gemäldes oder einer minimalistischen Plastik (wer sich fragt: »Was soll denn das bedeuten?«, ist weder ein naiver noch ein kritischer Leser, ihm ist jede Lektüre verschlossen). Abstrakte oder minimalistische Werke lassen sich immer nur kritisch lesen, an ihnen interessiert nicht das bißchen, das da geformt worden ist, sondern einzig die Art der Formung.

Können wir dasselbe von den seriellen Produkten des Fernsehens erwarten? Müssen wir an die Geburt eines neuen Publikums denken, dem die erzählten Geschichten, die es eh schon alle kennt, gleichgültig sind und das nur darauf aus ist, die Wiederholung und ihre winzigen Variationen zu genießen? Steht uns, obwohl das Publikum heute noch Tränen über die Herzensnöte texanischer Kapitalistenfamilien vergießt, in naher Zukunft eine echte genetische Mutation bevor?

Wenn es nicht so wäre, erschiene der radikale Vorschlag einzigartig snobistisch: wie in Orwells *1984* gäbe es dann Vergnügen der zweiten Art, die den Parteimitgliedern vorbehalten blieben, und Vergnügen der ersten Art für die Proleten. Die gesamte Industrie des Seriellen würde nur existieren (wie die Welt von Mallarmé, die geschaffen war, um sich in einem Buch aufzulösen), um den wenigen, die es zu goutieren wissen, das neobarocke Vergnügen zu liefern, und den vielen anderen falsche (degradierte) Freuden.

5. Einige Fragen statt einer Konklusion

Wenn die äußerste Hypothese möglich ist (eine Welt von TV-Konsumenten, die sich nicht für das interessieren, was J. R. widerfährt, sondern nur auf das neobarocke Vergnügen der Form erpicht sind, die seine Abenteuer annehmen), wird man sich immerhin fragen müssen, ob eine solche Perspektive (so sehr sie auch Vorbotin einer neuen Ästhetik sein mag) noch den Konsens einer alten Semiotik hat.

Sowohl die Barockmusik wie die Minimal Art sind »asemantische« Künste: sie »beinhalten« nichts. Man kann gewiß diskutieren, und ich bin dazu als erster bereit, ob eine derart scharfe Trennung zwischen rein syntaktischen Künsten und solchen, die Bedeutungen übermitteln, möglich ist. Aber wir können zumindest akzeptieren, daß es figürliche und abstrakte Künste gibt. Die Barockmusik und die Minimal Art sind nicht figürlich, die Fernseh-Serials sind es. Um einen Begriff von Greimas zu benutzen, sie bringen »Figuren der Welt« ins Spiel.

Bis zu welchem Punkt wird man das, was über Figuren der Welt variiert, wie musikalische Variationen genießen können, ohne sich dem Reiz (und der Drohung) der möglichen Welt zu entziehen, die ja von diesen Figuren immer auch vorgeführt wird?

Andererseits, wenn wir nicht Gefangene ethnozentrischer Vorurteile bleiben wollen, müssen wir die Hypothese bis zu ihren letzten Konsequenzen treiben.

Wir werden also sagen: Was die neobarocke Serie auf der (unvermeidlichen) ersten Stufe ihres Genusses präsentiert, ist purer und simpler *Mythos*. Nichts, was mit Kunst zu tun hat. Eine Geschichte, immer die gleiche. Es wird nicht mehr die Geschichte von Atreus sein, eher die von J. R. Und warum auch nicht? Jede Epoche hat ihre Mythopoeten, ihre mythenbildenden Produktionszentren, ihren eigenen Sinn für das Heilige. Wenn das Publikum die erste Stufe hinter sich hat, die »figurative« Darstellung und den »orgiastischen« Genuß des Mythos (die intensive emotionale Teilnahme, das Vergnügen an der dauernden Wiederholung einer einzigen, immergleichen Wahrheit – und die Tränen, das Lachen, schließlich eine gesunde Katharsis), behält es sich die Möglichkeit vor, zur zweiten

Stufe überzugehen und die Kunst der Variation eines mythischen Themas ästhetisch zu bewerten – so wie man ein Begräbnis als »schön« anerkennen kann, auch wenn der Verstorbene eine teure Person war.

Sind wir sicher, daß nicht genau dies auch schon in der klassischen Antike geschah?

Wenn wir in der *Poetik* des Aristoteles nachlesen, sehen wir, daß es möglich war, das Modell der griechischen Tragödie als ein serielles Modell zu beschreiben. Aus den Zitaten, die Aristoteles anführt, geht hervor, daß er wesentlich mehr Tragödien gekannt hat, als uns erhalten geblieben sind, und daß sie alle einem festen Schema folgten (indem sie es variierten). Wir können zwar annehmen, daß die erhalten gebliebenen Werke den Maßstäben der antiken ästhetischen Sensibilität besser als die anderen entsprachen. Aber wir könnten auch annehmen, daß die Dezimierung anhand kulturpolitischer Kriterien erfolgte, und niemand kann uns verbieten zu spekulieren, daß Sophokles aufgrund irgendwelcher Machtinteressen überlebt hat, auf Kosten anderer Autoren, die womöglich noch besser waren (aber nach welchem Kriterium?) als er.

Wenn es damals viel mehr Tragödien gab als die heute bekannten und wenn alle (variierend) ein festes Schema befolgten, was würde geschehen, wenn wir sie heute alle zusammen sehen und lesen könnten? Vielleicht würden wir dann die Originalität von Sophokles oder Euripides anders beurteilen, als wir es heute gemeinhin tun? Vielleicht würden wir bei ihnen schätzenswerte Variationen über Topoi finden, wo wir heute eine einzigartige (und erhabene) Darstellung der Probleme des menschlichen Daseins zu sehen glauben? Es könnte sein, daß dort, wo wir absolute Innovation erblicken, die Griechen nur »korrekte« Variationen eines Schemas sahen, und daß ihnen nicht das einzelne Werk als erhaben galt, sondern eben das Schema (nicht zufällig hat sich Aristoteles, wo er von Dichtkunst sprach, vorwiegend über Grundmuster ausgelassen und einzelne Werke nur als Beispiele erwähnt).

Aber kehren wir nun das Experiment einmal um und betrachten die heutigen Serienprodukte aus der Sicht einer zukünftigen Ästhetik, die den Sinn für die Originalität als Wert wiedererworben hätte. Stellen wir uns eine Gesellschaft des Jahres Dreitausend vor, in der aus Gründen, die ich hier nicht ausmalen will, neunzig Prozent der heutigen Kulturproduktion verschwunden wären und von allen TV-Serials nur eine einzige *Columbo*-Folge überlebt hätte.

Wie würden wir dieses Werk dann lesen? Würden wir die Originalität bewundern, mit der es der Autor verstanden hat, einen kleinen Mann im Kampf mit den Mächten des Bösen darzustellen, mit den Kräften des Kapitals, mit der opulenten und rassistischen Gesellschaft der herrschenden *wasps*? Würden wir diese kraftvolle, bündige, eindringliche Darstellung der Stadtlandschaft eines industriellen Amerika schätzen?

Würden wir dort, wo das Serial mit knappen Zusammenfassungen operiert, weil alles schon in den vorausgegangenen Folgen gesagt worden ist, womöglich eine hohe Kunst der Synthese erblikken, eine sublime Fähigkeit, in Andeutungen zu sprechen?

Mit anderen Worten: Wie würde man einen Teil einer Serie lesen, wenn der ganze Rest der Serie unbekannt wäre?

Ich sehe den Einwand voraus: Was hindert uns daran, die seriellen Produkte schon jetzt so zu lesen?

Die Antwort ist: nichts. Nichts hindert uns daran. Wir tun es vielleicht schon oft.

Aber wenn wir es tun, tun wir dann das, was die gewöhnlichen Konsumenten der Serie tun? Ich glaube nicht.

Also, letzte Frage: Wenn wir die neue Ästhetik des Seriellen zu interpretieren und definieren versuchen, indem wir uns zu Interpreten der kollektiven Sensibilität machen, sind wir dann sicher, daß wir so lesen, wie es die anderen (die »Normalen«) tun?

Und wenn nicht, was hätte dann die Ästhetik über das Problem des Seriellen im TV-Universum zu sagen?

(1983)

Lob des *Monte Cristo*

In der »Bibliothèque de la Pléiade«, der feinen Klassiker-Reihe von Gallimard, ist jetzt (nach den *Drei Musketieren*) auch *Der Graf von Monte Cristo* erschienen, und so hat nun Dumas auch mit diesem Werk einen Platz im Pantheon der Großen gefunden, zwischen Stendhal und Balzac. Vergleicht man die jetzt von Gilbert Sigaux besorgte Ausgabe mit der 1962 bei Garnier erschienenen von J. H. Bornecque, so findet man kaum viel Neues; im Gegenteil, die erste hatte noch interessante Illustrationen und enthielt eine lange Biographie des Autors, die neue verweist hierzu auf die Ausgabe der *Trois Mousquétaires* und bietet als Zugabe nur sehr nützliche Anmerkungen und Varianten sowie einen neuen Text jenes Jacques Peuchet, der Dumas inspiriert haben »könnte«; aber bereits die Garnier-Ausgabe enthielt von demselben Peuchet die Erzählung *Le diamant et la vengeance*, die mit Sicherheit und nach Dumas' eigenem Bekenntnis am Ursprung des *Monte Cristo* stand. Was also fügt die Pléiade-Ausgabe, außer der gewohnt eleganten Ausstattung und der größeren Handlichkeit (ein Dünndruckband gegenüber zwei Bänden mit dickem Papier) sowie dem höheren Preis, der Garnier-Ausgabe hinzu? Die höhere Weihe, kein Zweifel, die Anerkennung, daß der *Graf von Monte Cristo* zur Geschichte der französischen Literatur gehört.

Natürlich wird man entscheiden müssen, was unter Literatur zu verstehen sein soll, speziell unter literarisch hochwertiger erzählender Prosa. Croce hätte gesagt, Dumas sei nicht Poesie, sondern Belletristik, ein Begriff, der für ihn einen wenn nicht abwertenden, so doch zumindest abwägenden Sinn hatte. Aber das ist nicht der Punkt, die Aufnahme des *Monte Cristo* in die Pléiade enthebt ihn diesen Unterscheidungen. Werden wir also sagen müssen, daß der *Monte Cristo* den Rang von *Rot und Schwarz* und *Madame Bovary* hat? Daß er ein »großer Roman« ist?

Der Graf von Monte Cristo ist zweifellos einer der fesselndsten Romane, die je geschrieben worden sind, und andererseits einer der *schlechtest geschriebenen* Romane aller Zeiten und Literaturen.

Er überbordet nach allen Seiten. Voller Füllsel, schamlos im Wiederholen desselben Adjektivs schon in der nächsten Zeile, maßlos im Anhäufen immer desselben Adjektivs, immer bereit zu sentenziösen Abschweifungen, die er nicht wieder beenden kann, weil die Syntax nicht hält, so daß er sie mit hechelnder Zunge über zwanzig Zeilen weiterverfolgen muß, ist er mechanisch und plump auch im Darstellen der Gefühle: seine Personen erzittern oder erbleichen oder wischen sich große Schweißtropfen von der Stirn oder stammeln mit einer Stimme, die nichts Menschliches mehr hat, sie springen erregt vom Stuhl auf und fallen auf ihn zurück, wobei uns der Autor jedesmal prompt versichert, daß der Stuhl, auf den sie zurückgefallen sind, ebenderselbe ist, auf welchem sie eine Sekunde zuvor noch gesessen hatten.

Warum Dumas so schrieb, ist bekannt. Nicht weil er nicht schreiben konnte. Die *Drei Musketiere* sind trockener, zügiger, manchmal vielleicht auf Kosten der Psychologie, aber flott geschrieben, daß es eine Freude ist. Den *Monte Cristo* schrieb er so weitschweifig, weil er Geld brauchte, er wurde nach Zeilen bezahlt und mußte den Text in die Länge ziehen. Und während er beidhändig den *Monte Cristo* schrieb, verfaßte er nebenbei die *Dame de Monsoreau*, die *Quarante-cinque*, den *Chevalier de la Maison Rouge*, und er begann die Publikation des Romans bei Pétion, als die Fortsetzungsfolgen noch (ohne daß er wußte, wie, und manchmal mit Unterbrechungen bis zu sechs Monaten) im *Journal des Débats* erschienen (wir sind zwischen 1844 und 1846).

So erklären sich jene Dialoge, die ich andernorts einmal »Akkord-Dialoge« genannt habe[1], in denen die Gesprächspartner seitenlang – jeweils mit einer neuen Zeile beginnend – reine Höflichkeits- oder Verlegenheitsfloskeln austauschen, wie zwei arbeitsscheue Angestellte im Fahrstuhl: Also ich geh dann jetzt, na dann

1 In meinem Buch *Il Superuomo di massa*, Mailand, Bompiani, 1976 (vgl. auch *Apokalyptiker und Integrierte*, cit.).

mach's gut, ja, du auch, ciao, ciao bis später, wir sehen uns noch, ja, mal sehen, vielleicht heute abend, ja, das wär schön, entschuldige, aber ich muß jetzt wirklich, na klar, du hast's eilig, wiedersehn, danke für alles, keine Ursache, also bis dann, ciao, mach's gut, mach's besser...

Ich glaube, es lohnt sich, diese Kostprobe anzuführen, aus dem Kapitel »Die Intrige spitzt sich zu« in den *Drei Musketieren*:[2]

> »Nein«, sprach d'Artagnan, »nein, ich gestehe es, der Zufall hat mich Euch in den Weg geführt. Ich sah eine Frau an das Fenster eines meiner Freunde klopfen.«
>
> »Eines Eurer Freunde?« unterbrach ihn Frau Bonacieux.
>
> »Allerdings; Aramis ist einer meiner besten Freunde.«
>
> »Aramis? Wer ist dies?«
>
> »Wollt Ihr behaupten, Ihr kennt Aramis nicht?«
>
> »Ich höre zum ersten Mal seinen Namen aussprechen.«
>
> »Ihr kommt also zum ersten Mal an dieses Haus?«
>
> »Allerdings!«
>
> »Und Ihr wußtet nicht, daß es von einem jungen Manne bewohnt war?«
>
> »Nein.«
>
> »Von einem Musketier?«
>
> »Keineswegs.«
>
> »Ihr habt also nicht ihn aufgesucht?«
>
> »Durchaus nicht. Überdies habt Ihr wohl gesehen, daß die Person, mit der ich sprach, eine Frau war.«
>
> »Aber diese Frau gehört wohl zu den Freundinnen von Aramis?«
>
> »Ich weiß es nicht.«
>
> »Da sie bei ihm wohnt.«
>
> »Das geht mich nichts an.«
>
> »Aber wer ist sie denn?«
>
> »Oh! Das ist nicht mein Geheimnis.«
>
> »Liebe Frau Bonacieux, Ihr seid reizend, aber zugleich die geheimnisvollste Frau ...«
>
> »Verliere ich dabei?«
>
> »Nein, Ihr seid im Gegenteil anbetungswürdig.«
>
> »Dann gebt mir den Arm.«

2 In der zeitgenössischen Übersetzung von August Zoller aus dem Jahre 1845 (bearbeitet von Edgar Päßler, hier zitiert nach der Ausgabe Büchergilde Gutenberg, Frankfurt 1975).

»Sehr gerne; und nun...?«

»Nun führt mich.«

»Wohin?«

»Wohin ich gehe.«

»Aber wohin geht Ihr?«

»Ihr werdet es sehen, da Ihr mich an der Türe verlassen müßt.«

»Soll ich Euch erwarten?«

»Das wird unnötig sein.«

»Ihr werdet also allein zurückkehren?«

»Vielleicht ja, vielleicht nein.«*

»Wird die Person, die Euch dann begleiten wird, ein Mann oder eine Frau sein?«

»Auch das weiß ich nicht.«

»Aber ich werde es wissen!«

»Und woher?«

»Ich werde warten, bis Ihr herauskommt.«

»In diesem Falle, adieu!«

»Wie bitte?«

»Ich brauche Euch nicht.«

»Aber Ihr habt mich doch gebeten...«

»Um die Hilfe eines Edelmannes, nicht um die Überwachung durch einen Spion.«

»Das Wort ist ein wenig hart.«

»Wie nennt man Leute, die anderen gegen ihren Willen folgen?«

»Indiskret.«

»Das Wort ist zu milde.«

»Wohlan, Madame, ich sehe, daß alles, was Ihr wollt, getan werden muß.«

»Warum habt Ihr Euch dann des Verdienstes beraubt, es sogleich zu tun?«

»Kann man nicht auch bereuen?«

»Bereut Ihr denn wirklich?«

»Das weiß ich selber nicht. Ich weiß nur, daß ich Euch verspreche, alles zu tun, was Ihr wollt, wenn Ihr mir erlaubt, Euch dahin zu begleiten, wohin Ihr geht.«

»Und dann werdet Ihr mich in Ruhe lassen?«

»Ja.«

»Und mir nicht nachspionieren?«

* An dieser Stelle bricht die von Päßler bearbeitete deutsche Übersetzung ab.

»Nein.«
»Ehrenwort?«
»Das Wort eines Ehrenmannes!«
»Nun denn, so nehmt meinen Arm und los!«

Zu schweigen von der Anforderung, die jeder Fortsetzungsroman erfüllen muß, um die zerstreuten Leser von einer Folge zur anderen wiederzugewinnen, nämlich das schon Bekannte mit obsessiver Beharrlichkeit zu wiederholen, so daß eine Person auf Seite hundert etwas erzählt, auf Seite hundertfünf dann eine andere Person trifft und ihr Punkt für Punkt dieselbe Geschichte nochmal erzählt; man beachte nur einmal in den ersten drei Kapiteln, wie oft Edmond Dantès bei jeder Gelegenheit Hinz und Kunz erzählt, daß er zu heiraten gedenke und glücklich sei – vierzehn Jahre Château d'If sind noch wenig für einen solchen Nervtöter!

Und dann die gewagten Metaphernreihungen, zirkusreife Hochseilakte, wie wenn die verkalkte Oma mit der Consecutio temporum nicht mehr zurechtkommt. Etwa jene Sequenz wundersamer Ähnlichkeiten (aber man könnte Hunderte davon finden) in dem Kapitel über den optischen Telegraphen (LXII), wo der verwitterte alte Turm auf dem Hügel mit einem geschichtenreichen alten Großmütterlein verglichen wird: »On n'eût pas dit, à la voir ainsi ridée et fleurie comme une aïeule à qui ses petits-enfants viennent de souhaiter la fête, qu'elle pourrait raconter bien des drames terribles, si elle joignait une voix aux oreilles menaçantes qu'un vieux proverbe donne aux murailles.« *

Man kann nicht umhin, die alten Übersetzungen zu bewundern, denen es – wie der anonymen italienischen bei Sonzogno – gelungen

* Wörtlich etwa: »Man hätte nicht gedacht, wenn man ihn so runzlig und blumengeschmückt dastehen sah wie eine Großmutter, der ihre Enkelkinder soeben zum Fest gratuliert haben, daß er manch schreckliche Dramen erzählen könnte, wenn er den drohenden Ohren, die ein altes Sprichwort den Mauern zuweist, eine Stimme hinzufügen würde.« In den gängigen deutschen Ausgaben ist die ganze Passage gestrichen worden; die anonyme Übersetzung des Verlags Gyldahl & Hansen, Berlin 1913, hat die Stelle – fälschlich – verkürzt zu: »Wer den verwitterten Turm so betrachtete, wie er mit Blumen geschmückt dastand, gleich einer Großmutter, der die Enkelkinder zum Fest gratuliert hatten, hätte kaum gedacht, daß er von so vielen blutigen Dramen erzählen könnte, die sich in seinen Mauern abgespielt hatten.« (Im Deutschen klingt die Metapher noch abwegiger als im Französischen, wo *la tour* feminin ist.)

ist, sowohl die Syntax wie auch die Kühnheiten des Originals in wunderbar flüssiger Sprache und mit derselben Unverfrorenheit wiederzugeben: »Si sarebbe detto, vedendola così ornata e fiorita come una bisavola di cui i suoi nipotini celebrano il giorno natalizio, che essa avrebbe potuto raccontare drammi assai terribili se avesse aggiunto la voce alle orecchie minacevoli che un vecchio proverbio attribuisce alle muraglie.« – Es hilft nichts, die Metaphern sind hoffnungslos ineinander verkeilt und die Metaphorik ist delirant, dem Übersetzer bleibt gar nichts anderes übrig, als sich dem Zauber der Schamlosigkeit zu ergeben.

Monte Cristo übersetzen

Vor einigen Jahren hatte ich auf Einladung von Einaudi akzeptiert, den *Monte Cristo* neu zu übersetzen. Die Idee faszinierte mich: einen Roman zu nehmen, dessen Erzählstruktur ich bewunderte und dessen Stil mir die Haare zu Berge stehen ließ, und zu versuchen, diese Struktur in einen knapperen, strafferen Stil zu fassen, aber (wohlverstanden) ohne »umzuschreiben« oder frei nachzuerzählen, ohne etwas zu streichen. Also Dumas respektierend, doch wenn möglich dem Leser (und dem Verleger) einige hundert Seiten ersparend. Was müßte der Übersetzer tun, um einer solchen Herausforderung zu entsprechen? Wenn er wörtlich übersetzt, rebelliert seine Selbstachtung, die Hand zögert, dasselbe Wort, dasselbe Klischee nach zwei Zeilen zu wiederholen; der Überdruß würde verlangen, zu springen, zu raffen, den Text zu verdichten. Der Respekt vor dem meisterhaften Bau der Erzählung würde raten, an jenen Stellen zu kürzen, wo es scheint, daß die Abschweifung keinerlei narrative Funktion hat. Zumal man ja weiß, daß der Mittelteil (»Rom«, zwischen dem ersten Teil namens »Marseille« und dem letzten namens »Paris«) nur hineingekommen ist, weil er zu einer Reihe von Aufzeichnungen über eine Italienreise gehörte, die Dumas später in dieses Werk eingearbeitet hatte; und daß er so lang ist, weil er ursprünglich der erste Teil sein sollte, weshalb es ganz logisch war, daß er breiter angelegt wurde, als eine Art

Ouvertüre (erst später hat Maquet dem Autor klargemacht, daß es besser sei, die Erzählung mit der Geschichte des jungen Dantès zu beginnen, mit seiner Verfolgung, Gefangenschaft und Flucht).

War Dumas nicht ein Autor, der in Zusammenarbeit mit anderen schrieb? Warum also nicht in Zusammenarbeit mit einem Neu-Übersetzer gut hundert Jahre später? War Dumas nicht ein Handwerker, der sein Produkt nach den Erfordernissen des Marktes herstellte? Wenn also der Markt jetzt einen knapper gefaßten Roman verlangte, würde Dumas nicht als erster Kürzungen, Straffungen, Weglassungen autorisieren?

Der Übersetzer kann den Text verschlanken, er kann dem Leser helfen, die Ereignisse rascher zu verfolgen, wenn er instinktiv bemerkt, daß die langen Wendungen keinerlei narrative Funktion haben und auch kein Flair der Zeit verströmen. Ein Problem des Rhythmus, des Atems, das Dumas sicher gelöst hätte, wenn er im Willen, den Roman so zu schreiben, wie er ist, und im Bewußtsein, daß er *nichts* weglassen durfte, gleichwohl erfahren hätte, daß man ihm für jede eingesparte Zeile ein Draufgeld zahlen würde. Hier ein Beispiel. Im Original heißt es:

> Danglars arracha machinalement, et l'une après l'autre, les fleurs d'un magnifique orangier; quand il eut fini avec l'orangier, il s'adressa à un cactus, mais alors le cactus, d'un caractère moins facile que l'orangier, le piqua outrageusement.

Die italienische Übersetzung könnte ohne irgendwelche Verluste, nicht einmal unter Aufgabe des versteckten Sarkasmus, der die Stelle durchzieht, sehr gut lauten:

> Strappò macchinalmente, uno dopo l'altro, i fiori di un magnifico arancio; quando ebbe finito si rivolse a un cactus, il quale, di carattere più difficile, lo punse oltraggiosamente.*

* Deutsch etwa: »Er riß mechanisch nacheinander die Blüten eines Orangenstrauchs ab; als er damit fertig war, nahm er sich einen Kaktus vor, der ihn jedoch, von Natur aus härter, heftig stach.«

Selbst mit bloßem Auge sieht man die Einsparung: 29 italienische Wörter statt der 42 französischen, knapp drei Zeilen statt dreieinhalb, ein gutes Viertel weniger. Es geht nicht darum, Platz zu sparen, es geht darum, die Lektüre zu beschleunigen, all das zu überspringen, was der Leser ohnehin mit den Augen überspringt. Wobei einem nicht nur die Redundanzen helfen, die das Französische verlangt, das Italienische aber vermeidet, manchmal als Regel, meistens als Norm (zum Beispiel wiederholte Subjekte, die Pronomen), sondern auch der Umstand, daß gewisse zeremonielle Floskeln, die in der Sprache und den Gebräuchen der französischen Gesellschaft jener Zeit üblich waren, im Italienischen gerade aus Treue zum Geist des Textes entfallen müssen. Um nur ein Beispiel zu geben: eine Danksagung in einem Dialog zwischen zwei Personen niederen Standes lautet im Französischen etwa »merci, monsieur«, aber im Italienischen muß sie zu einem schlichten »grazie« werden, da »grazie, signore« an ein Unterwürfigkeitsverhältnis denken ließe, das weder den Intentionen des Autors entspricht noch in den Konnotationen der Sprache liegt. Man könnte natürlich einwenden, daß dieses Phänomen bei jeder Übersetzung eines französischen Textes ins Italienische eintritt, aber in einem Buch wie diesem, wo es aus den genannten Gründen von »Merci monsieur«-Sätzen nur so wimmelt, zählt die Einsparung und wirkt sich auf die Lesbarkeit aus.

Oder, anderes Beispiel, man stößt auf ein »comme pour le prier de le tirer de l'embarras où il se trouvait«. Es ist klar, daß die Verlegenheit, aus der einer gezogen sein möchte, diejenige ist, in der er sich befindet, es genügt also zu schreiben: »wie um ihn zu bitten, ihn aus der Verlegenheit zu ziehen«. Oder: »M. Morrel ne peut ceder son cheval, son honneur étant engagé à ce qu'il le garde.« Da die Gründe für Morrels Engagement vorher oder nachher lang und breit dargelegt werden, genügt es vollauf zu schreiben: »M. Morrel kann sein Pferd aus Gründen der Ehre nicht hergeben.« Oder man könnte auch die zahllosen Fälle anführen, in denen einer sich mitten im Gespräch mit einem anderen kurz unterbricht, um seinem Diener etwas zu sagen, doch bevor er das Gespräch wiederaufnehmen kann, muß Dumas dem Leser erst umständlich auseinandersetzen, daß der Betreffende jetzt das Gespräch mit dem Soundso wiederaufnimmt, das er, wie der Leser weiß, soeben unterbrochen hatte. Wobei es vielleicht nicht nur um Zeilenschinderei geht, sondern auch um Voraussicht für den Fall, daß genau an dieser Stelle die Fortsetzungsfolge abbricht und der Leser an etwas erinnert werden muß, das zwar im Text zwei Zeilen vorher geschehen ist, in der Zeitung aber vielleicht ein paar Tage vorher gestanden hatte (so war zum Beispiel von Dezember 1844 bis Juni 1845 der Abdruck ganz unterbrochen worden, weil der Autor anderes zu tun hatte).

Schließlich könnte der Übersetzer sich auch ermächtigt fühlen, den Stil an jenen Stellen zu glätten, wo der Autor ganz offensichtlich geschludert hat, ohne daß es der Ökonomie des Textes irgendwie zugute kommt, etwa durch allzu rasches Wiederholen desselben Adjektivs. Wieso muß man sagen, daß Villefort »eine junge und *schöne* Person heiratete«, wenn man zwei Zeilen weiter betont, daß ihre Schönheit bemerkenswert war? Man kann beim ersten Mal sagen, daß sie anmutig war, oder beim zweiten Mal ihre Anmut erwähnen. Um so mehr, als der Autor wenige Seiten später – offenbar in einem begnadeten Augenblick – rhetorisch geschickt mit den Worten »heureux« und »bonheur« zu spielen weiß, in welchem Fall der wörtlich Übersetzende kurz nacheinander »glücklich« und »Glück« schreiben müßte. Daher die Entscheidung, das System der Adjektivsetzung bei Dumas als ganz und gar zufällig zu beurteilen, organisiert anhand einiger Makro-Oppositionen wie schön/häßlich, glücklich/unglücklich, ruhig/erregt etc., die ad libitum durch Adjektive oder Substantive wiedergegeben werden können – mit dem doppelten Ziel, den Rhythmus des Textes nicht holprig werden zu lassen und bei aller Abwechslung in der Wortwahl die Konstanten der bipolaren Charakterisierungs- und Bewertungsmethode des Autors zu respektieren.

Ich hab's probiert, etwa hundert Seiten lang. Dann, ich gestehe es, habe ich aufgegeben. Ich habe aufgegeben, weil mir klar geworden war, daß ich über gut zweitausend Seiten so hätte weitermachen müssen (die Garnier-Ausgabe hat 1640 Druckseiten), und weil ich mich gefragt habe, ob nicht auch der Schwulst, die Schludrigkeit und die Redundanzen zu der erzählerischen Maschine gehören. Hätten wir den *Grafen von Monte Cristo* so geliebt, wie wir es getan haben, wenn wir ihn nicht das erste Mal in den alten Übersetzungen aus dem vorigen Jahrhundert gelesen hätten?

Dies festgestellt, müssen wir zu der Eingangsbehauptung zurückkehren: *Monte Cristo* ist einer der fesselndsten Romane, die je geschrieben worden sind. Mit einem einzigen Streich (oder besser mit einer Salve von Streichen, einer regelrechten Kanonade) gelingt es Dumas, ausgehend von der faden Geschichte Peuchets, drei archetypische Situationen übereinanderzutürmen, die selbst einem Henker das Herz im Leibe umdrehen.

Erstens die verratene Unschuld. Zweitens der plötzliche, durch einen Glücksfall bescherte Erwerb eines Riesenvermögens, das dem verfolgten Opfer unbegrenzte Möglichkeiten verleiht. Drittens die Strategie eines Rachefeldzugs, in dem Personen, die der Roman als über die Maßen verabscheuenswürdig dargestellt hat, ihr verdientes Ende finden.

Aber damit nicht genug. Auf diesem Gerüst entfaltet sich eine Darstellung der französischen Gesellschaft der Hundert Tage und der anschließenden Monarchie des Bürgerkönigs Louis Philippe, mit ihren Dandys, ihren Bankiers, ihren korrupten Magistraten, ihren Ehebrüchen, Heiratsverträgen, Parlamentssitzungen, internationalen Beziehungen, Staatsverschwörungen, optischen Telegraphen, Kreditbriefen, schamlosen Zins- und Börsenspekulationen, Diskontsätzen, Valuta und Wechselkursen, Banketten, Bällen, Begräbnissen.

Und über alldem thront der höchste Topos des *roman-feuilleton*, der Übermensch. Aber im Unterschied zu Eugène Sue (*Die Geheimnisse von Paris*) und all den anderen Handwerkern, die sich an diesem Archetyp des populären Romans versucht haben, entwirft Dumas zum erstenmal so etwas wie eine Psychologie des Übermenschen, indem er ihn seelisch gespalten zeigt, hin- und hergerissen zwischen dem Schwindelgefühl seiner Allmacht (die er seinem Geld und seinem Wissen verdankt) und dem Erschrecken vor seiner privilegierten Rolle, geplagt vom Zweifel und getröstet vom Bewußtsein, daß seine Allmacht aus seinem Leiden erwächst. Womit – als neuer Archetyp, der sich auf den anderen festmacht – der Graf von Monte Cristo (Macht der Namen) auch ein Christus ist, ein gebührend teuflischer, niedergefahren zur Hölle des Château d'If, als Sühneopfer für die menschliche Bosheit, und auferstanden, zu richten die Lebendigen und die Toten, im Glanz des nach Jahrhunderten wiedergefundenen Schatzes, ohne je zu vergessen, daß er Menschensohn ist. Man kann blasiert sein, kritisch versiert, sich gut auskennen in den Tricks und Fallen der Intertextualität – man wird trotzdem unweigerlich gepackt von dem Spiel, wie in der Verdischen Oper. Melodram und Kitsch grenzen, sind sie hinreichend zügellos, ans Erhabene, während die Zügellosigkeit in Genie umschlägt.

Redundanz, gewiß, auf Schritt und Tritt. Aber könnten wir die Enthüllungen, die Offenbarungen in Serie, durch die sich Edmond Dantès seinen Feinden zu erkennen gibt, genießen (und wir zittern jedesmal neu, auch wenn wir alles schon wissen), wenn nicht die Redundanz eingriffe, und zwar gerade als literarischer Kunstgriff?

Vergegenwärtigen wir uns drei solcher Enthüllungsszenen, um diese Wiederkehr des Gleichen zu genießen, die uns jedesmal neu (gestehen wir's!) die Haare zu Berge stehen läßt, während uns kalter Schweiß auf der Stirne perlt:[3]

> »Mein Gott!« rief Villefort, entsetzt zurückweichend, »diese Stimme ist nicht die des Abbé Busoni!«
>
> »Nein!«
>
> Der Abbé riß sich die falsche Tonsur ab, schüttelte den Kopf, und sein langes schwarzes Haar, befreit aus der Einzwängung, wogte ihm auf die Schultern herab und umrahmte sein blasses Gesicht.
>
> »Das ist das Gesicht des Herrn von Monte Cristo!« rief Villefort mit verstörtem Blick.
>
> »Nein, das ist es noch nicht, Herr Staatsanwalt, suchen Sie besser in Ihrem Gedächtnis, greifen Sie weiter zurück!«
>
> »Diese Stimme! Diese Stimme! Wo habe ich sie zum erstenmal gehört?«
>
> »Sie haben sie zum erstenmal vor dreiundzwanzig Jahren gehört, in Marseille, am Tage Ihrer Verlobung mit Fräulein von Saint-Méran. Suchen Sie in Ihren Akten!«
>
> »Sie sind nicht Busoni? Sie sind nicht Monte Cristo? Mein Gott,

3 Aus den Kapiteln »Die Sühne«, »Der Selbstmord« und »Die Vergebung«, zitiert nach anonymen zeitgenössischen Übersetzungen, soweit diese nicht – wie oben beschrieben – vor den Kühnheiten des Originals zurückgeschreckt sind.

Sie sind jener verborgene, unerbittliche Todfeind! Ich habe Ihnen gewiß in Marseille etwas angetan..., wehe mir!«

»Ja, du hast recht, so ist es«, sagte der Graf und kreuzte die Arme auf seiner breiten Brust; »suche, suche!«

»Aber was habe ich dir denn angetan?« rief Villefort, dessen Geist schon an der Grenze zwischen Vernunft und Wahnsinn schwebte, in einem Nebel, der weder Traum noch Wachen mehr war. »Was habe ich dir getan? Sag an! Sprich!«

»Sie haben mich zu einem langsamen und scheußlichen Tode verdammt, Sie haben meinen Vater getötet, Sie haben mir die Liebe mit der Freiheit geraubt und das Glück mit der Liebe!«

»Wer sind Sie? Wer sind Sie denn, mein Gott!«

»Ich bin das Gespenst eines Unglücklichen, den Sie in den finsteren Kerkern des Schlosses If begraben haben. Diesem aus seinem Grabe entstiegenen Geist hat Gott die Maske des Grafen von Monte Cristo verliehen und sie mit Diamanten und Gold bedeckt, damit Sie ihn erst heute wiedererkennen.«

»Ah, ich erkenne dich, ich erkenne dich wieder!« sagte der Staatsanwalt. »Du bist...«

»Ich bin Edmond Dantès!«

»Du bist Edmond Dantès!« rief der Staatsanwalt und packte den Grafen am Handgelenk. »So komm!«

Und er zog ihn zur Treppe, wohin Monte Cristo ihm verwundert folgte, selbst nicht wissend, wohin der Staatsanwalt ihn führte, aber ein neues Unheil ahnend.

»Schau her, Edmond Dantès«, sagte er und zeigte dem Grafen die Leichen seiner Frau und seines Sohnes, »schau her, sieh dir das an, bist du nun gerächt?«

Monte Cristo erbleichte bei diesem schrecklichen Anblick; er begriff, daß er die Rechte der Rache überschritten hatte; er begriff, daß er nicht mehr sagen konnte: Gott ist für mich und mit mir.

***

»Oh!« rief der General, den diese Worte wie glühendes Eisen trafen: »Oh, Elender, der du mir meine Schande im selben Augenblick vorwirfst, da du mich womöglich töten wirst! Nein, ich habe nicht gesagt, daß ich dir unbekannt sei; ich weiß wohl, Dämon, daß du in die Nacht der Vergangenheit eingetaucht bist und im Schein, ich weiß nicht welcher Fackel, alle Seiten meines Lebens gelesen hast;

aber vielleicht ist noch mehr Ehre in mir, in meiner Schande, als in dir unter deinem prunkenden Äußeren. Nein, nein, du kennst mich, ich weiß es, aber ich kenne dich nicht, dich Abenteurer, der sich mit Gold und Juwelen behängt! In Paris läßt du dich Graf von Monte Cristo nennen, in Italien Sindbad der Seefahrer, in Malta, Gott weiß wie, ich hab's vergessen. Aber was ist dein wahrer Name, frage ich dich, deinen wahren Namen möchte ich wissen unter all deinen hundert Namen, damit ich ihn auf dem Kampfplatz aussprechen kann, wenn ich dir meinen Degen ins Herz stoße!«

Monte Cristo erbleichte gräßlich, ein wildes Feuer zuckte in seinen Augen; er stürzte ins Nebenzimmer, riß sich im Handumdrehen Krawatte, Rock und Weste vom Leibe, schlüpfte in eine Seemannsjoppe und setzte sich einen Matrosenhut auf, unter dem sein langes schwarzes Haar hervorquoll. So kam er zurück, furchtbar, unerbittlich, schritt mit gekreuzten Armen auf den General zu, der auf ihn gewartet hatte und jetzt mit klappernden Zähnen zurücktaumelte, bis er eine Stütze an einem Tisch fand.

»Fernand,« rief der Graf, »von meinen hundert Namen brauche ich dir nur einen zu nennen, um dich niederzuschmettern! Aber, nicht wahr, du errätst diesen Namen; vielmehr, du erinnerst dich seiner, denn trotz all meines Kummers und meiner Qualen zeige ich dir heute ein Gesicht, das die Freude der Rache verjüngt, ein Gesicht, das du oft in deinen Träumen gesehen haben mußt seit deiner Hochzeit... mit Mercedes, meiner Braut!«

Der General starrte mit zurückgeworfenem Kopf und vorgestreckten Händen die schreckliche Erscheinung an, dann wich er, an der Wand entlangtastend, langsam zur Tür zurück. Ein unheimlicher, klagender Schrei entrang sich seiner Brust: »Edmond Dantès!«

Stöhnend schleppte er sich bis zum Säulengang, taumelte wie ein Trunkener über den Hof und fiel in die Arme seines Kammerdieners, indem er mit unverständlicher Stimme murmelte: »Nach Hause, nach Hause!«

Die frische Luft und die Scham vor seinen Dienern, die auf ihn aufmerksam wurden, brachten ihn allmählich wieder soweit, seine Gedanken zu sammeln; aber die Fahrt war kurz, und je näher er seinem Hause kam, um so heftiger übermannte ihn wieder der Schmerz. Einige Schritte vor dem Hause ließ er den Wagen halten und stieg aus.

Das Tor des Hauses stand weit offen, eine Mietdroschke hielt im Hof, die sich in dieser prächtigen Umgebung seltsam ausnahm. Der

General betrachtete sie erschrocken, wagte aber niemanden zu fragen und eilte in seine Räume hinauf.

Zwei Personen kamen die Treppe herunter; er hatte gerade noch Zeit, sich in ein Seitenzimmer zu stürzen, um ihnen auszuweichen. Es war Mercedes, gestützt auf den Arm ihres Sohnes, um mit ihm das Haus zu verlassen. Sie gingen dicht an dem Unglücklichen vorbei, der hinter einer Damastportiere verborgen von Mercedes' seidenen Kleid gestreift wurde und den warmen Atem seines Sohnes spürte, als dieser leise die Worte sagte: »Mut, liebe Mutter! Kommen Sie, wir sind hier nicht mehr zu Hause.«

Die Worte verhallten, die Schritte entfernten sich. Der General, dessen Hände die Damastportiere umklammert hielten, richtete sich mit Mühe auf; er unterdrückte das schrecklichste Schluchzen, das sich je der Brust eines von Frau und Sohn zugleich verlassenen Vaters entrang. Kurz darauf hörte er den Schlag der Droschke zuklappen, dann die Stimme des Kutschers, dann ließ das schwere Gefährt die Fensterscheiben erzittern. Rasch eilte er in sein Schlafzimmer, um noch einmal alles, was er auf der Welt geliebt hatte, zu sehen. Aber die Droschke fuhr davon, ohne daß Mercedes' oder Alberts Kopf am Fenster erschienen wäre, um dem einsamen Hause, dem verlassenen Vater und Gatten einen letzten Blick des Abschieds, des Bedauerns und damit der Vergebung zu gewähren.

Im selben Augenblick, als die Räder der Kutsche über das Pflaster des Torwegs dröhnten, krachte ein Schuß, und ein schwärzlicher Rauch drang aus einem der Fenster des Schlafzimmers, das durch die Gewalt der Explosion zerborsten war.

***

»Bereuen Sie wenigstens?« fragte eine tiefe, feierliche Stimme, deren Ton Danglars die Haare zu Berge stehen ließ.

Sein geschwächter Blick versuchte die Gegenstände zu unterscheiden, und da sah er hinter dem Banditen einen Mann in dunklem Mantel, der im Schatten eines Pfeilers stand.

»Was soll ich bereuen?« stammelte Danglars.

»Alles Böse, was Sie getan haben«, antwortete dieselbe Stimme.

»Ja, ja, ich bereue!« rief Danglars und schlug sich mit seiner abgemagerten Hand an die Brust.

»Dann vergebe ich Ihnen«, sagte der Mann, warf den Mantel ab und trat einen Schritt näher ins Licht.

»Der Graf von Monte Cristo!« rief Danglars, bleicher vor Schrecken, als er noch eben vor Hunger und Elend gewesen.

»Sie irren, ich bin nicht der Graf von Monte Cristo.«

»Wer sind Sie dann?«

»Ich bin der, den Sie verkauft, ausgeliefert, entehrt haben; ich bin der, dessen Braut Sie zur Dirne gemacht haben; ich bin der, den Sie mit Füßen traten, um reich zu werden; ich bin der, dessen Vater Sie verhungern ließen; ich bin der, der Sie zum Hungertode verurteilt hatte und der Ihnen jetzt dennoch vergibt, da er selbst der Vergebung bedarf – ich bin Edmond Dantès!«

Danglars stieß einen Schrei aus und fiel zu Boden.

»Stehen Sie auf«, sagte der Graf, »Ihr Leben sei Ihnen geschenkt; Ihren beiden Spießgesellen ist kein solches Glück zuteil geworden: der eine ist wahnsinnig, der andere tot! Behalten Sie die fünzigtausend Franken, die Ihnen geblieben sind, ich schenke sie Ihnen; Ihre fünf Millionen, die Sie den Hospitälern gestohlen haben, sind diesen bereits durch unbekannte Hand zurückerstattet worden. Und jetzt essen und trinken Sie; heute abend sind Sie mein Gast. Vampa, wenn dieser Mann sich sattgegessen hat, ist er frei.«

Danglars blieb auf dem Boden liegen, während der Graf sich entfernte; als er den Kopf hob, sah er nur noch einen Schatten, der im Gange verschwand und vor dem sich die Banditen verneigten.

Wie der Graf befohlen, wurde Danglars von Vampa bedient, der ihm den besten Wein und die schönsten Früchte Italiens auftragen ließ; danach setzte er ihn in seine Postkutsche und brachte ihn an die Straße zu einem Baum. Dort blieb Danglars bis Tagesanbruch, ohne zu wissen, wo er war. Als es hell wurde, sah er, daß er sich nahe bei einem Bach befand; er hatte Durst und kroch zum Wasser hinunter. Als er sich bückte, um zu trinken, sah er, daß sein Haar weiß geworden war.

***

Spätestens hier erheben sich nun besorgniserregende Zweifel. Wenn Dumas nicht nach gelieferten, sondern nach eingesparten Zeilen bezahlt worden wäre und dementsprechend gekürzt hätte, wäre der *Monte Cristo* dann noch die Romanmaschine, die er ist? Wenn er gerafft worden wäre, wenn die Verurteilung, die Gefangenschaft, die Flucht, die Entdeckung des Schatzes, das Wiederauftauchen in Paris, der Rachefeldzug – wenn all das auf zwei- bis dreihundert Seiten erzählt worden wäre, hätte das Werk dann noch seine Wirkung, würde es ihm gelingen, uns auch da mitzureißen, wo wir aus Ungeduld ganze Seiten mit langen Beschreibungen überspringen (man überspringt sie, aber man weiß, daß sie da sind, man beschleunigt subjektiv, aber im Wissen, daß die Erzählzeit objektiv langgezogen ist)? So zeigt sich, daß die grauenhaften stilistischen Ausschweifungen zwar gewiß »Füllsel« sind, aber diese Füllsel haben einen strukturellen Wert, ähnlich den Graphitstäben in Kernreaktoren: sie bremsen den Rhythmus, um unsere Erwartungen noch sehnlicher, unsere Prognosen noch gewagter zu machen, der Roman von Dumas ist eine Maschine zur Erzeugung von Agonie, und in der Agonie zählt nicht die Qualität des Röchelns, sondern seine Länge.

Es ist eine Frage des Stils, gewiß, nur hat der Erzählstil nichts mit dem poetischen oder dem Briefstil zu tun. Ein Roman wie etwa Alain-Fourniers *Der große Meaulnes* ist ohne Zweifel viel besser geschrieben als der *Monte Cristo*, aber er beschäftigt nur die Phantasie und die Sensibilität einer Minderheit, er ist nicht immens wie der *Monte Cristo*, nicht so homerisch, nicht dazu bestimmt, mit gleicher Kraft und Dauer die kollektive Bilderwelt der Massen zu nähren. Er ist »nur« ein Kunstwerk. Der *Monte Cristo* dagegen zeigt uns, daß, wenn erzählen eine Kunst ist, die Regeln dieser Kunst andere sind als die anderer literarischer Gattungen. Und daß man vielleicht erzählen und große Erzählkunst machen kann, ohne notwendig das zu machen, was die moderne Sensibilität ein Kunstwerk nennt.

Es gibt verquere Epopöen, die sich nicht an einem perfekten Kunstwerk orientieren, sondern eher an einem schlammigen Fluß. Mag sein, daß sie nicht die Regeln der Ästhetik erfüllen, aber sie erfüllen die Fabulierfunktion, die vielleicht nicht so direkt mit der ästhetischen Funktion zusammenhängt. Sie sind lose verbunden wie eine Reihe von Mythen der Bororo, vielleicht auch um- und neuschreibbar wie der Bretonische Zyklus – und darum hat es auch wenig Bedeutung, ob nun im *Monte Cristo* mehr die Hand von Dumas oder die von Maquet zählt.

Monte Cristo ist falsch und verlogen wie alle Mythen, deren

Wahrheit eine innere ist, genauer: eine der Innereien. Er vermag auch den noch zu fesseln, der die Regeln des populären Erzählens kennt und es merkt, wenn der Erzähler sein naives Publikum bei den Innereien packt.

Denn man spürt bei ihm, daß, wenn Manipulation im Spiel ist, die manipulative Geste immer auch etwas über die Physiologie unserer Innereien sagt. Und somit sagt eine große Lügenmaschine irgendwie auch die Wahrheit.

(1984)

Konjekturen über Welten

Die Abduktion in Uqbar

1. Halten wir uns an die Schriften der Theoretiker des Kriminalromans (zum Beispiel an die von S.S. van Dine aufgestellten Regeln), so erscheinen die Detektivgeschichten des Don Isidro Parodi von Borges und Bioy-Casares* vollkommen »häretisch«. Man hat gesagt, sie seien Parodien auf Chesterton, der seinerseits Parodien auf die klassischen Kriminalgeschichten von Poe und Nachfolgern geschrieben hatte. Unlängst hat das Pariser *Ouvroir de Littérature Potentielle* ein Pattern aller bereits erdachten Krimi-Situationen zusammengestellt (der Mörder ist der Butler, der Mörder ist der Erzähler, der Mörder ist der Detektiv usw.) und dabei herausgefunden, daß noch ein Buch zu schreiben bliebe, in welchem der Mörder der Leser ist. Ich frage mich, ob dies (den Leser entdecken zu lassen, daß *er* der Schuldige ist, beziehungsweise daß *wir* es sind) nicht überhaupt die Lösung ist, die jedes große Buch realisiert, von *Ödipus* bis zu Borges' Erzählungen. Sicher jedenfalls haben Borges und Bioy-Casares 1942 eine Leerstelle in der Mendelejew-Tafel der Krimi-Situationen gefunden: der Detektiv ist ein Gefängnisinsasse. Also statt der (von außen gefundenen) Lösung eines in einem verschlossenen Raum begangenen Verbrechens nun die in einem verschlossenen Raum gefundene Lösung einer Anzahl draußen begangener Verbrechen.

Das Ideal eines Detektivs, der den Fall im eigenen Kopf löst, ausgehend von ein paar Daten, die ihm ein anderer liefert, ist in der Tradition des Kriminalromans allgegenwärtig – man denke nur an Rex Stouts Detektiv Nero Wolfe, der von Archie Goodwin Informationen erhält, aber nie seine Wohnung verläßt und sich nur träge zwischen seinem Büro und seinen Orchideen bewegt. Doch ein Detektiv wie Don Isidro Parodi, der seine Gefängniszelle nicht verlassen kann und seine Informationen immer nur von Ignoranten erhält, die nicht in der Lage sind, den Gang der miterlebten

* Deutsch in Jorge Luis Borges/Adolfo Bioy Casares, *Gemeinsame Werke* Bd.1: *Sechs Aufgaben für Don Isidro Parodi und andere Erzählungen*, München, Hanser, 1983 (der vorliegende Text entstand als Nachwort zu dieser Ausgabe).

Ereignisse zu begreifen, ist zweifellos das Ergebnis einer bemerkenswerten erzählerischen *tour de force.*

Die Leser gewinnen den Eindruck, so wie Don Isidro seine Klienten an der Nase herumführt, so führe auch Biorges (wie man das außergewöhnliche Tandem Bioy-Borges genannt hat) seine Leser an der Nase herum – und darin, nur darin, liege das Interesse an diesen Erzählungen.

Wie sie entstanden sind, ist bekannt, und besser als alle erzählt es Emir Rodriguez Monegal in seiner monumentalen Borges-Biographie.[1] Aber hören wir Borges selber in seinem *Autobiographical Essay*[2] darüber berichten:

> Eines der wichtigsten Ereignisse dieser Jahre – und meines Lebens überhaupt – war der Beginn meiner Freundschaft mit Adolfo Bioy-Casares. Wir begegneten uns 1930 oder 1931, als er etwa siebzehn Jahre alt war und ich gerade die Dreißig überschritten hatte. Es ist in solchen Fällen die Regel, daß der Ältere der Lehrer und der Jüngere der Schüler ist. So mag es auch anfangs gewesen sein, aber als wir ein paar Jahre später gemeinsam zu arbeiten begannen, war insgeheim Bioy der Lehrer. Er und ich unternahmen viele literarische Abenteuer. Wir stellten Anthologien argentinischer Dichtung zusammen, phantastischer Erzählungen und Kriminalgeschichten; wir schrieben Artikel und Vorworte; wir kommentierten Sir Thomas Browne und Gracián; wir übersetzten Kurzgeschichten von Schriftstellern wie Beerbohm, Kipling, Wells und Lord Dunsany; wir gründeten eine Zeitschrift, *Destiempo*, die es auf drei Nummern brachte; wir schrieben Drehbücher, die ausnahmslos abgelehnt wurden. Entgegen meiner Vorliebe für das Pathetische, Sentenziöse und Barocke überzeugte mich Bioy davon, daß Beherrschung und Maß erstrebenswerter sind. Wenn ich es etwas absolutistisch ausdrücken darf: Bioy brachte mich schrittweise zum Klassizismus.
>
> Irgendwann in den frühen vierziger Jahren begannen wir dann, zusammen zu schreiben – ein Unternehmen, das mir bis dahin unmöglich erschienen war. Ich hatte mir eine, wie wir fanden, recht gute Handlung für eine Detektivgeschichte ausgedacht. An einem regnerischen Morgen meinte Bioy, wir sollten es versuchen. Zö-

1 Emir Rodriguez Monegal, *J. L. Borges, A Literary Biography*, New York, Dutton, 1978.

2 Im *New Yorker* vom 19.9.1970 (dt. in J. L. Borges, *Gesammelte Werke* Bd. 9: *Borges über Borges*, München, Hanser, 1980, p. 50-51).

gernd willigte ich ein, und etwas später an diesem selben Vormittag passierte es. Ein Dritter, Honorio Bustos Domecq, trat auf den Plan und übernahm die Führung.

Am Ende herrschte er über uns mit eiserner Hand, und wir sahen ihn, erst mit Vergnügen, dann mit Unbehagen, ganz anders werden als wir selbst, mit eigenen Einfällen, eigenen Wortspielen und einem eigenen sehr erlesenen Stil. Domecq war der Name eines Urgroßvaters von Bioy und Bustos der Name eines meiner Urgroßväter aus Córdoba. Bustos Domecqs erstes Buch hieß *Seis problemas para Don Isidro Parodi* (1942), und während es geschrieben wurde, verließ er uns nie. Max Carrados hatte einen blinden Detektiv erfunden; Bioy und ich gingen noch einen Schritt weiter und sperrten unseren Detektiv in eine Gefängniszelle. Das Buch wurde gleichzeitig eine Satire auf die Argentinier. Jahrelang kam Bustos Domecqs doppelte Identität nicht ans Licht. Als es dann doch geschah, meinten die Leute, da Bustos ein Scherz war, seien auch seine Schriften nicht ernst zu nehmen.

Aber das argentinische Publikum hatte noch andere Gründe, sich auf den Arm genommen zu fühlen oder zumindest verblüfft zu sein. Das Buch hat ein Vorwort von einem seiner Protagonisten, Gervasio Montenegro. Doch nicht genug damit, daß ein Protagonist eines Buches dem Buche, dem er entspringt, ein Vorwort vorausschickt: schlimmer noch ist, daß dieser Montenegro jedesmal, wenn er in einer Erzählung des Buches auftritt, als ein Trottel und aufgeblasener Schwätzer daherkommt. Wie soll man ihm dann Gehör schenken, wenn er mit soviel Inbrunst und schöner, akademisch-pompöser Rhetorik seinen Autor preist? Wir sind beim Paradox des Kreters Epimenides: Alle Kreter sind Lügner, sagt Epimenides, aber wie soll man ihm Glauben schenken, wenn er doch selbst ein Kreter ist und folglich ein Lügner? (Apropos, ein anderer Protagonist, der bei dieser Gelegenheit wie eine Erfindung von Borges wirkt, ein gewisser Paulus von Tarsos, zitiert besagtes Epimenides-Diktum in seinem Brief an Titus als glaubwürdige Quelle für die Verlogenheit der Kreter – denn, wie er anfügt, wenn dies ein Kreter bezeugt, der schließlich die Kreter kennt, müssen wir ihm wohl glauben ...)

2. Doch nicht nur aus diesen Gründen mußten die *Seis problemas* das argentinische Publikum irritieren. In diesen Erzählungen steckt noch ein weiteres Spiel, das auch in der trefflichsten Übersetzung unweigerlich an Reiz verliert: Die Reden der verschiedenen Leute, die den Don Isidro in seiner Zelle besuchen, sind ein Feuerwerk an Gemeinplätzen, Bildungsticks, modisch-kitschigen Schwächen und Affektiertheiten der argentinischen Intelligenzia jener Jahre. Selbst in der besten Übersetzung (die aber nicht einmal dann gelänge, wenn es gälte, *dieses* Spanisch in ein anderes Spanisch zu übersetzen, ein anderes als das zwischen Lavalle, Corrientes und der La-Plata-Mündung gesprochene Idiom) gehen die mannigfachen ironischen Anspielungen verloren, denn verändert hat sich in jedem Falle der Leser, der nicht nur eine andere Sprache spricht, sondern auch nicht mehr der argentinische Leser von 1942 ist. Er muß also schon seine Phantasie anstrengen, um sich das Buenos Aires von damals vorzustellen und die parodistische Kraft eines Buches, in dem (wie Rodriguez Monegal schreibt) »die Feierlichkeit des gesprochenen Argentinischen mit all seinen Varianten (dem proletarischen Slang, den französisierten Floskeln der Pseudointellektuellen, dem dichten und antiquierten Spanisch der Spanier, dem italianisierenden Jargon) zerschlagen wird mit Hilfe von Charakteren, die mehr noch *sprachliche* als erzählerische Figuren sind. Es war das erste Mal in Argentinien, daß ein gezielter Versuch, eine Erzählung mit Hilfe der Parodie auf die Form und Sprache des Erzählens zu schaffen, erfolgreich gelang.«

Mir kommt hier ein etymologisches Spiel in den Sinn, das ich, ohne Gewähr, den Liebhabern Isidors (Isidros?) von Sevilla, Heideggers und der *dérive*-Exerzitien à la Derrida anvertraue: Daß Don Isidro mit Nachnamen Parodi heißen kann, ist nicht weiter verwunderlich, denn Parodi ist ein ganz normaler italienischer (ligurischer) Name, und nichts ist in Argentinien normaler als ein italienischer Name (man erzählt den Witz von dem Argentinier, der nach Italien kommt und sich wundert, daß alle Italiener argentinische Nachnamen haben). Aber von »Parodi« ist es nicht weit bis zu »Parodie«. Ein Zufall?

Wie dem auch sei, an diesem Punkt mag es scheinen, als gebe es nur sehr wenige Gründe, diese Erzählungen heute noch zu lesen.

Wer soll ihre Anspielungen auf den Jargon verstehen, wer soll sich mit Kriminalgeschichten begnügen, die bloß ironische Spiegelbilder der »richtigen« Detektivstories sind... Also was? Soll man nicht besser dann gleich die wirklich großen Geschichten von Borges lesen, Geschichten von echter *detection* (oder fingierter) in den *Ficciones*, wie etwa *Der Tod und der Kompaß*?

In der Tat ist der erste Eindruck des Lesers, wenn er sich auf die Geschichten Don Isidros einläßt, daß – einmal abgesehen von den unverständlichen Anspielungen auf Jargons und Moden – das tiradenhafte Geschwätz der diversen Typen gänzlich hohl und nichtssagend ist. Die Versuchung liegt nahe, ihre endlosen Monologe rasch zu überfliegen und nur wie eine Art musikalische Untermalung zu nehmen, um gleich ans Ende zu kommen und sich an Don Isidros (nicht zu rechtfertigender) Lösung zu erfreuen. Es erhebt sich mithin der Verdacht, daß diese Geschichten bloß unterhaltsame Lösungen *falscher* Rätsel darstellen, wie der bekannte Witz vom Schiff und dem Kapitän (Problem: Das Schiff ist dreißig Meter lang, der Hauptmast zehn Meter hoch, die Zahl der Matrosen vier. Wie alt ist der Kapitän? Lösung: Vierzig. Erklärung der Lösung: Ich weiß es, weil er's mir gesagt hat).

Doch der Verdacht ist falsch. Die sechs Erzählungen halten sich alle an eine Grundregel der Kriminalgeschichte: sämtliche Daten, die der Detektiv zur Lösung des Falles benötigt, werden dem Leser mitgeteilt. Das Geschwätz all dieser eitlen Tröpfe steckt voller *wichtiger* Informationen.

Der Unterschied zu den klassischen Detektivgeschichten liegt darin, daß man sich bei jenen, wenn man sie in Kenntnis der Lösung ein zweites Mal liest, dauernd sagt: »Natürlich! Wie konnte ich das nur übersehen?« – während man sich beim Wiederlesen der Geschichten Don Isidros kopfschüttelnd fragt: »Wieso hätte ich denn gerade diese Einzelheit zwischen all den anderen bemerken sollen? Warum hat sich Don Isidro gerade diese Information herausgegriffen und die anderen als irrelevant abgetan?«

Man nehme zum Beispiel die vierte Geschichte, *Die Vorsorge Sangiácomos*. Eines Abends nach dem Essen behauptet der Commendatore, er habe in der dritten Schublade seines Schreibtisches einen *Pumita* (kleinen Puma) aus gebranntem Ton. Das Mädchen

Pumita wundert sich. Nichts erlaubt uns, diese Tatsache als ein Indiz zu nehmen. Es ist normal, daß ein Mädchen namens Pumita bei der Erwähnung eines Pumita aufhorcht. Später erfährt Don Isidro (und der Leser mit ihm), daß der Commendatore eine Schlange aus Ton in seiner Schublade hatte. Was erlaubt uns nun (und was erlaubt Don Isidro) anzunehmen, daß die Schlange dort *statt* des Pumita lag? Warum sollte der Commendatore nicht *zwei* Tonfiguren in seiner Schublade haben? Aber nehmen wir an, dieser Hinweis brachte Don Isidro auf den Gedanken, der Commendatore habe an jenem Abend gelogen (indem er sagte, er habe einen Pumita, während er in Wahrheit eine Schlange hatte). Was aber bringt nun Don Isidro auf den Gedanken, der Commendatore habe gelogen, um herauszufinden, ob das Mädchen Pumita in seiner Lade gestöbert hatte?

Die Geschichten Don Isidros wimmeln von solchen Indizien. Was zweierlei beweist: Erstens ist das Geschwätz der Typen nicht irrelevant und fungiert nicht nur als Sprachparodie; es ist strukturell bedeutsam. Und zweitens muß Don Isidro, um in diesem Geschwätz »lesen« zu können, einen »Schlüssel« haben, beziehungsweise eine sehr starke Hypothese. Was für ein Schlüssel könnte das sein?

Wie man gleich sehen wird, erweist sich aus den genannten Gründen die Lektüre der Geschichten Don Isidros als höchst anregend und unterhaltsam. Daß sie unterhaltsam sind, würde bereits genügen, um die Mühe ihrer Lektüre zu rechtfertigen (man verzeihe mir die ästhetische Ungeschlachtheit dieser Behauptung, aber ich gehöre zu denen, die noch – oder wieder – meinen, daß Unterhaltsamkeit ein hinreichender Grund für die Lektüre einer Geschichte ist). Doch hier ist das Problem ein anderes.

Der Mechanismus der Don-Isidro-Geschichten antizipiert das Grundmuster vieler anderer (späterer) Geschichten von Borges, vielleicht sogar aller. Ich nenne ihn hier (und will das in den folgenden Abschnitten begründen) den *Mechanismus der Konjektur in einer kranken Spinoza-Welt.*

3. Borges scheint alles gelesen zu haben, was es gibt (und sogar noch mehr, hat er doch auch inexistente Bücher rezensiert). Dennoch las er vermutlich nie die *Collected Papers* von Charles Sanders Peirce,

einem der Stammväter der modernen Semiotik.[3] Ich kann mich irren, doch ich verlasse mich auf Rodriguez Monegal, der den Namen Peirce im Register seiner Borges-Biographie nicht anführt. Irre ich mich, so bin ich in guter Gesellschaft.

In jedem Fall ist es unerheblich, ob Borges die Schriften von Peirce gelesen hat oder nicht. Es scheint mir gut borgesianisch, anzunehmen, daß die Bücher miteinander sprechen, ohne daß die Autoren (deren die Bücher sich bedienen, um zu sprechen – die Henne ist das Mittel, dessen das Ei sich bedient, um ein anderes Ei zu erzeugen) einander zu kennen brauchen. Tatsache ist nämlich, daß viele Geschichten von Borges aussehen wie perfekte Exemplifikationen jener Kunst der Schlußfolgerung, die Peirce das Denken durch Abduktion oder Hypothese genannt hat und die nichts anderes ist als die Konjektur.

Wir denken und folgern, sagt Peirce, auf dreierlei Weise: durch Deduktion, durch Induktion und durch Abduktion. Verdeutlichen wir uns diese drei Denkweisen an einem Beispiel von Peirce, das ich knapp skizzieren will, ohne den Leser zu sehr mit logischen und semiotischen Fachtermini zu ermüden.

Angenommen, ich habe vor mir auf dem Tisch ein Säckchen voll weißer Bohnen. Ich weiß, daß es weiße Bohnen enthält (sagen wir, ich habe es in einem Laden gekauft, wo Säckchen voll weißer Bohnen verkauft werden, und ich vertraue dem Kaufmann). Ich kann daher als *Gesetz* annehmen: »Alle Bohnen in diesem Säckchen sind weiß.« Sobald ich das Gesetz einmal kenne, erzeuge ich einen *Fall*: Ich greife mir blindlings eine Handvoll Bohnen heraus (blindlings: ich brauche nicht hinzusehen) und kann den Befund voraussagen: »Die Bohnen in meiner Hand sind weiß.« Die Deduktion aus einem (wahren) Gesetz, vermittelt durch einen Fall, prognostiziert mit absoluter Sicherheit ein *Resultat*.

Leider sind uns jedoch, außer in einigen axiomatisch bestimmten Systemen, sichere Deduktionen nur selten möglich. Kommen wir also zur Induktion. Ich habe vor mir ein Säckchen und weiß nicht, was es enthält. Ich greife hinein, ziehe eine Handvoll Bohnen heraus und sehe, daß sie allesamt weiß sind. Ich wiederhole das

3 Harvard University Press, 1931-1958 (s. o. S. 45, Anm. 6).

Experiment x-mal (wie oft ich es wiederhole, hängt davon ab, wieviel Zeit ich habe, oder wieviel Geld von der Ford Foundation zwecks Aufstellung eines wissenschaftlichen Gesetzes über die Bohnen im Säckchen). Nach einer hinreichenden Anzahl von Experimenten stelle ich folgende Überlegung an: Jedesmal ist der Befund eine Handvoll weißer Bohnen gewesen. Ich kann vernünftigerweise annehmen, daß meine Testergebnisse allesamt Fälle ein und desselben Gesetzes sind und daß mithin alle Bohnen im Säckchen weiß sein müssen. Aufgrund einer Reihe von (Test-)Resultaten, die ich als Fälle ein und desselben Gesetzes deute, gelange ich somit zur induktiven Formulierung dieses (wahrscheinlichen) Gesetzes. Bekanntlich genügt ein einziges schwarzes Böhnchen, das ich bei einem letzten Kontrollversuch aus dem Säckchen ziehe, und meine ganze induktive Bemühung ist für die Katz. Deswegen sind die Epistemologen so mißtrauisch gegenüber der Induktion.

In Wahrheit wissen wir nicht, was eine gültige Induktion ist, da wir nicht wissen, wie viele Versuche erforderlich sind, bis eine Induktion gut genannt werden kann. Genügen zehn? Und warum nicht neun? Und warum nicht acht? Und warum dann nicht einer?

An diesem Punkt verflüchtigt sich die Induktion und macht Platz für die Abduktion. Bei der Abduktion stehe ich vor einem sonderbaren, unerklärlichen Phänomen. Um in unserem Beispiel zu bleiben, ich finde vor mir auf dem Tisch ein Säckchen und daneben ein Häufchen weißer Bohnen. Ich weiß nicht, wie sie dort hingekommen sind, wer sie dort hingelegt hat noch woher sie stammen. Betrachten wir diesen Befund als einen sonderbaren Fall. Ich müßte nun ein Gesetz finden, demzufolge – vorausgesetzt, es ist wahr und der Befund ist ein Fall dieses Gesetzes – das Phänomen nicht mehr sonderbar wäre, sondern ein ganz vernünftiges Resultat.

Ich mache daher eine Konjektur: Ich unterstelle ein hypothetisches Gesetz, demzufolge a) das Säckchen Bohnen enthält und b) diese Bohnen weiß sind, und ich probiere, ob sich der Befund, den ich vor Augen habe, als ein Fall dieses Gesetzes betrachten läßt. Wenn alle Bohnen im Säckchen weiß sind, und wenn die Bohnen auf dem Tisch aus dem Säckchen stammen, ist es natürlich, daß diese Bohnen weiß sind.

Wie Peirce nun bemerkt, ist diese abduktive Denkweise typisch für alle »revolutionären« wissenschaftlichen Entdeckungen. Kepler »weiß« von seinen Vorgängern, daß die Planetenbahnen kreisförmig sind. Er beobachtet zwei Positionen des Mars und stellt fest, daß sie zwei Punkte (x und y) berühren, die nicht zwei Punkte auf einem Kreis sein können. Der Befund ist sonderbar. Er wäre es nicht mehr, wenn man (hypothetisch) annähme, daß die Planeten eine Bahn beschreiben, die sich durch eine andersartige Kurve darstellen läßt, und wenn man verifizieren könnte, daß x und y zwei Punkte auf dieser andersartigen (nicht kreisförmigen) Kurve sind. Kepler muß also ein neues Gesetz finden. Er könnte sich vorstellen, daß die Planetenbahnen parabolisch verlaufen, oder sinusförmig ... Warum er ausgerechnet an die Ellipse denkt, braucht uns hier nicht zu interessieren (er hat dafür gute Gründe). So macht er nun seine Abduktion: Wenn die Planetenbahnen elliptisch wären, und die beiden festgestellten Marspositionen (x und y) wären Fälle dieses Gesetzes, dann wäre das beobachtete Resultat nicht mehr verwunderlich. Natürlich muß Kepler seine Abduktion jetzt überprüfen, indem er eine neue Deduktion erfindet: Wenn die Planetenbahnen elliptisch sind (oder jedenfalls die des Mars), dann ist Mars an einem Punkt zu erwarten, der ein weiterer Punkt auf der Ellipse ist. Kepler erwartet ihn dort und findet ihn. Im Prinzip ist die Abduktion damit verifiziert. Es bedarf jetzt nur noch vieler weiterer Verifikationen, um zu prüfen, ob die Hypothese nicht falsifiziert werden kann. Ich habe die Phasen der Entdeckung selbstverständlich verkürzt. Tatsache ist aber, daß der Wissenschaftler nicht zehntausend induktive Experimente zu machen braucht. Er stellt eine Hypothese auf, eine kühne womöglich, die einer Wette sehr nahe kommt, und prüft sie. Solange die Prüfung positive Resultate ergibt, hat er gewonnen.

Nicht anders verfährt auch der Detektiv. Liest man die Methodenerklärungen von Sherlock Holmes nach, so wird man entdecken, daß er, sooft er auch (und mit ihm Conan Doyle) von Deduktion und Beobachtung sprechen mag, in Wahrheit an eine Folgerungsweise denkt, die der Peirceschen Abduktion sehr ähnelt.[4]

4 Zu einer Reihe von Studien über die Verhältnisse zwischen der Abduktion nach Peirce, der Methode von Sherlock Holmes, der wissenschaftlichen Methode und der literarischen Hermeneutik, vgl. U. Eco und Th. A. Sebeok (Eds.), *The Sign of Three*, Indiana Univ. Press 1983 (dt. *Der Zirkel oder Im Zeichen der Drei. Dupin, Holmes, Peirce*, München, Fink, 1985).

Bemerkenswert ist, daß Peirce einen Terminus wie *abduction* benutzt. Gewiß, er hat ihn in Analogie zu Deduktion und Induktion gebildet (sowie unter Bezugnahme auf aristotelische Termini), aber *abduction* heißt im Englischen auch »Entführung« und »Raub« (Mozarts *Entführung aus dem Serail* heißt englisch »The Abduction from the Serraglio«). Wenn ich einen sonderbaren Befund in einem noch unerforschten Problembereich habe, kann ich nicht hingehen und ein Gesetz *dieses* Bereiches suchen (gäbe es eins und hätte ich davon Kenntnis, wäre das Phänomen nicht mehr sonderbar). Ich muß mich umschauen und *von anderswoher* ein Gesetz »entführen« oder »entleihen«. Ich muß, wenn man so will, per Analogie vorgehen.

Kommen wir noch einmal auf die Abduktion über die weißen Bohnen zurück. Ich finde auf dem Tisch eine Handvoll Bohnen und daneben ein Säckchen. Wer oder was sagt mir, daß ich die Bohnen mit dem Säckchen verbinden muß? Sie können ebensogut aus einer Schublade stammen, oder jemand könnte sie hergebracht haben und wieder gegangen sein. Wenn ich meine Aufmerksamkeit auf das Säckchen richte (und wieso gerade auf *dieses* Säckchen?), dann tue ich das, weil sich in meinem Kopf eine Art Plausibilität abzeichnet, eine Vermutung von der Art: »Es ist doch logisch, daß diese Bohnen aus diesem Säckchen stammen.« Aber nichts garantiert mir die Richtigkeit meiner Hypothese.

Dennoch ist genau dies das Procedere bei vielen großen wissenschaftlichen Entdeckungen. Aber auch bei vielen kriminalistischen Entdeckungen und bei vielen medizinischen Hypothesen über die Art und Ursache einer Krankheit (und bei vielen Hypothesen des Philologen, der einen lückenhaften oder konfusen Text zu verstehen sucht). Man lese noch einmal (oder nun wirklich) die zweite Don-Isidro-Geschichte, *Die Nächte Goliadkins*. Alles, was dem Gervasio Montenegro auf seiner Reise im Panamericano-Expreß widerfährt, ist sonderbar, verwunderlich, bar jeder Logik... Don Isidro löst das Problem (die Daten, die er erfährt, stellen ein vorgefundenes Resultat dar), indem er annimmt, es könnte ein Fall eines ganz anderen Gesetzes sein, nämlich des Gesetzes der Inszenierung. Wenn alles, was da im Zug geschehen ist, ein inszeniertes Theater gewesen wäre, in welchem niemand wirklich das war, was er zu sein vorgab, dann wäre die Verkettung der Ereignisse nicht mehr mysteriös. Alles wäre dann vollkommen klar, elementar (lieber Watson). Und tatsächlich, so war es. Montenegro ist ein Schwätzer und bemächtigt sich der Lösung Don Isidros mit dem Satz: »Die kühl-spekulative Intelligenz bestätigt die geniale Intuition des Künstlers.« Doch obwohl Lügner und Betrüger, sagt er damit eine große Wahrheit: Es gibt keinen Unterschied (auf der höchsten Stufe) zwischen der kühl-spekulativen Intelligenz und der Intuition des Künstlers. Es gibt etwas Künstlerisches in der wissenschaftlichen Entdeckung und etwas Wissenschaftliches in dem, was die Naiven »geniale Intuition des Künstlers« nennen. Das beiden Gemeinsame ist die glücklich gelungene Abduktion.

Doch um »glücklich« die relevanten Daten in Montenegros Bericht zu erkennen, bedurfte es einer vorgängigen Konjektur: eben der Annahme, daß jedes Element des Geschehens im Zug als Element einer Theaterinszenierung gelesen werden mußte. Wie kommt Don Isidro auf diese Konjektur? Wenn wir das erklären können, begreifen wir etwas vom Verfahren der Abduktion wie auch von der Borgesschen Metaphysik.

Es gibt mindestens drei Stufen der Abduktion. Auf der ersten Stufe ist der Befund zwar unerklärlich und sonderbar, aber das Gesetz existiert bereits irgendwo, vielleicht im Innern des betreffenden Problembereichs, und man muß es nur finden (als das Gesetz mit der größten Wahrscheinlichkeit). Aus der zweiten Stufe ist das Gesetz schwer zu erkennen. Es existiert woanders, in einem anderen Problembereich, und man muß eine Wette darauf riskieren, daß es sich auf den vorliegenden Problembereich ausdehnen läßt (dies war der Fall bei Kepler). Auf der dritten Stufe existiert das Gesetz noch nicht, und man muß es erfinden. Dies war der Fall bei Kopernikus, der eines Tages beschloß, das Universum müsse heliozentrisch sein, aus Gründen der Symmetrie und der »rechten Gestalt«.[5]

Wir könnten hier die gesamte Geschichte der Naturwissenschaften, der Kriminalistik, der Textinterpretation, der Medizin (und anderer Disziplinen) durchgehen, um festzustellen, wann und wie

5 Vgl. meinen Aufsatz »Guessing: from Aristotle to Sherlock Holmes«, in *Versus* 30, 1981, sowie M. Bonfantini und G. Proni, »To Guess or not to Guess?«, in *The Sign of Three*, cit.

jeweils Abduktionen zweiten und dritten Grades ins Spiel kommen. Aber stets, wann immer der Wissenschaftler, der Detektiv, der Philologe und Kritiker eine Abduktion vornehmen, müssen sie eine Wette riskieren: daß die von ihnen gefundene Lösung (die *mögliche* Welt ihrer hypothesenbildenden Phantasie) der *wirklichen* Welt entspricht. Und darum müssen sie weitere Prüfungen und Verifikationen vornehmen.

Im (klassischen) Kriminalroman, von Conan Doyle bis Rex Stout, sind diese Prüfungen nicht notwendig. Der Detektiv erfindet die Lösung in seinem Geist und »sagt« sie, als ob sie die Wahrheit wäre – und prompt wird die Hypothese von Watson, vom anwesenden Mörder oder von jemand anderem verifiziert. Sie sagen: »Genauso war's!«, und der Detektiv ist sicher, daß er richtig geraten hat. Im Kriminalroman garantiert der Autor (der an Gottes Stelle agiert) die Entsprechung zwischen der vom Detektiv imaginierten *möglichen* und der *wirklichen* Welt. Außerhalb des Kriminalromans sind Abduktionen riskanter und stets vom Scheitern bedroht.

Borges' Erzählungen sind nun insofern Parodien auf den klassischen Kriminalroman, als Don Isidro nicht einmal mehr darauf angewiesen ist, daß ihm jemand die Richtigkeit seiner imaginierten Lösung bestätigt. Er ist sich ihrer vollkommen sicher, und Borges-Bioy mit ihm (und der Leser mit ihnen). Warum?

4. Um sicher zu sein, daß der Geist des Detektivs die Abfolge der Ereignisse und Gesetze so rekonstruiert hat, wie sie tatsächlich gewesen sein mußte, bedarf es einer tiefen spinozaischen Überzeugung, nämlich daß *ordo et connexio idearum idem est ac ordo et connexio rerum.*[6] Die Bewegungen unseres forschenden Geistes folgen den gleichen Gesetzen wie die Wirklichkeit. Wenn wir »richtig« denken, müssen wir nach denselben Gesetzen denken, die den Zusammenhang und die Ordnung der Dinge regeln. Wenn sich ein Detektiv in den Geist eines Mörders versetzt, gelangt er unweigerlich an denselben Punkt wie der Mörder. In diesem spinozaischen Universum ist der Detektiv nicht nur derjenige, der begreift, was der Mörder *getan hat* (weil er nicht anders konnte, wenn es eine Logik des Geistes

6 »Die Ordnung und der Zusammenhang der Dinge ist identisch mit der Ordnung und dem Zusammenhang der Ideen.« (Spinoza, *Ethik*, II, 7.).

und der Dinge gibt). In dieser Spinoza-Welt wird der Detektiv auch wissen, was der Mörder demnächst *tun wird*. Und er kann hingehen, um ihn am Ort seines nächsten Verbrechens zu erwarten.

Doch wenn der Detektiv so räsonieren kann, kann es auch der Mörder. Er kann sich so verhalten, daß der Detektiv hingehen wird, um ihn am Ort seines nächsten Verbrechens zu erwarten – nur wird dann das Opfer dieses nächsten Verbrechens der Detektiv selber sein.

Dies ist es, was in der Erzählung *Der Tod und der Kompaß* geschieht – und praktisch in allen Borges-Erzählungen, jedenfalls in den fesselndsten und beunruhigendsten.

Das Borgessche Universum ist eine Welt, in der verschiedene Köpfe und Geister nicht anders können, als nach den Gesetzen der Bibliothek zu denken.

Aber diese Bibliothek ist von Babel. Ihre Gesetze sind nicht die der neopositivistischen Wissenschaft, sondern es sind *paradoxe* Gesetze. Die Logik des Geistes und die(selbe) der Welt sind beide eine Unlogik. Eine eherne Unlogik. Nur unter dieser Bedingung kann Pierre Menard »denselben« *Don Quijote* neuschreiben. Doch nur unter dieser Bedingung wird dann, leider, derselbe *Don Quijote* ein anderer *Don Quijote* sein.

Was ist das rigoros Unlogische im Borgesschen Universum, und was erlaubt Don Isidro, mit rigoroser Unlogik die Prozesse einer ebenso rigoros unlogischen Außenwelt zu rekonstruieren? Das Borgessche Universum funktioniert nach den Gesetzen der Inszenierung, das heißt der *Fiktion*.

Man lese noch einmal alle sechs Don-Isidro-Geschichten. In keiner haben wir Ereignisse, die von sich aus geschehen, wie es (meinen wir) im wirklichen Leben geschieht. Stets entdeckt Don Isidro, daß alles, was seinen Klienten widerfahren ist, eine Verkettung von Ereignissen war, *die ein anderes Hirn ersonnen hatte*. Er entdeckt, daß seine Klienten sich schon im Rahmen einer Erzählung und nach den Erzählungsgesetzen bewegten, daß sie die unbewußten *dramatis personae* eines bereits geschriebenen Dramas waren. Don Isidro entdeckt »die Wahrheit«, weil sowohl er selbst mit seinem fruchtbaren Geist als auch die Subjekte seiner Ermittlung nach den gleichen Gesetzen der Fiktion vorgehen.

Dies, scheint mir, ist ein sehr guter Schlüssel zur Lektüre auch der anderen Geschichten von Borges. Nie steht man vor dem Zufall oder dem Schicksal, stets ist man im Innern einer (kosmischen oder situationsbedingten) Intrige, einer Fabel, ersonnen von einem anderen Geist nach den Gesetzen einer phantastischen Logik, die keine andere ist als die Logik der Bibliothek.

Das war es, was ich meinte, als ich vom Mechanismus der Konjektur in einer kranken Spinoza-Welt sprach. Einer »kranken« freilich nur in bezug auf Spinoza, nicht auf Borges. Für Borges ist diese Welt, in welcher der Detektiv und der Mörder am Ende immer einander begegnen, weil beide nach derselben phantastischen Unlogik vorgehen, die gesündeste und »wahrste« aller Welten.

Wenn wir davon überzeugt sind, erscheint uns Don Isidros Denkweise nicht mehr paradox. Don Isidro ist ein perfekter Bewohner dieser (entstehenden) Borges-Welt. Und es ist ganz normal, daß er jeden Fall in der Abgeschlossenheit seiner Zelle zu lösen vermag. Die Unordnung und Zusammenhanglosigkeit der Ideen ist identisch mit der Unordnung und Zusammenhanglosigkeit der Dinge, das heißt der Welt.

Ob man dies nun in der Welt denkt, mit Spürnase für die Fakten, oder in der Abgeschlossenheit einer Gefängniszelle, mit Spürnase für die unbewußten Verfälschungen tumber Beobachter, ist dabei unerheblich. Im Gegenteil, ein Gefängnis ist sogar besser als die Welt: der Geist kann ungestört von allzuviel äußerem »Lärm« funktionieren. Der ruhige Geist wird eins mit den Dingen.

Aber was sind dann die Dinge? Und was ist dann, auf die Dinge bezogen, die Literatur?

Ach, lieber Leser, du fragst mich zuviel. Ich wollte dir bloß erklären, daß der Don Isidro von Biorges eine Figur von Borges ist und daß es sich deshalb lohnt, über seine Methode nachzudenken. Biorges scherzt nicht. Er spricht »ernsthaft«, und das heißt durch Parodi-en.

Ob die Welt denn »wirklich« so läuft? Ich glaube, auf diese Frage würde Borges mit einem Lächeln antworten. Frei nach Villiers de L'Isle Adam: wie fade, die Wirklichkeit! Lassen wir unsere Diener sie für uns erleben!

(1983)

Die Welten der Science Fiction

Man ist gewöhnlich versucht, der Science Fiction umstandslos verschiedene literarische Gattungen zuzurechnen, sofern diese nur irgendwie von zukünftigen oder utopischen Welten handeln – kurz: von einem *outer space*.

So verstanden wäre die Science Fiction nichts anderes als eine moderne Form der *romance* oder gar des Ritterromans, nur daß in ihr die Zauberschlösser und Drachen durch Raumschiffe und extraterrestrische Monster ersetzt werden. Aber können wir die Definition der SF-Gattung derart erweitern, ohne dabei – zu allgemein – vom Wesen der Epik, des Mythos und des Pikaresken zu sprechen?

Zweifellos hat sich in der erzählenden Literatur seit ältesten Zeiten gegen die sogenannte realistische Strömung eine Tendenz entwickelt, die strukturell mögliche Welten entwirft. Ich sage »strukturell mögliche Welten«, da selbstverständlich jedes erzählende Werk – auch das realistischste – eine mögliche Welt entwirft, insofern es eine Population von Individuen und eine Reihe von faktischen Zuständen präsentiert, die nicht denen der Welt unserer Erfahrung entsprechen. Nennen wir im folgenden »wirkliche Welt« beziehungsweise »reale« oder »normale« die Welt, in der wir leben oder zu leben meinen, so wie sie uns der Gemeinverstand oder die kulturelle Enzyklopädie unserer Epoche definiert – auch wenn nicht gesagt ist (siehe Berkeley), daß diese Welt wirklich real ist, auch wenn wir oft meinen, daß sie nur sehr wenig einer Norm entspricht. Nun ist aber auch eine realistische Erzählung stets auf einer Reihe von kontrafaktischen Konditionalsätzen aufgebaut (was wäre geschehen, wenn in der wirklichen Welt des französischen neunzehnten Jahrhunderts ein soundso geartetes Individuum namens Rastignac existiert hätte, oder was wäre geschehen, wenn ein mögliches Individuum, das sich Graf von Monte Cristo nennen ließ, tatsächlich durch Manipulation der Nachrichtensendungen über den optischen Telegraphen den Gang der Pariser Börse verändert hätte?). Die »realistisch« erzählten Ereignisse sind allemal kontrafaktisch in bezug auf den Gang der realen Welt, aber die realistische Literatur spielt mit kontrafaktischen Sätzen vom Typus: »Was würde geschehen, wenn in einer biologisch, kosmologisch und gesellschaftlich ähnlichen Welt wie der unseren Dinge geschähen, die zwar nicht faktisch geschehen sind, aber die ihrer Logik nicht widersprechen?«

Die realistische Literatur geht so vor, wie wir es mit jenen kontrafaktischen Sätzen tun, mit denen wir unser tägliches Dasein nähren: »Was würde mir geschehen, wenn ich in diesem Moment die Niederschrift dieses Aufsatzes abbräche und meinen Computer zerschlüge?«

Die phantastische Literatur hingegen unterscheidet sich von der realistischen darin, daß die mögliche Welt, die sie entwirft, *strukturell* andersartig ist als die wirkliche. Ich gebrauche den Terminus »strukturell« hier in einem sehr weiten Sinne, er kann sich ebensogut auf die kosmologische wie auf die soziale Struktur beziehen. Die Welt Äsops unterscheidet sich von der wirklichen nur in biologischer oder zoologischer Hinsicht, die Welt der Reiche des Mondes und der Sonne von Cyrano de Bergerac weist beträchtliche kosmologische Unterschiede zur realen Welt auf, während das, was Bacons Neues Atlantis von unserer Welt unterscheidet, im wesentlichen seine soziale Struktur ist. Sagen wir also, die phantastische Literatur spielt mit kontrafaktischen Sätzen des folgenden Typus: »Was würde geschehen, wenn die wirkliche Welt nicht so wäre, wie sie ist, wenn also ihre Struktur anders wäre?«

Ausgehend von dieser Frage kann die phantastische Literatur nun verschiedene Wege einschlagen:

1. *Allotopie*. Sie kann sich vorstellen, daß unsere Welt tatsächlich anders sei, als sie ist, daß also Dinge in ihr geschähen, die gewöhnlich nicht geschehen (daß die Tiere sprechen können, daß es Zauberer und Feen gibt). Mit anderen Worten, sie konstruiert eine alternative Welt und nimmt an, daß diese Welt realer sei als die wirkliche, soviel realer, daß der Leser glauben soll, die phantastische Welt sei die einzig wirklich reale. Es ist geradezu typisch für die Allotopie, daß uns, wenn die alternative Welt einmal vorgestellt worden ist, ihre Beziehungen zur realen Welt nicht mehr interessieren, oder höchstens noch als Allegorien.

2. *Utopie*. Sie kann sich vorstellen, daß die erzählte mögliche

Welt parallel zu der unseren sei, daß sie irgendwo existiere, auch wenn sie uns normalerweise nicht zugänglich ist. Dies ist die Form, in die der utopische Roman sich gewöhnlich kleidet, sei's daß die Utopie im projektiven Sinne verstanden wird, als Bild einer idealen Gesellschaft wie bei Thomas More, oder im karikaturalen Sinne, als ironische Deformation unserer Wirklichkeit wie bei Swift. Die parallele Welt kann früher einmal existiert haben oder an einem fernen Ort existieren. Gewöhnlich stellt sie modellhaft dar, wie die wirkliche Welt *sein sollte*.

3. *Uchronie*. Die Utopie kann zur Uchronie werden, wenn der kontrafaktische Satz die folgende Form annimmt: »Was wäre geschehen, wenn das, was wirklich geschehen ist, anders geschehen wäre – zum Beispiel wenn Julius Cäsar nicht an den Iden des März ermordet worden wäre?« Wir haben sehr schöne Beispiele von uchronischer Historiographie zum besseren Verständnis der Ereignisse, aus denen die aktuelle Geschichte hervorgegangen ist.

4. *Metatopie und Metachronie*. Schließlich kann die mögliche Welt eine künftige Phase der wirklichen Welt von heute darstellen; und bei aller strukturellen Verschiedenheit von der wirklichen Welt kann die mögliche Welt gerade deswegen möglich (und wahrscheinlich) sein, weil die Veränderungen, denen sie unterzogen worden ist, nichts anderes sind als Verlängerungen der tendenziellen Entwicklungslinien unserer wirklichen Welt. Wir werden diesen Typ der phantastischen Literatur als »Antizipations-Roman« bezeichnen und diesen Begriff benutzen, um die Science Fiction genauer zu definieren. Ich schließe nicht aus, daß es sogenannte SF-Stories gibt, die in gewisser Weise wie die Geschichten des ersten Typus (die allotopischen) funktionieren, also wie Fabeln. In denen womöglich von einer Zukunftswelt gefabelt wird und in denen die Natur dieser Welt sich womöglich als ferne Konsequenz dessen präsentiert, was in unserer Welt geschieht, wobei aber das, was uns interessiert, nur der halluzinierte und halluzinatorische Zustand der beschriebenen Welt ist. Es handelt sich um Geschichten, in denen nicht so sehr interessiert, wie eine solche Welt möglich geworden ist, sondern was in jener Welt geschieht. In diesem Sinne spricht man von *space opera* oder von Geschichten über »bug-eyed monsters«, die nichts anderes sind als eine flache SF-Version der *gothic*

novel. Die Geschichte bewegt sich zwar in einer antizipierten Welt, aber es gibt in ihr keine Reflexion über die Antizipation als solche. Angesichts dieser Art von Geschichten brauchen wir uns nur zu fragen, ob das, was da geschieht, nicht zum Beispiel auch in der *Earthsea*-Trilogie von Ursula LeGuin[1] geschehen könnte (die nicht Science Fiction ist, so glänzend sie auch als *romance* sein mag), und schon haben wir eine Abgrenzungslinie, um zu entscheiden, daß hier nicht genuine Science Fiction vorliegt.

Desgleichen gibt es sogenannte SF-Stories, die zu unserer zweiten Kategorie gehören, das heißt zur utopischen Erzählung. Gewiß existiert eine Science Fiction der parallelen Welten. Aber ich glaube, es gibt ein Kriterium zur Bestimmung, ob eine Geschichte von parallelen Welten Science Fiction ist oder nicht: In der Science Fiction wird die parallele Welt immer durch irgendwelche Brüche oder Risse im Raum-Zeit-Gefüge gerechtfertigt, während sie in der klassischen Utopie einfach ein schwer identifizierbarer Nicht-Ort ist, ein ferner (womöglich vergangener und längst verschwundener) Winkel unserer hiesigen physischen Welt. Tatsächlich interessiert an dieser Art von utopischer Literatur weder die Kollokation noch gar die kosmologische Möglichkeit der erzählten möglichen Welt, sondern bloß ihre Möblierung oder das, was in ihr geschieht – als Spiegel für unsere Hoffnungen oder Enttäuschungen. Wenn dagegen die Science Fiction von möglichen Welten spricht, ist sie mehr an ihrer kosmologischen Möglichkeit (und den daraus resultierenden Paradoxen) als an ihren Inhalten interessiert. Ja, während die klassischen Utopien jeweils nur eine Parallelwelt vorsehen, geht es der Science Fiction um eine Vielzahl von parallelen Welten und um die Möglichkeit, von einer zur anderen zu gelangen (siehe zum Beispiel Frederic Brown, *What Mad Universe*[2]). Und wie wir sehen werden, ist die Bedingung, um diese kosmologischen Möglichkeiten zu erklären, stets irgendwie mit der antizipatorischen Natur der Erzählung verbunden. Die Möglichkeit ergibt sich aus der Extrapolation aus einem schon bekannten Gesetz.

Wie gesagt, wir haben schöne Beispiele für uchronische Science

1 Dt. *Erdsee.* Drei Romane, München, Heyne, 1986.
2 Dt. *Das andere Universum*, München, Heyne 1970.

Fiction, in der man nicht nur dank irgendeiner wissenschaftlichen Entdeckung in die Vergangenheit reisen kann, sondern in der sich auch die Kraftlinien der Vergangenheit modifizieren lassen, mit allen daraus folgenden Paradoxen. Aber ich würde sagen, auch wenn die Science Fiction zur History Fiction wird (und ich erinnere mich an einen Roman, in dem der Held, in die Vergangenheit projiziert, Leonardo da Vinci wurde), ist das, was an der Science Fiction interessiert, nicht so sehr die modifizierte Historie als die Mechanik ihrer Modifikation, das heißt die kosmologische Möglichkeit der Reise zurück, das »wissenschaftliche« Problem einer Projektion der möglichen Geschichte, ausgehend von den Tendenzen der aktuellen Welt.

Science Fiction als autonome Gattung liegt vor, wenn die kontrafaktische Spekulation über eine strukturell mögliche Welt dadurch erfolgt, daß schon die Möglichkeit der künftigen Welt aus bestimmten Tendenzen der wirklichen Welt extrapoliert wird. Oder anders gesagt, Science Fiction nimmt stets die Form einer Antizipation an, und die Antizipation kleidet sich stets in die Form einer *Konjektur*, die anhand realer Tendenzen der wirklichen Welt formuliert wird.

Freilich ist das, was dabei in weitem Sinne verstanden werden muß, gerade der Terminus *Science*; soll heißen, wir dürfen nicht nur an naturwissenschaftliche Konjekturen denken, sondern müssen auch die Humanwissenschaften wie Soziologie, Geschichte oder Linguistik mit einbeziehen. Es gibt gute Beispiele für soziologische Science Fiction (etwa *The Space Merchants* von Frederik Pohl und Cyril M. Kornbluth[3]) oder für linguistische Science Fiction (etwa *Shall We Have a Little Talk* von Robert Sheckley[4]), in denen der Leser nicht lange über die Wahrscheinlichkeit der technischen Mittel nachsinnt (seien sie Raumschiffe oder anderes), die als Vorwand genommen werden, um die Reise an einen bestimmten Ort oder die Möglichkeit einer bestimmten wissenschaftlichen Entwicklung zu rechtfertigen, sondern in denen nur interessiert, ob eine bestimmte soziale oder sprachliche Entwick-

3 Dt. *Eine Handvoll Venus und ehrbare Kaufleute*, München, Heyne, 1982.

4 Deutsch nicht erschienen.

lung aufgrund einer Konjektur, das heißt einer plausiblen Vermutung, wahrscheinlich ist.

Ich insistiere auf der Science Fiction als Konjektur-Erzählung aus einem recht einfachen Grund: gute Science Fiction ist nicht deshalb wissenschaftlich interessant, weil sie von technischen Wundern spricht (sie könnte auch ganz darauf verzichten), sondern weil sie sich als narratives Spiel auf dem Wesenskern jeder Wissenschaft präsentiert, nämlich auf ihrem Konjekturverfahren.

Mit anderen Worten, die Science Fiction ist Erzählung der Hypothese, der Konjektur oder der Abduktion, und in diesem Sinne ist sie ein wissenschaftliches Spiel par excellence, da jede Wissenschaft durch Konjekturen oder Abduktionen vorgeht.

Über das abduktive Verfahren habe ich bereits im vorigen Aufsatz anläßlich der Detektivgeschichten des Don Isidro Parodi von Borges und Bioy-Casares gesprochen. Hier erinnere ich nur an das dort gegebene Beispiel von Peirce: eine Handvoll weißer Bohnen auf dem Tisch und daneben ein Säckchen. Bei der Deduktion wüßte ich, daß das Säckchen weiße Bohnen enthält, ich wüßte, daß die Bohnen auf dem Tisch aus dem Säckchen stammen, und ich wüßte natürlich, daß die Bohnen auf dem Tisch weiß sind. Bei der Induktion würde ich, nachdem ich soundso viele Male weiße Bohnen aus dem Säckchen gezogen habe, daraus schließen, daß wahrscheinlich alle Bohnen im Säckchen weiß sind. Bei der Abduktion stehe ich jedoch vor dem »sonderbaren« Befund einer Handvoll Bohnen auf dem Tisch, und nur kraft einer konjekturalen Entscheidung wage ich die Hypothese, daß die Bohnen irgendwie mit dem Säckchen zu tun haben (und daß im Säckchen lauter weiße Bohnen sind). Nur im Licht dieser Hypothese erhält die Tatsache, daß da weiße Bohnen auf dem Tisch liegen, eine vernünftige und ökonomische Erklärung. Mit anderen Worten, bei der Abduktion stelle ich mir ein Gesetz vor, das so beschaffen ist, daß, falls der Befund, den ich erklären muß, ein Fall dieses Gesetzes wäre, das vorgefundene Resultat nicht mehr unerklärlich erschiene.

Was hat nun die Abduktion mit der Logik der möglichen Welten zu tun? Noch einmal: Ich finde eine Handvoll Bohnen auf dem Tisch. Daneben liegt ein Säckchen. Was sagt mir, daß ich die Bohnen auf dem Tisch mit dem Säckchen in Verbindung bringen muß? Ich könnte mich fragen, ob sie aus einer Schublade stammen oder ob sie jemand von außen hereingebracht hat. Wenn ich meine Aufmerksamkeit auf das Säckchen richte (und warum gerade auf *dieses* Säckchen?), dann tue ich das, weil sich in meinen Kopf eine Art Plausibilität abzeichnet. Diese Plausibilität kann verstanden werden als die organische Form, die eine mögliche Welt annimmt.

Oder anders gesagt, beim Wetten auf die Resultate unserer Konjektur nehmen wir an, daß, wenn die Dinge wirklich in der angenommenen Weise liefen, alles wohlausgewogen und harmonisch wäre. Newton nimmt an, wenn die Körper im Universum einander mit einer Kraft anzögen, die proportional dem Produkt der Massen und umgekehrt proportional dem Quadrat der Entfernungen wäre, würde damit eine ganze Reihe Probleme, von der irdischen Schwerkraft bis zu den Gesetzen der Himmelsmechanik, klar und in ökonomischer Weise erklärbar. Die konjekturale Wette des Wissenschaftlers, der sich dann befleißigen wird, seine Hypothese zu prüfen und zu falsifizieren, ist die Wette darauf, daß, wenn die wirkliche Welt analog der möglichen Welt seiner Konjektur wäre, die wirkliche Welt sehr viel vernünftiger aussähe, als sie zuvor ausgesehen hatte. Doch solange er seine Konjektur nicht auf die Probe stellt, bleibt das Gesetz, das er gefunden hat, das Gesetz einer strukturell *möglichen* Welt.

In diesem Sinne ist jede wissenschaftliche Operation – und ich denke dabei nicht nur an die Naturwissenschaften, sondern auch an die Hypothesen des Psychoanalytikers, des Detektivs, des Philologen, des Historikers – am Anfang ein hoch angesetztes Science-Fiction-Spiel. Umgekehrt stellt jedes Science-Fiction-Spiel eine besonders gewagte Form von wissenschaftlicher Konjektur dar. Die *Science* zieht den Befund aus der wirklichen Welt, aber um ihn zu erklären, formuliert sie ein (tentatives) Gesetz, das zunächst nur in einer parallelen Welt gilt (die der Wissenschaftler als »Modellwelt« antizipiert). Die Science *Fiction* vollführt eine symmetrisch umgekehrte Operation. Um noch einmal auf das Beispiel der Bohnen zurückzukommen, sie müßte von einem leeren Tisch ausgehen und den folgenden kontrafaktischen Satz formulieren: »Was würde geschehen, wenn auf dem Tisch eine Handvoll Bohnen läge?« (Natürlich wird der Fall interessanter, wenn ich mir vorstelle, auf dem Tisch befände sich ein Haufen grüner Männchen.) Mit anderen Worten, statt von einem faktischen Befund auszugehen, stellt sich die Science Fiction einen kontrafaktischen Befund vor. Dafür ist sie umgekehrt nicht gehalten, sich ein unbekanntes Gesetz vorzustellen, das diesen Befund erklären würde: sie kann versuchen, den möglichen Befund durch ein wirkliches Gesetz zu erklären, während die Wissenschaft den wirklichen Befund durch ein mögliches Gesetz erklärt.

Der andere evidente Unterschied zwischen den beiden Verfahrensweisen ist, daß die Wissenschaft, wenn sie das Gesetz einmal formuliert hat, sofort die Bedingungen herzustellen versucht, um es zu verifizieren und/oder zu falsifizieren. Die Science Fiction dagegen vertagt sowohl die Verifikation wie die Falsifikation ins Unendliche. Der Unterschied ist nicht immer so radikal, es kommt vor, daß Wissenschaftler die Hypothesen der Science Fiction ergiebig finden und daß umgekehrt Science-Fiction-Autoren, die nicht selten Wissenschaftler sind, auf einmal bemerken, daß sie genau das vorausgesagt haben, was beinahe wirklich geschehen wäre. Der Science-Fiction-Autor ist einfach ein unvorsichtiger Wissenschaftler, und oft ist er es aus strengen moralischen Gründen (besonders wenn er Mutmaßungen über soziale Phänomene anstellt), denn indem er eine mögliche Zukunft voraussieht und ankündigt, will er ihr de facto zuvorkommen. Man kann ja auch wissenschaftliche Entdeckungen einer hypothetischen Zukunft imaginieren (gefährliche Substanzen beschreiben oder unerträgliche soziale Zustände ausmalen), gerade damit diese Entdeckungen nie gemacht werden, diese Substanzen nie produziert werden und diese Zustände nie eintreten. So verstanden (und man denke an Orwells *1984*) antizipiert die Literatur nicht, um zu ermuntern, sondern um zu verhindern. In solchen Fällen ist die Science Fiction zwar immer noch eine Verwandte der Wissenschaft, aber sie ist es in dem Sinne, in dem die Sezierung einer Leiche mit der präventiven Medizin verwandt ist – nur daß die noch nicht existente Leiche »antizipiert« wird, um Abscheu vor der organischen Veränderung zu wecken, die eines Tages dazu führen könnte, daß die Leiche real existiert.

Schließlich erinnert uns die Science Fiction daran, daß die Dynamik der Erfindung in der Kunst wie in der Wissenschaft in vieler

Hinsicht die gleiche ist. Wie der Künstler bei seiner Arbeit den möglichen Organismus, den er zu schaffen bestrebt ist, voraus- und vorsieht (aber letztlich wettet er, während er arbeitet, auf den Erfolg seiner formativen Hypothese), so muß der Wissenschaftler, um ein gutes Gesetz aufzustellen, ein ästhetisches Talent beweisen, einen Sinn für kohärente und ökonomische Form (wobei er wettet, daß das Universum ebenso künstlerisch sei, und hofft, daß die Realität eines Tages seine Hypothese bestätigen möge). Es gibt einen Moment, in dem kein Unterschied mehr besteht zwischen der forschenden Intelligenz und dem, was wir gewöhnlich die künstlerische Intuition nennen. Es gibt etwas Künstlerisches in der wissenschaftlichen Entdeckung (und es gäbe noch wesentlich mehr davon, wenn wir annähmen, daß die wissenschaftliche Entdeckung keineswegs eine gegebene Ordnung des Kosmos identifiziert, sondern unser Bild des Kosmos ihrer Ordnung unterwirft), und es gibt etwas Wissenschaftliches, im Sinne des abduktiven Verfahrens, in dem, was vulgo die Phantasie des Künstlers genannt wird.

Die Science Fiction, Ort der Begegnung von Wissenschaft und Phantasie, erscheint als ein lebendes Beispiel dieser Verwandtschaft.

(1984)

Porträt des Älteren als Jüngerer Plinius

1. Lieber Tacitus...

In seinem sechsten Brief schreibt Plinius der Jüngere (im folgenden kurz: der Neffe) an Tacitus über den Tod seines Onkels, Plinius des Älteren (im folgenden kurz: der Onkel), der im Jahre 79 nach Christus beim Ausbruch des Vesuvs in Pompeji ums Leben gekommen war.

Der Brief wird geschrieben, um Tacitus mit zuverlässigem Material für seine *Historiae* zu versorgen. Der Neffe besaß Erfahrungen und Zeugenberichte aus erster Hand über den Tod seines Onkels.

Dieser Umstand ist sehr wichtig für die Zwecke der folgenden Analyse: Zu Beginn des Briefes erscheint ein implizites Ich, das vermutlich um 104 nach Christus schreibt, und die einzige unanfechtbare Aussage, die wir in dem ganzen Brief finden können, ist eine implizite Proposition: »Ich, Plinius der Jüngere, schreibe dir, Tacitus, und sage *p*.«

Alles weitere, was unter *p* fällt, ist referentiell undurchsichtig. Sicher ist nur, daß der Neffe spricht. Ob er die Wahrheit sagt, ist eine Frage der Konjektur.

Den Brief durchzieht jedoch ein versichernder Unterton, als wollte er sagen: »Ich schwöre dir, *p* ist wahr.« Es ist eine Art Vertrag auf Treu und Glauben, der stillschweigend zwischen Plinius und Tacitus – und jedem möglichen Leser des Briefes – geschlossen wird. Kraft dessen es opportun wäre, *p* für wahr zu nehmen.

Andererseits hatte Tacitus den Neffen gerade deshalb um Informationen gebeten, weil er (per stillschweigender Übereinkunft) annahm, daß der Neffe ihm die Wahrheit sagen werde.

Soweit wir wissen, ist die vom Neffen erzählte Geschichte wahr; oder zumindest ist das, was wir für Wahre Geschichte halten, abhängig von dem, was der Neffe an Tacitus geschrieben hat. Wenn wir ein enzyklopädisches Wissen haben, das als Paradigma für den Bericht des Neffen dienen kann, so beruht dieses Wissen auf dem

Bericht des Neffen. Das mag deprimierend sein, aber so ist es. *Mange ton Dasein.*

Wir sagten, der Neffe sagt *p*. Das ist nicht ganz richtig. Tatsächlich erzählt er zwar etwas, aber seine Erzählung besteht, wie jede Erzählung, aus zwei Komponenten, einer *Fabel* oder Geschichte und einem *Diskurs*, der sie transportiert, und was an der Oberfläche des Textes erscheint, ist eine Art Arrangement oder Montage der Fabel.[1]

Die folgende Analyse des Briefes soll zeigen, daß die Geschichte, einmal durch eine Serie von Makropropositionen rekonstruiert, zwar etwas sagt. Daß aber der Diskurs, wenn nicht etwas anderes, so doch etwas *mehr* sagt. Und daß es schwierig ist, die beiden Ebenen auseinanderzuhalten und zu unterscheiden, was auf der einen gesagt und auf der anderen nicht gesagt wird.

Dieses Doppelspiel ist bereits in den ersten Zeilen des Briefes evident. Tacitus hat den Neffen lediglich um Informationen gebeten, aber dem Neffen ist sichtlich klar, daß er in Wirklichkeit einen Bericht für die Nachwelt liefern soll.[2]

1. *Petis* ut *tibi* avunculi *mei* exitum scribam, quo verius tradere posteris possis. Gratias ago: nam *video* morti eius, si celebretur a te, immortalem gloriam esse propositam. Quamvis enim pulcherrimarum clade terrarum, ut populi, ut urbes, memorabili casu, quasi semper victurus, occiderit; quamvis ipse plurima opera et mansura condiderit; multum tamen perpetuitati eius scriptorum tuorum aeternitas ad-

Du bittest mich, *dir* über den Tod *meines* Onkels zu schreiben, damit du ihn wahrheitsgetreuer der Nachwelt überliefern kannst. Ich danke dir; *sehe* ich doch, daß seinem Tod, wenn du ihn würdig darstellst, unsterblicher Ruhm beschieden sein wird. Denn obwohl er beim Untergang so herrlicher Landschaften starb und daher, wie die Menschen und Städte, die durch jenes denkwürdige Ereignis vernichtet wur-

1 In diesem Aufsatz wende ich die Theorie der narrativen möglichen Welten an, die ich in *Lector in fabula* dargelegt habe. Mit ein wenig gutem Willen wird man ihn auch ohne Kenntnis jenes Buches verstehen, aber es ist klar, daß mein Modell-Leser es gelesen haben sollte.

2 Gaius Plinius Caecilius Secundus, *Epistulae*, VI,16, zitiert nach der Ausgabe von G. Vitali, Bologna, Zanichelli, 1968 [deutsche Übersetzung nach der Ausgabe von Curt Loehning, München, dtv zweisprachig 9194, 1984, mit einigen Angleichungen an die zitierte italienische Übersetzung, *A. d. Ü*]. Die Einteilung in drei Abschnitte ist von mir, desgleichen die Kursivsetzung einiger Stellen, mit denen die folgende Analyse sich genauer beschäftigen wird.

det. Equidem beatos puto quibus deorum munere datum est aut facere scribenda, aut scribere legenda; beatissimos vero quibus utrumque. Horum in numero avunculus meus et suis libris et tuis erit. Quo libentius suscipio, *deposco* etiam quod iniungis.

den, gleichsam für immer fortleben wird, und obwohl er selbst viele Werke von bleibendem Wert verfaßt hat, wird doch sein künftiger Ruhm durch die Unvergänglichkeit deiner Schriften noch bedeutend vermehrt. Ich jedenfalls halte jene für glücklich, denen es als Geschenk der Götter gegeben ist, entweder Beschreibenswertes zu tun oder Lesenswertes zu schreiben; für besonders glücklich aber jene, denen beides gegeben ist. Zu ihnen wird mein Onkel sowohl durch seine wie durch deine Bücher gezählt werden. Um so lieber übernehme ich, ja *fordere ich*, was du mir aufträgst.

Der Neffe ist deutlich: Tacitus kann dem Onkel unsterblichen Ruhm verschaffen, indem er ihn als einen Helden der Wissenschaft darstellt. Freilich könnte man diese Einleitung des Briefes in zweierlei Weise verstehen. Im einen Verständnis würde der Neffe die bloßen Fakten berichten, die »für sich sprechen«, im anderen würde er Fakten und Kommentare vermischen. Natürlich ist er nicht so naiv, die Kommentare als solche zu präsentieren. Er verfolgt eine andere Überzeugungsstrategie:

2. *Erat* Miseni classemque imperio praesens regebat. Nonum kal. Septembres, hora fere septima, mater mea indicat ei apparere nubem inusitata et magnitudine et specie. Usus ille sole, mox frigida, gustaverat iacens, studebatque. Poscit soleas, ascendit locum, ex quo maxime miraculum illud conspici poterat. Nubes (incertum procul intuentibus ex quo monte – *Vesuvium*

Er war in Misenum und befehligte selber die Flotte. Am neunten Tag vor den Kalenden des September (= 24. August) etwa um die siebente Stunde läßt meine Mutter ihm sagen, eine Wolke von ungewöhnlicher Größe und Form sei zu sehen. Er hatte ein Sonnenbad, danach ein kaltes Bad genommen, im Liegen etwas gegessen und arbeitete nun. Er fordert seine Sandalen und steigt

fuisse postea cognitum est) oriebatur, cuius similitudinem et formam non alia magis arbor quam pinus expresserit: nam longissimo velut trunco elata in altum quibusdam ramis diffundebatur; credo quia recenti spiritu evecta, deinde senescente eo destituta, aut etiam pondere suo victa, in latitudinem vanescebat; candida interdum, interdum sordida et maculosa, *prout terram cineremve sustulerat*.

ein Stück hinauf, von wo man sehr gut diese wunderbare Erscheinung beobachten konnte. Eine Wolke erhob sich (aus der Ferne war nicht klar, aus welchem Berg – *daß es der Vesuv war, wurde erst später erkannt*), deren Aussehen und Form kein anderer Baum mehr als die Pinie wiedergegeben hätte. Denn hochgereckt wie auf einem sehr langen Stamm verzweigte sie sich oben in etliche Äste; ich glaube, weil sie, zuerst durch einen heftigen Wind emporgerissen, dann bei dessen Abflauen kraftlos geworden oder aber vom eigenen Gewicht beschwert, in die Breite zerlief, bald weiß, bald schmutzig und voller Flecken, *je nachdem, ob sie Erde oder Asche hochgetragen hatte*.

Magnum propiusque noscendum, ut eruditissimo viro, visum. Iubet liburnicam aptari; mihi, si venire una vellem, facit copiam. Respondi studere me malle, et forte ipse quod scriberem dederat. Egrediebatur domo; accipit codicillos Rectinae Casci *imminenti periculo exterritae* (nam villa eius subiacebat, nec ulla nisi navibus fuga); ut se tanto discrimini eriperet orabat. Vertit ille consilium, et *quod studioso animo incohaverat obit maximo*. Deducit quadriremes, ascendit ipse non Rectinae modo, sed multis (erat enim frequens amoenitas orae) laturus auxilium.

Das war großartig und näher betrachtenswert für einen so hochgelehrten Mann. Er befiehlt, ein leichtes Schiff herzurichten; mir stellt er anheim, mitzukommen, wenn ich wolle; ich antwortete, ich wolle lieber weiterarbeiten, und zufällig hatte er selbst mir etwas zu schreiben gegeben. Er ging gerade aus dem Haus, da erhielt er ein Billett von Rectina, der Frau des Cascus, *die wegen der drohenden Gefahr in Angst war* (denn ihr Anwesen lag unter dem Vesuv, und es gab keinen Fluchtweg außer zu Schiff); sie bat ihn, er möge sie aus so großer Bedrängnis retten. Darauf änderte er seinen Plan, *und was er mit Forschergeist angefangen, nahm er nun mit Edelmut auf sich.* Er ließ Vierdecker auslaufen und ging an Bord, um nicht nur Rectina, sondern auch vielen anderen (die schöne Küste war ja dicht bevölkert) Hilfe zu bringen.

Properat illuc unde alii fugiunt *rectumque cursum, recta gubernacula in periculum tenet, adeo solutus metu*, ut omnes illius mali motus, omnes figuras, ut deprehenderat oculis, dictaret enotaretque.

Er eilt dorthin, von wo andere fliehen, *und hält geraden Kurs, die Steuerruder geradeaus mitten in die Gefahr, so völlig frei von Furcht*, daß er alle Bewegungen jenes Unheils, alle Erscheinungen, wie er sie mit den Augen erfaßte, diktierte und aufzeichnen ließ.

Iam navibus cinis inciderat, quo propius accederent, calidior et densior; iam pumices etiam nigrique et ambusti et fracti igne lapides, iam vadum subitum, ruinaque montis litora obstantia. Cunctatus paulum an retro flecteret, mox gubernatori ut ita faceret monenti: »*Fortes*«, inquit, »*fortuna iuvat.* Pomponianum pete!« Stabiis is erat, diremptus sinu medio (nam sensim circumactis curvatisque litoribus mare infunditur). Ibi, *quamquam nondum periculo adpropinquante*, conspicuo tamen, et, cum cresceret, proximo, sarcinas contulerat in naves, certus fugae si contrarius ventus resedisset. Quo tunc avunculus meus secundissimo invectus complectitur trepidantem, consolatur, hortatur, *utque timorem eius sua securitate leniret*, deferri se in balineum iubet, lotus accubat cenatque hilaris, aut, quod est aeque magnum, *similis hilari.*

Schon fiel Asche auf die Schiffe, um so heißer und dichter, je näher sie an die Küste herankamen; schon auch Lava und schwarze, angesengte und im Feuer geborstene Steine; schon bildete sich eine plötzliche Untiefe, und die Küste war durch den Bergsturz unzugänglich geworden. Er zögerte ein wenig, ob er nicht wenden lassen solle, dann, als der Steuermann ihm dazu riet, sagte er: »*Den Mutigen hilft das Glück*; rasch zu Pomponianus!« Dieser war in Stabiae, durch den Golf von uns getrennt (in sanften Uferwindungen buchtet sich hier das Meer ins Land). Dort hatte Pomponianus, *als die Gefahr noch nicht unmittelbar drohte*, aber schon beträchtlich war und, da sie weiter wuchs, bald sehr nahe sein würde, sein Gepäck auf Schiffe geladen, zur Flucht entschlossen, sobald der widrige Wind sich gelegt haben würde. Von diesem nun aber begünstigt, landet mein Onkel, umarmt den Zitternden, tröstet ihn, redet ihm zu, und *um seine Angst durch die eigne Gemütsruhe zu besänftigen*, läßt er sich ins Bad bringen; nach dem Bad legt er sich zu Tisch und speist, entweder wirklich gelassen oder, was ebenso großartig wäre, *vorgeblich gelassen*.

Interim e Vesuvio monte pluribus locis latissimae flammae altaque incendia relucebant, quorum fulgor et claritas tenebris noctis excitabatur. Ille agrestium trepidatione ignes relictos desertasque villas per solitudinem ardere in remedium formidinis dictitabat. Tum se quieti dedit et quievit verissimo quidem somno; nam meatus animae, qui illi propter amplitudinem corporis gravior et sonantior erat, ab iis qui limini obversabantur audiebatur. Sed area, ex qua diaeta adibatur, ita iam cinere mixtisque pumicibus oppleta surrexerat, ut, si longior in cubiculo mora, exitus negaretur. Excitatus, procedit, seque Pomponiano ceterisque qui pervigilaverant reddit. In commune consultant intra tecta subsistant an in aperto vagentur. Nam crebris vastisque tremoribus tecta nutabant, et, quasi emota sedibus suis, nunc huc nunc illuc abire aut referri videbantur. Sub dio rursus, quamquam levium exesorumque, pumicum casus metuebatur. Quod tamen periculorum collatio elegit; et apud illum quidem ratio rationem, apud alios timorem

Inzwischen loderten aus dem Vesuv an vielen Stellen riesige Flammen und hohe Brände, deren gleißende Helligkeit durch die Finsternis der Nacht noch gesteigert wurde. Mein Onkel erklärte immer wieder zur Besänftigung der allgemeinen Furcht, die Landleute hätten in ihrer überstürzten Flucht die Feuerstellen sich selbst überlassen, und die verlassenen Gehöfte stünden nun, unbewacht, in Flammen. Dann legte er sich schlafen und schlief wirklich tief und fest, denn sein Atem, der wegen seiner Körperfülle recht schwer und laut ging, wurde von denen, die an der Türe lauschten, gehört. Unterdessen hatte sich aber der Boden des Hofes, über den man sein Zimmer erreichte, wegen des Asche- und Bimssteingemischs, das ihn bedeckte, schon so gehoben, daß mein Onkel, wäre er länger in jenem Raum geblieben, nicht mehr hätte herauskommen können. Er wird geweckt, kommt heraus und gesellt sich wieder zu Pomponianus und den übrigen, die die Nacht durchwacht hatten. Gemeinsam

timor vicit. Cervicalia capitibus imposita linteis constringunt; id munimentum adversus decidentia fuit.

Iam dies alibi, illic nox omnibus noctibus nigrior densiorque quam tamen faces multae variaque lumina solabantur. Placuit egredi in litus et ex proximo aspicere ecquid iam mare admitteret; quod adhuc vastum et adversum permanebat. Ibi super abiectum linteum recubans, semel atque iterum frigidam aquam poposcit hausitque. Deinde flammae flammarumque praenuntius odor sulpuris et alios in fugam vertunt et excitant illum. Innixus servulis duobus adsurexit et statim concidit, ut ego coniecto, crassiore caligine spiritu obstructo clausoque stomacho, qui illi natura invalidus, angustus et frequenter interaestuans erat. Ubi dies redditus (is ab eo,

beraten sie, ob sie im Haus bleiben oder ins Freie hinausgehen sollten. Denn unter zahlreichen heftigen Erdstößen wankten die Gebäude, und wie aus ihren Fundamenten gelöst sah man sie bald hierhin, bald dorthin taumeln und wieder zurückkehren. Im Freien jedoch war der Hagel der wenn auch nur leichten und ausgeglühten Bimssteine zu befürchten. Schließlich sprach aber die Abwägung der Gefahren für diese Lösung. Bei meinem Onkel hatte die eine Überlegung über die andre gesiegt, bei den übrigen die eine Furcht über die andre. Sie legten sich Kissen auf die Köpfe, die sie mit Tüchern festbanden; das war ein Schutzmittel gegen die niederprasselnde Schlacke.

Schon war es anderwärts Tag, dort aber Nacht, schwärzer und undurchdringlicher als je eine Nacht zuvor, obgleich viele Fackeln und andere Lichter sie erhellten. Man beschloß, zum Strand zu gehen und aus der Nähe zu sehen, was für Möglichkeiten das Meer böte; aber es war noch immer aufgewühlt und widrig. Dort, auf einem ausgebreiteten Laken ruhend, verlangte mein Onkel zweimal nach kaltem Wasser und trank es. Aber Flammen und als Vorbote der Flammen Schwefelgeruch trieben nun die anderen in die Flucht und weckten ihn. Auf zwei Sklaven gestützt erhob er sich und brach gleich darauf zusammen; ich nehme an, weil der dichte

quem novissime viderat, tertius), corpus inventum est integrum, inlaesum opertumque, ut fuerat indutus; habitus corporis quiescenti quam defuncto similior.

Qualm ihm den Atem nahm und die Kehle verschloß, die bei ihm von Natur aus schwächlich und eng und häufig entzündet war. Als das Tageslicht wiederkehrte (es war der dritte Tag nach dem, den er als letzten gesehen hatte), wurde sein Leichnam gefunden, unversehrt und so gekleidet, wie er zuletzt gewesen war. Die Haltung des Körpers glich mehr einem Schlafenden als einem Toten.

3. Interim Miseni ego et mater... Sed nihil ad historiam, nec tu aliud quam de exitu eius scire voluisti. *Finem ergo faciam.* Unum adiiciam: omnia me, quibus interfueram quaeque statim, cum maxime vera memorantur, audiveram, vere persecutum. Tu potissima excerpes. *Aliud est enim epistulam, aliud historiam, aliud amico, aliud omnibus scribere.* Vale.

Unterdessen waren meine Mutter und ich in Misenum... Aber das hat nichts mit der Geschichte zu tun, auch hast du ja nichts anderes als den Tod meines Onkels erfahren wollen. *Deshalb schließe ich hier.* Eines füge ich noch hinzu: ich habe dir alles berichtet, was ich selbst miterlebt und was ich gleich damals gehört habe, als die Erinnerungen noch ganz frisch waren. Du wirst das Wichtigste auswählen. *Denn es ist ja etwas anderes, ob man einen Brief schreibt oder ein Stück Geschichte, ob an einen Freund oder für alle.* Sei gegrüßt.

2. Brief für einen Modell-Leser

Der erste Eindruck, den ein naiver Leser aus diesem Brief gewinnt, ist, daß der Onkel sein Leben bewußt aufs Spiel gesetzt habe, um sich an den Ort des Vulkanausbruchs zu begeben, getrieben von seinem Pflichtgefühl und seiner wissenschaftlichen Neugier.

Extrapolieren wir aus dem Text die Reaktion des naiven Lesers.

Wir wissen nicht, ob sie der Reaktion der Mehrzahl seiner empirischen Leser und des empirischen Lesers Tacitus entspricht, denn dessen *Historiae* enden im Jahre 70 nach Christus, und der Rest fehlt. Aber wir wissen, wie andere empirische Leser reagiert haben. Nicht von ungefähr macht die Tradition (und das heißt unsere Enzyklopädie) aus Plinius dem Älteren einen Helden der Wissenschaft. Ausgehend von diesem Brief des Jüngeren. Wir wissen also nicht, wie der empirische Tacitus reagiert hat, aber wir wissen, wie die Tradition den Brief gelesen hat. Dieses empirische Datum bestärkt uns in der Hypothese, daß der Brief einen ganz bestimmten Modell-Leser vorsieht.

Versuchen wir zunächst, dem Diskurs des Briefes die rohen Fakten zu entnehmen, also die Fabel, die nackte Abfolge der Ereignisse.

Der Onkel fährt zum Ort des Unheils, ohne zu wissen, daß es sich um einen Vulkanausbruch handelt – im Gegenteil, bis zu diesem Moment hatte er den Vesuv als einen erloschenen Vulkan betrachtet (siehe seine *Naturalis Historia* 3, 62).[3] Als er bei Pomponianus in Stabiae eintrifft, unterschätzt er das Ausmaß der Katastrophe noch immer. Er sagt unbekümmert, die Feuer an den Hängen des Berges seien von flüchtenden Bauern entzündet worden. Der Neffe erklärt zwar, er habe das nur gesagt, um seine verängstigten Gastgeber zu beruhigen, aber danach geht der Onkel *wirklich* schlafen, ohne zu ahnen, daß er damit riskiert, unter Asche und Lavagestein begraben zu werden. Als er den Ernst der Lage endlich begreift, ist es zu spät. Er stirbt – an Asthma, wenn nicht an Rauchvergiftung, wie einige Kommentatoren nahelegen.

Wenn wir die nackte Fabel betrachten, haben wir einen Admiral mit der Mentalität eines Schiffskochs, der in keiner Weise der Lage gewachsen ist, gänzlich unfähig, Hilfe zu organisieren, und der am Ende die Flotte in einem kritischen Augenblick führerlos läßt. Er befindet sich ohne Zweifel in einer sehr schwierigen Lage, aber er reagiert in der denkbar schlechtesten Weise. Militärisch und administrativ betrachtet gehörte er vor ein Kriegsgericht. Ein Glück, daß er stirbt und der Tod ihn erlöst.

3 Vgl. A.N. Sherwin-White, *The Letters of Pliny*, Oxford, Clarendon, 1966.

Diese Fakten werden von seinem Neffen auch gar nicht verschleiert: hätte Tacitus gewollt, er hätte dem Brief alle zu einer schweren Verurteilung nötigen Elemente entnehmen können, wie wir es hier tun.

Aber der Tacitus, der uns hier interessiert, ist nicht der empirische Tacitus, von dem wir nichts wissen. Es ist der Leser, auf den die Diskurs-Strategie des Autors Plinius abzielt.

Der Brief richtet sich, wie jeder Text, nicht einfach an einen empirischen Leser, sondern schafft sich mittels einer eigenen Diskurs-Strategie einen Modell-Leser, der mithelfen soll, den Text so zu aktualisieren, wie ihn der Modell-Autor – beziehungsweise die objektive Textstrategie – haben will. Wir können uns weigern, das Spiel mitzumachen, oder wir können es ablehnen, uns mit dem Modell-Leser zu identifizieren, aber wir können uns nicht vor der Frage drücken, welchen Modell-Leser der Text postuliert, sobald er seine Diskurs-Strategien entfaltet.

Die Strategien zu lesen und zu definieren, die der Autor des Briefes auf einer metatextuellen Ebene einsetzt, heißt zu begreifen, wie der Brief seinen Modell-Leser zu programmieren versucht, um einen bestimmten Überzeugungseffekt zu erzielen. Dieser Brief will nicht (nur) etwas als wahr behaupten, er will, daß Tacitus (und jeder mögliche künftige Leser) glaubt, der Onkel sei ein Held gewesen, und er will, daß Tacitus ebendies schreibt. Er will *etwas glauben machen* und *etwas veranlassen*.

Um seinen Modell-Leser zu einer bereitwilligen Kooperation zu bewegen, muß der Text bestimmte Diskurs-Strategien ins Werk setzen, Tempus- und Szenenwechsel vornehmen, exakt vorausgeplante Verwirrungen zwischen Instanz der Aussage oder Darlegung (*énonciation*) und Instanz des Ausgesagten oder Dargelegten (*énoncé*) herstellen. Mehr noch, die Fabel muß nicht nur die Welt der vermeintlich »realen« Ereignisse ins Spiel bringen, sondern auch die möglichen Welten der Glaubensvorstellungen, Wünsche, Meinungen und Passionen sowohl ihres Modell-Lesers wie auch der Personen, von denen sie erzählt.

Die Diskurs-Strategie wird in dem Maße erfolgreich sein, in dem der Modell-Leser nicht mehr zu unterscheiden vermag, wer im Moment gerade spricht. Es geht darum, mit einer Dialektik von

»Stimmen« zu spielen, im Sinne von Genette[4], und alles muß so funktionieren, daß der Leser nicht plötzlich die Ebene wechselt und sich zum metatextuellen Kritiker des Briefes aufschwingt – wie wir es hier tun.

3. Wer spricht?

Am Anfang des Briefes spricht ein implizites *ego* (das Subjekt von *scribam*), das auf ein Individuum verweist: auf Plinius den Jüngeren, den empirischen Autor des Briefes, der um 104 nach Christus schreibt. Definieren wir diesen Plinius als P_1, der in einer Zeit t_0 schreibt und in einer Welt W_0 (die wir als Entsprechung zu dem annehmen, was wir für die reale Welt halten, wenn auch in einer vergangenen Zeit). Es handelt sich zweifellos um eine Simplifizierung, aber wir gehen von der Hypothese aus, daß der Brief nicht ein Stück erzählerischer Fiktion darstellt, sondern ein Beispiel für »natürliches Erzählen«, vergleichbar einer journalistischen Reportage. Würde es sich um erzählerische Fiktion handeln (wie in den Briefen von *Clarissa* oder von *Les liaisons dangereuses*), so müßten wir annehmen, daß noch ein anderes Subjekt P_0 da wäre, das den sprachlichen Akt produziert, während das Ich des Diskurses ein fiktives Subjekt wäre, das zur Welt der Erzählung gehört und nicht mit dem Autor identisch ist. Aber wir wollen wie gesagt annehmen, daß in einem Brief, der sich (bis zum Beweis des Gegenteils) als echter Brief präsentiert, das im Text sprechende Ich zugleich das den Text produzierende Ich ist, also der Autor des Textes. Wir nehmen somit an, daß Plinius der Jüngere als historische Größe und das im Brief sprechende Ich ein und dieselbe Person sind und daß der Adressat des Briefes Tacitus ist.

Im zweiten Absatz erzählt nun jedoch P_1 dem Tacitus eine Geschichte, die einen P_2 betrifft; soll heißen, er erzählt dem Tacitus, was er selber vor rund fünfundzwanzig Jahren, am 24. August des Jahres 79, in Misenum erlebt hat. Wir haben es also mit einem

4 Vgl. G. Genette, *Figures III*, Paris, Seuil, 1972.

Text zu tun, der zu einem Zeitpunkt t_0 geschrieben wurde und der von einer anderen Zeit handelt, oder genauer von einer Reihe verschiedener Zeitpunkte, die wir wie folgt registrieren könnten:

t_{-3} = 24. August, nachmittags, als die Wolke erscheint und der Onkel loszufahren beschließt;
t_{-2} = die Zeit vom Aufbruch des Onkels bis zu seinem Tod, also vom Abend des 24. bis zum 25. August;
t_{-1} = der 26. August, als der Neffe erfährt, was geschehen ist.

Der Moment, in dem P_1 zur Zeit der Fabel (t_{-3}) übergeht, ist bezeichnet durch den Übergang vom Präsens zum Imperfekt (*erat Miseni... regebat*). Der narrative Modus wird betont durch den Einschub von Zeitangaben (*Nonum kal. Septembres*) sowie durch die Einführung von Individuen, die zu einer früheren Zeit gehören (der Onkel und die Mutter, ersterer als Subjekt von *erat* und durch die Nennung einer charakteristischen Eigenschaft wie *regebat classem*). Alle diese Kunstgriffe unterstreichen den Übergang von einer Einleitung, in welcher Plinius der Jüngere als P_1 spricht, zu einer eingeschachtelten Geschichte, in welcher das Subjekt, von dem Plinius spricht, er selbst als P_2 ist.

Wir könnten diese Einschachtelungen der Geschichte in folgendem Diagramm verdeutlichen:

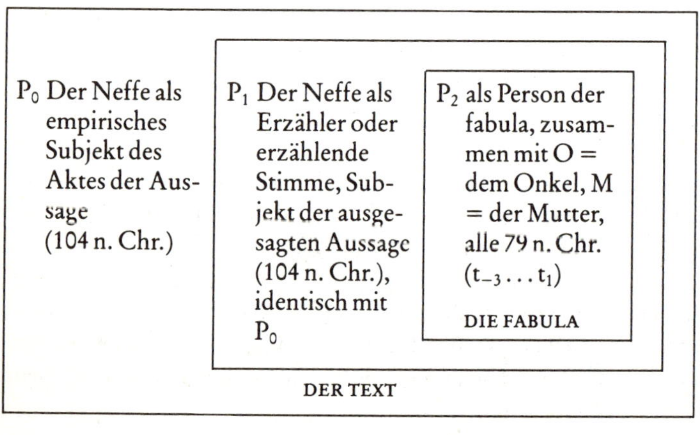

Die Fabel, die die Erlebnisse von P_2 erzählt, muß aus dem Diskurs von P_1 extrapoliert werden, wozu die Mitarbeit eines kooperativen Lesers erforderlich ist. Nur ein naiver Leser könnte den Abschnitt 2 mit der Fabel gleichsetzen. Dieser Abschnitt ist der Kern des Diskurses, aus dem sich die Fabel erschließen läßt.

Was der Leser extrapoliert, sind verschiedene Zeitpunkte ein und derselben narrativen Welt. Gemäß den Definitionen, die ich in *Lector in fabula* dargelegt habe, ändern sich bei den Personen einer Erzählung, wenn sie von einem Zeitpunkt zum anderen übergehen, zwar einige *akzidentelle* Eigenschaften, nicht aber die *essentiellen* Eigenschaften, die uns erlaubt haben, sie im Verhältnis zu anderen Personen oder Individuen zu identifizieren. So ist zum Beispiel der Onkel im Zeitpunkt t_{-3} ein Wissenschaftler und Admiral der römischen Flotte (essentielle Eigenschaften), der einstweilen noch lebt (akzidentelle Eigenschaft); in t_{-2} ist er ein Wissenschaftler und römischer Admiral, der akzidentell einige unangenehme Erfahrungen macht, und in t_{-1} ist er derselbe Wissenschaftler und Admiral, der akzidentell stirbt.

Was uns jedoch hier interessiert, ist nicht der Vergleich zwischen diesen verschiedenen Stadien ein und derselben narrativen Welt (die in diesem Fall mit jener Welt koinzidiert, die wir aufgrund unserer enzyklopädischen Kompetenz für die »wirkliche« halten), sondern die Tatsache, daß P_1 (als Subjekt des in t_0 formulierten Diskurses) mit Tacitus (als seinem Modell-Leser) einige Kenntnisse über den Tod des Onkels teilt. Doch während nun dieser P_1 dem Tacitus erzählt, was in t_{-3} passiert ist, schreibt er sich selbst und dem Onkel eine andere Kenntnis zu.

Wir haben es also mit zwei epistemischen Welten zu tun: einerseits mit der Welt W_0, die – außer daß sie die »reale« Welt ist – auch die der Kenntnisse darstellt, die P_1 und Tacitus und wir selbst (als heutige Leser) teilen, andererseits mit der Welt $W_{Nc\ t-3}$, das heißt der Welt der Kenntnisse, die der Erzähler P_1 den Personen der von ihm erzählten Geschichte zuschreibt. Der Erzähler erzählt von sich selbst und seinem Onkel als von zwei Personen, die vor fünfundzwanzig Jahren eine seltsame Wolke sahen und die Proposition *p* glaubten (wobei *p* nichts anderes ist als der Inhalt der epistemischen Welt $W_{Nc\ t-3}$).[5]

Einfacher gesagt, im Jahre 104 weiß der Neffe, was er und sein Onkel am 24. August 79 noch nicht wissen konnten, nämlich daß jene Wolke von ungewöhnlicher Form und Größe aus dem Vulkanausbruch stammte und daß sie aus Schlacke und giftigen Gasen bestand. Für P_2 und seinen Onkel war die Wolke damals nur ein kurioses, unerklärliches Phänomen; für P_1 und Tacitus ist sie dagegen eindeutig Todesbotin.

Demnach erzählt die Fabel von Individuen einer narrativen Welt $W_{N\ t-3}$, in der die Individuen P_2, O (der Onkel) und M (die Mutter) sind, zusammen mit N (der Wolke, *nube*) und V (dem Vesuv). Ferner enthält diese Welt zumindest noch eine epistemische Subwelt W_{Nc}, die den Wissensstand und die geglaubten Vorstellungen der menschlichen Personen der erzählten Geschichte repräsentiert (und wir wollen gern annehmen, daß an jenem 24. August sowohl der Neffe wie der Onkel wie auch die Mutter dasselbe glaubten). In dieser epistemischen Subwelt hat die Wolke noch keinen Konnex mit dem Vesuv, sie ist erstaunlich, aber nicht gefährlich, und, was noch wichtiger ist, sie hat noch keinen Konnex mit dem künftigen Tod des Onkels.

In der epistemischen Welt von P_1 und seinem Modell-Leser dagegen, im Jahre 104, bewegen sich zwar dieselben Individuen, aber mit ganz anderen Eigenschaften, die sie nicht nur individuell, sondern auch im Verhältnis zueinander charakterisieren – der Onkel ist nun ein toter Wissenschaftler und Admiral, die Wolke entstammt dem Vulkan, und der Vulkan ist die Ursache, die den Tod des Onkels bewirken wird, ja ihn bereits definitiv bewirkt hat.

Es ist wichtig, die Unterschiede zwischen diesen beiden Welten hervorzuheben, denn in t_{-3} denkt oder glaubt der Onkel nicht, daß

5 Zur Bequemlichkeit des Lesers resümiere ich, was ich in *Lector in fabula* dargelegt habe: W_0 bezeichnet die als real verstandene Bezugswelt. W_N ist die Welt der Erzählung oder der Fabel, sie läßt sich in verschiedene Zeitpunkte analysieren (t_{-n} . . . . . . t_1). W_{Nc} ist die Welt der Glaubensvorstellungen, Hoffnungen, Meinungen (propositionalen Haltungen) einer gegebenen Person von W_N zu einem gegebenen Zeitpunkt der Geschichte. Ich kann also in W_0 die Geschichte von Rotkäppchen in einer narrativen Welt W_N erzählen, in der Rotkäppchen zu einem bestimmten Zeitpunkt an eine Welt seiner Illusionen W_{Nc} t_n glaubt, in welcher die Person im Bett seine Großmutter ist (während man in W_N weiß, daß es der Wolf ist).

die Wolke gefährlich sei, er argwöhnt nicht, daß der Vesuv mit dem Phänomen zu tun haben könnte (ja, er hält den Vesuv für einen erloschenen Vulkan), und er weiß vor allem nicht, daß er bald sterben wird. Lauter Elemente, die seine Entscheidung, zum Ort des Geschehens zu fahren, ein bißchen weniger kühn machen, als sie uns heute erscheint – und als sie es gewesen wäre, wenn er, ich will gar nicht sagen: die Gabe der Prophetie gehabt hätte, aber wenigstens eine etwas subtilere Fähigkeit zur Interpretation dessen, was er sah.

Wir haben es also mit zwei narrativen Welten zu tun: mit $W_{Nc\ t-3}$ als der Welt der Vorstellungen, die die Personen der von P_1 erzählten Geschichte haben (und aus Gründen der Ökonomie werden wir nur die Vorstellungen des Onkels betrachten, nicht die – im übrigen gleichen – des Neffen und der Mutter), und mit W_0t_0 als der Welt, wie P_1 und Tacitus sie kennen.

Betrachten wir nun diese beiden Welten als strukturiert nach S-notwendigen Eigenschaften, wie ich sie in *Lector in fabula* definiert habe, das heißt nach strukturnotwendigen Eigenschaften, durch welche zwei oder mehr Individuen einer Welt in Abhängigkeit voneinander definiert werden, indem das eine Individuum zur Identifikation des anderen beiträgt und umgekehrt, oder indem ein Individuum nichts anderes ist als das, welches sich in einer gegebenen, für die Strukturierung jener Welt notwendigen (S-notwendigen) Relation zu einem anderen Individuum befindet.

Wir können somit für jede der beiden Welten eine Formel oder *Matrix* entwerfen, ausgehend von den folgenden Individuen und S-notwendigen Relationen:

O = der Onkel;
N = die Wolke;
V = der Vesuv;
nRo = die Relation, die die Wolke als die faktisch vom Onkel in t_{-3} wahrgenommene definiert;
nRv = die Relation, die die Wolke als die vom Vesuv hervorgebrachte definiert;
vRo = die Relation, die den Vesuv als die Todesursache des Onkels definiert.

Daraus ergeben sich folgende Welt-Matrizen:

$W_{Nc}\ t_{-3}$	nRo	nRv	vRo
N_1	+	−	
O_1	+		−
V_1		−	−

$W_0 t_0$	nRo	nRv	vRo
N_2	+	+	
O_2	+		+
V_2		+	+

.

Man sieht sofort, daß keines der Individuen der ersten Welt dieselben S-notwendigen Eigenschaften wie die Individuen der zweiten Welt aufweist. Die Individuen N_1, O_1 und V_1 scheinen zwar *die gleichen Namen* wie die Individuen N_2, O_2 und V_2 zu haben, aber es handelt sich eben um bloße Namensgleichheit. Nur aufgrund einer Art von verbaler Täuschung – da im ganzen Brief immer von Wolke und Vulkan die Rede ist – glauben wir, es mit denselben Individuen zu tun zu haben. Aus der Sicht der strukturellen Konsistenz der beiden verschiedenen Welten sind jedoch die in der einen wie in der anderen Welt mit den gleichen Namen benannten Individuen jeweils verschiedene Individuen. Die Wolke in der Welt dessen, was Plinius der Ältere vor fünfundzwanzig Jahren glaubte, ist nicht dieselbe wie die Wolke in der Welt dessen, was Tacitus fünfundzwanzig Jahre später weiß.

Wie ich in *Lector in fabula* dargelegt habe, sind nun zwei narrative Welten, die von Individuen mit verschiedenen S-notwendigen Eigenschaften bewohnt werden, nicht füreinander zugänglich (beziehungsweise nicht wechselseitig annehmbar).[6] Man stelle sich vor, es gäbe ein häretisches Evangelium, das die Geschichte eines gewissen Jesus erzählt, der nicht Gottes Sohn ist, nicht in Bethlehem von Maria geboren wurde und schließlich auch nicht am Kreuz stirbt, sondern an Diabetes während einer Orgie in der Villa des Kaisers Tiberius auf Capri. Wir wären uns alle einig, daß dieses Evangelium trotz der provokatorischen Namensgleichheit nicht die Geschichte desselben Individuums erzählen würde, von dem die kanonischen Evangelien berichten (auch wenn jener Jesus zufällig ein Freund des Lazarus wäre und von Pilatus verurteilt würde). Genau dies ist nun, *mutatis mutandis*, die Situation, die wir mit den beiden oben betrachteten Welten haben.

6 Vgl. *Lector in fabula*, p. 212ff.

5. Die Strategie des Diskurses

Kehren wir nun zurück zur Diskurs-Oberfläche der Geschichte von P_2, die P_1 erzählt. Man beachte, daß P_1 loyal berichtet, was seine Personen in der Welt des 24. August 79 glaubten. Als guter Erzähler, der sich für die Psychologie seiner Personen und für die tragische Differenz zwischen Wahrheit und Illusion interessiert, müßte er lange bei diesen Diskrepanzen verweilen – man denke nur an die dramatische Kraft, mit der Sophokles eine ähnliche Situation erzählt, nämlich die Geschichte von Ödipus, der eine Wahrheit nicht zu erkennen vermag, die dem Seher Teiresias und uns Lesern ganz evident erscheint.

Was ist aber nun die Diskurs-Strategie von P_1? Im ersten Abschnitt des Briefes erinnert das Ego, das sich an Tacitus wendet, diesen an Dinge, die Tacitus bestens wissen müßte, nämlich daß der Onkel bei einer Naturkatastrophe ums Leben gekommen ist, daß diese Katastrophe denkwürdig war und daß der Onkel auf ewig im Gedächtnis der Nachwelt fortleben müsse. Warum insistiert der Neffe so sehr auf Informationen, die er doch als bekannt hätte annehmen müssen? Weil er seinen Modell-Leser darauf vorbereiten will, sich in die Welt $W_{Nc\ t-3}$ zu begeben, ohne Verzicht auf das Wissen, das er in der Welt W_0t_0 hat.

Im zweiten Abschnitt schaltet der Autor ins Imperfekt um. Der Tempuswechsel erzeugt eine Art Rückblende, die den Modell-Leser in ein früheres Stadium seiner eigenen Welt versetzt. Aber in diesem früheren Stadium der Welt des Lesers haben die Personen Vorstellungen, die nicht mit dem Wissen des Lesers übereinstimmen.

Auf den ersten Blick ist der Autor sehr ehrlich und sagt, daß weder er noch sein Onkel damals begriffen hätten, woher die Wolke kam. Aber gleich darauf schiebt er eine Parenthese ein und ruft Tacitus in Erinnerung, daß jene Wolke aus dem Vesuv kam. Die Parenthese markiert eine neue zeitliche (und epistemische) Umschaltung und bewirkt eine Rückkehr zu t_0, wie übrigens auch die Verbaltempi zeigen: »*cognitum est postea ... Vesuvium fuisse*«. Aber wenn der Schritt in grammatikalischer Hinsicht auch völlig korrekt ist (sowohl in semantischen wie in syntaktischen Termini), ist doch sein pragmatischer Effekt ein ganz anderer: im Zentrum der epistemischen Welt von P_2 und seinem Onkel erscheint plötzlich wieder die epistemische Welt von P_1 und Tacitus. Von nun an kann der Modell-Leser nicht mehr umhin, an die Wolke als N_2 zu denken (während sie für die Personen der Geschichte fatalerweise noch immer N_1 ist).

Es folgt ein zweiter Schritt. P_2 und sein Onkel betrachten die Wolke, die ihnen »*candida interdum, interdum sordida et maculosa*« erscheint, und das sind zweifellos akzidentelle Eigenschaften von N_1. Aber dann sagt der Autor, der scheinbar noch das Ego P_2 ist, in Wahrheit jedoch als P_1 spricht, daß ihnen die Wolke so erschienen sei, »*prout terram cineremve sustulerat*« – und dies, daß sie vulkanische Schlacke und Asche emportrug, ist eine Eigenschaft von N_2 und nicht von N_1.

Diesmal wird die zeitliche und epistemische Umschaltung nicht durch eine Parenthese markiert, im Gegenteil, der Diskurs macht die zeitliche Konfusion noch größer, indem er ein Plusquamperfekt benutzt (*sustulerat*), gegen das im Text dominierende Imperfekt (*diffundebatur, vanescebat*). Nach der Logik der Fabel ist der Schritt korrekt, denn zuerst, in einer vorangegangenen Zeit, trägt die Wolke Schlacke und Asche empor, und dann, als dessen Folge, wird sie als abwechselnd *weiß* und *schmutzig* gesehen. Aber was aus der Sicht der Fabel in W_0 korrekt ist, ist es nicht aus der Sicht der epistemischen Welt von P_2, der diese Dinge *erst später* wissen wird. Also sagt hier P_1 *seine* Wahrheit, die auch die Wahrheit seines Modell-Lesers ist, nicht aber die Wahrheit von P_2. Der Leser könnte zwar, wenn er wollte (wie wir es hier wollen), diese feinen Nuancen bemerken. Aber wer könnte von ihm verlangen, sie gleich beim ersten Lesen zu bemerken, angesichts eines so raffinierten und überzeugenden Spiels der verbalen Tempi und diskursiven Einschübe?

Worauf zielt dieses Spiel? Es will dem Modell-Leser insinuieren, daß der Onkel seinem »evidenten« Schicksal mit demselben Bewußtsein entgegengefahren sei, mit dem der Leser ihn über den Golf fahren sieht. Es ist, als sähe der Leser auf einer Leinwand hinter dem Vesuv den Film der Ereignisse des 24. August 79 ablaufen, den die historische Enzyklopädie ihm vertraut gemacht hat, ohne sich Rechenschaft darüber abzulegen, daß der Onkel die Leinwand ja gerade im Rücken hat (beziehungsweise unendlich weit vor sich, außerhalb seiner Sichtweite) und sie infolgedessen nicht sehen kann.

So kann nun P_1 (der vorgibt, P_2 zu sein) leicht behaupten, der Onkel habe angesichts der Angst von Rectina seinen Plan geändert: »*Vertit ille consilium et quod studioso animo incohaverat obit maximo*«. Man könnte meinen, der Onkel habe im selben Moment, als er den Brief von Rectina erhielt, alles begriffen. Vielleicht hat er in diesem Moment begriffen, daß die Wolke aus dem Vesuv kommt, aber sicher weiß er noch nicht, was der Vesuv für ihn bedeuten wird (vRo). Der Text versichert ungeniert: »*rectumque cursum recta gubernacula in periculum tenet adeo solutus metu*« – der Onkel fährt geradewegs, der Gefahr nicht achtend, in seinen Tod! Jener selbe Onkel, der sich dann, als er bei Pomponianus ankommt, seelenruhig aufs Ohr legt!

Der da spricht, hat Anflüge von Ehrlichkeit und verschweigt durchaus nicht die Wahrheit: »*quamquam nondum periculo adpropinquante*« – der Onkel fühlt sich nicht unmittelbar bedroht, in Stabiae bleibt ihm noch Zeit genug, sich zu retten. Aber der Leser weiß, daß es genau in Stabiae ist, wo der Onkel den Tod finden wird, und wenn er ihn nun sein Schiff direkt nach Stabiae lenken sieht, denkt er unweigerlich an Odysseus, der zu den Säulen des Herkules fährt, auf der Jagd nach Tugend und Wissen, sei's um den Preis seines Lebens.

Diese Geschichte voller Tempuswechsel ist auch eine Geschichte voll rascher Szenen- und Perspektivenwechsel. Es ist, als würde ein Scheinwerfer abwechselnd zwei Universen beleuchten, und durch eine Art von optischer Täuschung – so wie ein Kinozuschauer eine rasche Folge von isolierten Bildern als ununterbrochenen Film sieht – hat der Leser den Eindruck, eine einzige Geschichte zu erleben, während ihm faktisch zwei ganz verschiedene Geschichten erzählt werden, deren Unvereinbarkeit offenkundig ist. Es ist wie bei dem bekannten Zaubertrick mit den drei Karten: man glaubt, das Schicksal der gewählten Karte verfolgen zu können, aber der Kartenspieler ist zu schnell und man tippt immer auf die falsche Karte. Plinius der Jüngere macht mit seinem Leser, was er will.

Der letzte Appell an Tacitus, im dritten Abschnitt, ist ein Meisterwerk an Heuchelei: »*Finem faciam*« – jetzt höre ich auf, ich, P_1, dir von P_2 und seinem Onkel zu erzählen, wie ich es bisher getan habe (was für eine Lüge!), kommen wir zurück in die Gegenwart (als ob er nicht dauernd in sie zurückgekommen wäre), denn bisher, lieber Tacitus, sprachen wir aus dem Innern einer anderen Welt; kehren wir nun zurück in die Welt, in der du lebst, tritt heraus aus dem Bann der Erinnerung, die dich für einen langen Moment in eine ferne Zeit entführt hat...

Dies soll das »*finem faciam*« suggerieren. Nun, Tacitus (schließt Plinius), brauchst du nur diesen meinen ehrlichen Brief, diesen meinen neutralen und objektiven Bericht in ein Kulturdenkmal zu verwandeln, in ein Kapitel Geschichtsschreibung, in dem jede Interpretation unter deine Verantwortung fällt, denn es gibt einen Unterschied zwischen dem Mitteilen simpler Fakten und dem Schreiben von Geschichte für die Nachwelt.

Wer hier Geschichte für die Nachwelt geschrieben, wer hier interpretiert hat, war jedoch Plinius der Jüngere. Irrtümlich hatte er angenommen, sein Bericht müßte durch den Diskurs des Tacitus vermittelt werden, und hatte sich hinterhältig daran gemacht, die Modi dieses Diskurses zu determinieren. Doch der Diskurs ist nie zustande gekommen oder nicht erhalten geblieben. Die Geschichte ist durch den Brief des Plinius geschrieben worden, und der Brief hat – siehe den gegenwärtigen Zustand unserer Enzyklopädie – sein Ziel erreicht: Plinius der Ältere ist für uns ein Held der Wissenschaft.

Zum Glück zielt jeder Text immer auf mindestens zwei Modell-Leser: Der erste soll kooperieren, um den Inhalt des Textes zu aktualisieren, der zweite sollte die Strategie beschreiben und genießen können, durch die der erste Leser erzeugt worden ist.

Man kann sich fragen, von welchem der beiden Lesertypen Plinius der Jüngere lieber beurteilt worden wäre: vom ersten, der auf sein Spiel hereinfallen sollte (Monument für Plinius den Älteren), oder vom zweiten, der seine Überzeugungsstrategie zu würdigen weiß (Monument für Plinius den Jüngeren). Im Grunde möchten wir, wenn wir elegant und erfinderisch lügen, immer zugleich überzeugen, daß wir die Wahrheit sagen, und entlarvt werden, damit unsere Bravour ans Licht kommt. Manchmal gesteht der Mörder sein ungesühntes Verbrechen, damit der Detektiv seine Kunstfertigkeit anerkennt.

Vielleicht hatte Plinius der Jüngere, der gute Rhetorik zu schätzen wußte, für beide Lesertypen geschrieben. Und vielleicht hatte Tacitus geschwiegen, weil er anerkannte, daß seine Quelle besser Geschichte zu schreiben verstand als er selbst.

(1979)

Pirandello ridens

Im Jahre 1907 begann Pirandello eine Reihe von Studien und Vorträgen über das Thema »Humor(ismus)« zu veröffentlichen, die er 1908 zu einem Band vereinigte und 1920 neu herausgab, erweitert um einige polemische Erwiderungen auf Einwände von Benedetto Croce.[1]

Croce hatte Pirandellos Essay kurzerhand erledigt, da er selber das Komische und Humoristische ein für allemal definiert hatte: es handle sich um einen psychologischen Begriff, der zur Definition bestimmter Situationen diene, und nicht um eine ästhetische Situation, die definiert werden müsse (Croce war ein Meister im Erledigen von Problemen, indem er sie zu Pseudo-Problemen erklärte; was ihm erlaubte, sich nur solche Probleme zu stellen, deren Lösung er schon gefunden hatte).

Begreiflich, daß ein solches Vorgehen Pirandello mißfiel: ihm gefiel es, sich nur Probleme zu stellen, deren Lösung man nicht findet.

Indem er sich das Problem des Humors stellte, konnte er wahrhaft mit sich zufrieden sein. Das Problem des Komischen (zu dem der Humor zweifellos eine Unterart und Variante darstellt) hat aus der Sicht Pirandellos den Vorteil, daß es die Philosophen, die es zu definieren versucht haben, stets in Verlegenheit brachte.

Jede philosophische Definition des Humors oder des Komischen weist die folgenden Merkmale auf:

1. Sie betrifft ein sehr unklares Phänomen, was man schon daran sieht, daß es unter so verschiedenen Namen wie Komik, Humorismus, Ironie etc. läuft. Man weiß nicht, ob es sich um verschiedene Erfahrungen handelt oder um eine Reihe von Variationen derselben Grunderfahrung. Man glaubt zunächst, daß diese Erfahrung zumindest eine physiologische Entsprechung habe, nämlich das Lachen, aber dann stellt man fest, daß es zahllose Beispiele für komische Situationen gibt, die nicht von Lachen begleitet werden.

1 Luigi Pirandello, *L'umorismo*; dt. *Der Humor*. Essay, aus dem Italienischen von Johannes Thomas, Mindelheim, Sachon, 1986 (das italienische Wort *umorismo* bezeichnet sowohl den Humor wie den Humorismus, A. d. Ü.).

2. Die Unklarheit ist so groß, daß man am Ende jeder Studie über das Komische und den Humor dazu gelangt, auch solche Erfahrungen in die Definition mit einzubeziehen, die der Gemeinverstand nicht komisch, sondern tragisch nennen würde. Paradoxerweise ist eine der Komponenten des Komischen gerade das Weinen.

3. Alle Autoren, die über das Komische geschrieben haben, waren selbst keine Komiker. Weder Aristophanes noch Molière, weder Lukian noch Rabelais noch Groucho Marx haben über das Komische geschrieben. Statt dessen jedoch: a) ein ernster Denker wie Aristoteles, und zwar gerade am Ende seiner Abhandlung über das Tragische. Durch ein Mißgeschick ist der Teil seiner *Poetik*, in dem er sich über das Komische äußert, verlorengegangen. Zufall? Erlauben wir uns eine »humoristische« Hypothese: Aristoteles war luzide genug zu beschließen, einen Text zu verlieren, in dem es ihm nicht gelungen war, so luzide wie sonst zu sein; b) ein strenger Pietist wie Kant; c) ein weiterer, ebenso strenger – wenn auch zum Sarkasmus neigender – Philosoph wie Hegel; d) ein spätromantischer, spleeniger Dichter wie Baudelaire; e) ein wenig fröhlicher, existentiell besorgter Denker wie Kierkegaard; f) ein nicht sehr lustiger Psychologe wie Lipps; g) von allen zeitgenössischen französischen Philosophen nicht der witzige und gesellige Alain, sondern ein metaphysischer Bergson und ein soziologischer Lalo; h) schließlich Freud, derselbe, der unsere Todestriebe enthüllt hat.

Pirandello ist in guter Gesellschaft. Wir sind uns alle einig: wenn die menschliche Existenz so ist, wie sie Pirandello beschrieben hat, gibt es nicht viel zu lachen. Und siehe da, Pirandello schreibt über den Humor. Um zu verstehen, warum, braucht man nur an eine der Definitionen von Baudelaire zu denken: Das Lachen ist zutiefst menschlich, also teuflisch. Die Engel lachen nicht (sie sind viel zu sehr damit beschäftigt, in unwahrscheinlicher Zahl auf der Spitze einer Nadel zu sitzen); der Teufel ja. Er hat Zeit in Hülle und Fülle, eine ganze Ewigkeit, um seine Malaise zu pflegen.

Die manifestierte Malaise derer, die Theorien über das Komische aufgestellt haben, läßt einen engen Zusammenhang zwischen dem Komischen und dem Gefühl des Unbehagens vermuten.

4. Letztes Merkmal derer, die sich an einer Theorie des Humors

versucht haben: entweder haben sie ihn zu eng definiert, so daß ihre Definition nicht alle möglichen Erscheinungsformen des Komischen umfaßt (siehe Bergson oder Freud), oder sie haben ihn zu weit definiert, so daß ihre Definition zuviel umfaßt, mehr als das, was der Gemeinverstand komisch nennt. Siehe Pirandello. Sein Essay über den Humor wird zu einem metaphysischen Traktätchen über alles – oder über das Ganze. Das einzige, was er nicht definiert, ist (wie wir sehen werden) Pirandellos Humor.

Wir haben es also mit einem ambivalenten, vieldeutigen Text zu tun. Er scheint den Humor definieren zu wollen, gibt eine Reihe von Definitionen des Komischen und der Ironie, gelangt zu einer Definition der Kunst im allgemeinen, oder zumindest der Kunst Pirandellos (und wird somit zu einer Poetik), um sich am Ende als das zu enthüllen, was er tatsächlich ist – nämlich (wie hier zu zeigen sein wird) ein tragisches oder komisches Drama von Pirandello, das aus Versehen die Form des Essays angenommen hat. Versuchen wir also, den Essay dreimal unter drei verschiedenen Gesichtspunkten zu lesen:

1. Als eine ungenaue und verfehlte Definition des Humors.
2. Als eine Darlegung der Poetik Pirandellos.
3. Als das groteske Drama einer unmöglichen Definition.

1. Die Definition des Humors

Der erste Teil des Essays, in dem Pirandello die bekanntesten Theorien durchzugehen und sie auf eine Analyse des Humorismus in der italienischen Literatur anzuwenden versucht, erweckt den Eindruck, daß Pirandello ständig sein Thema verfehlt. Er beginnt vom Humor zu sprechen und definiert das Komische; er spricht vom Komischen und hat unversehens die Ironie in Händen. Der zweite Teil bemüht sich um eine theoretische Definition. Doch kaum scheint er sie erreicht zu haben, läßt er sie praktisch fallen, da er, wie wir sehen werden, etwas anderes definiert – sagen wir: die Kunst und das Leben, im allgemeinen.

Versuchen wir den Punkt zu bestimmen, an dem Pirandello erklärt, was das ästhetische Faktum ist und wie sich die humoristische Haltung in den künstlerischen Schaffensprozeß einfügt. Die Kunst ist eine Kreation der Phantasie, die ihre Bilder »organisch« ordnet oder organisiert und eine harmonische Form erzeugt. Wenn es Regeln oder Bestimmungen gibt (die aus der Tradition, der Sprache, der Kultur allgemein herrühren), zerstört die Phantasie diese Regeln und stellt sie mit einer Art von nicht-analysierbarem Trieb wieder her: es entsteht eine neue, originale, harmonische Form, wie ein lebendes Wesen.

Dieser ganze Prozeß wird reguliert und begleitet von dem, was Pirandello das »Bewußtsein« oder die »Reflexion« nennt. Die Reflexion hält der Phantasie wie ein Spiegel das kritische Bild ihrer Schritte vor und verhilft ihr damit zu einer Kontrolle ihrer Bewegungen. In der humoristischen Kreation gewinnt diese Reflexion nun jedoch die Oberhand: sie greift direkt in den Prozeß ein, kontrolliert die Phantasie explizit und aktiv, zerlegt ihre Bewegungen minutiös und pedantisch in tausend verschiedene Teile.

Mit anderen Worten, die Reflexion blockiert die Phantasie auf Schritt und Tritt und sagt ihr: »Gib acht, du glaubst, die Dinge wären so, wie du sie dir vorstellst, und sie wären so vollendet. Dabei könnten sie auch ganz anders sein.« Die Reflexion bleibt der Phantasie ständig auf den Fersen und zeigt ihr, daß alles auch das Gegenteil dessen sein könnte, was es ist.

Kommt es dann zu einem *avvertimento del contrario*, einem »Bemerken des Gegenteils«, so haben wir das, was Pirandello das Komische nennt.

In diesem Sinne folgt er den klassischen Theorien des Komischen. Für Aristoteles ist das Komische etwas Fehlerhaftes, das sich ereignet, wenn in einer Abfolge von Begebenheiten ein Ereignis geschieht, das die gewohnte Ordnung der Dinge entstellt. Für Kant wird das Lachen durch eine absurde Situation ausgelöst, die eine gespannte Erwartung zunichte macht. Um jedoch über diesen »Irrtum« lachen zu können, muß auch gewährleistet sein, daß er uns nicht betrifft oder involviert; und daß wir uns angesichts des Irrtums eines anderen überlegen fühlen (wir, die wir diesen Irrtum *nicht* begehen). Für Hegel ist das Wesentliche am Komischen, daß der Lachende sich seiner eigenen Wahrheit so sicher ist, daß er überlegen auf die Widersprüche anderer hinabsehen kann. Diese

Sicherheit, die uns über das Unglück eines Schwächeren lachen läßt, ist natürlich teuflisch. Und darüber hat Baudelaire schon alles gesagt. Das typische Beispiel für Komik ist der *miles gloriosus*, der prahlend daherstolziert und plötzlich auf einer Bananenschale ausrutscht. Wir haben von ihm ein anderes Verhalten erwartet, wir sind *nicht* ausgerutscht, wir sind teuflisch angenehm überrascht und lachen schadenfroh.

Pirandello gibt das Beispiel einer gebrechlichen alten Dame, die sich auf jung schminkt, sich die Haare färbt und wie ein junges Mädchen kleidet. Er sagt: »Ich *bemerke*, daß diese alte Dame das Gegenteil dessen ist, was eine ehrwürdige alte Dame sein sollte.«[2] Das ist der Zwischenfall, der Bruch der normalen Erwartungen und das Überlegenheitsgefühl, in dem ich (der ich den Irrtum der anderen Person begreife) lache.

Nun kann aber, sagt Pirandello, dieses Bemerken des Gegenteils zu einem »Empfinden des Gegenteils« (*sentimento del contrario*) werden. Die Reflexion vollführt einen neuen Prozeß; sie versucht die Gründe zu verstehen, aus denen die Alte sich so zurechtmacht in der vergeblichen Hoffnung, die verlorene Jugend zurückzugewinnen: die andere Person ist nicht mehr getrennt von mir, ich versuche mich in sie hineinzuversetzen.

Doch indem ich das tue, verliere ich meine Überlegenheit, da ich nun denke, daß auch ich die andere Person sein könnte. Mein Lachen vermischt sich mit meinem Mitgefühl, es wird zu einem Lächeln. Ich bin vom Komischen zum Humoristischen übergegangen. Pirandello sieht sehr klar, daß man, um vom Komischen zum Humoristischen überzugehen, *auf die Distanz und die Überlegenheit* – die klassischen Merkmale des Komischen – *verzichten muß*.

Das schönste Beispiel ist das von Cervantes: alles, was Don Quijote tut, ist komisch. Aber Cervantes beschränkt sich nicht darauf, über einen Narren zu lachen, der eine Windmühle für einen Riesen hält. Cervantes gibt zu verstehen, daß er selber Don Quijote sein könnte – ja selber *ist*. Wie Don Quijote gegen die Windmühlenflügel hat er gegen die Türken gekämpft, im Glauben

2 Vgl. *Der Humor*, cit., p. 161.

an ein Ideal, an dem er nun zweifelt, er hat eine Hand und die Freiheit verloren und keinen Ruhm geerntet. Deshalb ist der *Don Quijote* ein großer humoristischer Roman. Der *Orlando furioso* dagegen ist nicht humoristisch, da Ariost sich mit feiner Ironie darauf beschränkt, nachdem er Astolfo einmal auf dem Flügelroß durch die Lüfte reitend vorgeführt hat (eine heroische und märchenhafte Vision), *das Gegenteil zu bemerken*: Jeden Abend steigt Astolfo aus dem Sattel und geht zum Schlafen in eine Herberge (das Gegenteil des Heroischen ist das Alltägliche, das Gegenteil des Außerordentlichen ist das Gewöhnliche, das Gegenteil des schweifenden Ritters ist der Handlungsreisende).

Wollten wir Pirandellos Definition vervollständigen, so könnten wir vielleicht sagen: Wir haben Humor, wenn wir angesichts einer komischen Lage über sie nachdenken, um zu begreifen, warum sie eingetreten ist; oder auch, wenn wir angesichts einer Lage, die noch nicht komisch ist (der *miles gloriosus* stolziert noch aufrecht daher), die mögliche Komik antizipieren, um uns selber deutlich zu machen, daß unsere Erwartungen jeden Moment frustriert werden können.

Humor wäre demnach die Reflexion, die wir *vor* oder *nach* dem Komischen vollziehen, unter Wahrung der *Möglichkeit des Gegenteils*, aber unter Verzicht auf unsere *Distanz* und *Überlegenheit*. Wenn die Distanz fehlt und wir *im* komischen Geschehen stecken (wenn wir es sind, die ausrutschen), dann kommt es nicht zum Lachen, sondern zum Weinen. Darum müßte der Humor stets unsere Vergangenheit oder unsere Zukunft betreffen. Wie könnte man dann aber sagen, daß er auch unsere Gegenwart betrifft (wie es das Werk Pirandellos beweisen zu wollen scheint)? Wir müßten Pirandellos Definition also folgendermaßen vervollständigen: Der Humor kann die Distanz und das Überlegenheitsgefühl wieder einführen, indem er bewirkt, daß wir von einem gegenwärtigen Umstand, den wir als tragisch erleiden, wie von einem bereits geschehenen oder erst noch bevorstehenden sprechen können, jedenfalls wie von einem, der uns nicht betrifft.

Dies *sagt* nun Pirandello nicht in seinem Essay. Doch interessanterweise *praktiziert* er es in seinem Werk. Der Theoretiker des Pirandellianischen Verfahrens war nicht Pirandello, sondern

Brecht; es handelt sich um ein Problem der *Verfremdung*: Ich muß das, was mir widerfährt, so zeigen, als ob es mir nicht widerführe, als ob es nicht wahr wäre oder als ob es anderen widerführe.

Was tut Pirandello? Er trennt zwischen Person und Schauspieler, er läßt wirkliche Dinge geschehen, aber indem er unterstellt, sie würden von den Schauspielern gespielt, oder er läßt die Schauspieler spielen, aber indem er den Verdacht weckt, es könnte das, was sie spielen, ihnen wirklich widerfahren.

An diesem Punkt wäre nun eine klassifikatorische Präzision vonnöten, die Pirandello nicht hat, um einige Kategorien von Komik und Humoristik schärfer zu unterscheiden und zu entdecken, daß die Kategorie des Pirandellianischen Humorismus von Pirandello nicht hinreichend dargelegt worden ist:

Komik. Es geschieht etwas, das der natürlichen Ordnung der Dinge zuwiderläuft, und ich lache darüber, weil es mich nicht betrifft (Distanz) und weil ich mich überlegen fühle (Beispiel: die auf jung geschminkte Alte).

Humorismus 1. Es geschieht nichts Komisches, aber ich begreife, daß es geschehen könnte: Ich sehe eine schöne Frau und denke humoristisch darüber nach, daß sie in dreißig Jahren eine auf jung geschminkte Alte sein könnte. Dieses Geschehen entgegen meiner aktuellen Erwartung betrifft nicht nur die Frau, sondern auch mich und meine Zukunft. Die Komik der anderen ist ein Spiegel des möglichen Komik meiner Person. Die Reflexion hat meiner Phantasie das Gegenteil ihrer momentanen Illusion gezeigt.

Humorismus 2. Es geschieht etwas Komisches, aber ich verzichte auf die Distanz und die Überlegenheit und versuche, den Gemütszustand dessen zu verstehen, der da komisch ist (ich verstehe die Alte, ich verstehe Don Quijote, der kein Narr ist, sondern Opfer einer Illusion, die ebensogut die meine sein könnte).

Humorismus 3. Ich befinde mich in einer tragischen Situation. Ich bin ein betrogener Ehemann, ein verzweifelter Vater, ein verfolgter und »patentierter« Unglücksbringer. Ich versuche, mich selbst wie einen anderen zu sehen. Ich »verfremde« mich. Ich spiele mich. Ich benutze die Reflexion als Spiegel, die Realität als Spiegel der Reflexion, den Spiegel des Spiegels als Spiegel des

Spiegels des Spiegels. Einerseits partizipiere ich an der Geschichte und betrachte sie folglich, auch wenn ich sie komisch finde, mit Humor. Andererseits partizipiere ich nicht an ihr und werde ihr in einem gewissen Sinne äußerlich, fremd, überlegen. Deshalb kann ich sie erzählen, als wäre sie komisch.

Diese dritte Definition des Humorismus gibt Pirandello nicht explizit. Warum nicht? Weil er sie nicht mehr als eine Form des Humorismus begreifen kann. Gerade weil dieses Spiel mit Spiegeln möglich ist, führt Pirandello seinen Essay auf zwei höhere Ebenen: statt den Humor zu definieren, definiert er die Kunst im allgemeinen – und das Leben.

2. Pirandellos Poetik

Im ersten Teil des Essays zeigt Pirandello den Humorismus (in seiner Form als volkstümliche und spielerische Poesie, angewandt auf die traditionellen poetischen Themen) als eine Methode zur Durchbrechung der rhetorischen Schemata. Was ist die traditionelle Rhetorik, im Sinne der überlieferten Vorschriften, die auf der italienischen Literatur lasteten? Ein Code, ein Regelsystem. Was tut der Humor? Er schafft eine neue Form, ohne die alten Formen zu imitieren. Wie? Durch eine Operation des Zerlegens und Überschreitens der existierenden Codes.

Im zweiten Teil des Essays wird diese Definition jedoch nicht mehr auf die Rhetorik und den Humor angewandt, sondern auf den Unterschied zwischen alter und neuer Kunst. Was tut die (traditionelle) Kunst? In ihrem Versuch, dem Leben, das ein ungreifbarer und undefinierbarer Fluß von Ereignissen ist, eine verständliche Form zu geben, immobilisiert sie es in festen Formen, in Typen.

Damit begeht sie denselben Fehler wie die Logik, die den Versuch macht, dem, was irrational ist und sich jeder immobilisierenden Form entzieht, einen Anschein von Rationalität zu geben.

«Die Kunst im allgemeinen (aber hier spricht Pirandello von der Kunst-vor-Ihm) abstrahiert und konzentriert, sie erfaßt die essentielle und charakteristische Idealität der Individuen wie der Dinge und stellt sie so dar.«[3] Wenn die Kunst so vorgeht, liegt es auf der Hand, daß sie nicht anders kann, als Rhetorik zu werden. Und folglich, erneut und wiederum, Code.

Was tut der Humorismus (aber an diesem Punkt ist der Humorismus, *per felix culpa*, zur Kunst-nach-und-mit-Pirandello geworden)? Er verletzt die Codes. Er betrachtet die Dinge in unerwarteter Weise, er reißt den Typen, der Logik die Maske ab und deckt darunter die Widersprüche des Lebens auf.

Wir könnten sagen: Wenn die Kunst, laut Coleridge, die Suspendierung der Ungläubigkeit impliziert, dann impliziert der Humorismus (aber für Pirandello ist er die neue und wahre Kunst überhaupt) die *Suspendierung der Suspendierung der Ungläubigkeit*. Er eliminiert also das Vertrauen der *suspendierten Ungläubigkeit* und führt den Verdacht ein: Die Kunst ist eine ständige Übung in Ungläubigkeit. Die Kunst stellt die existierenden Codes in Frage, und somit die Welt und das Leben. Die Kunst sagt: »Der Kaiser ist nackt.«

Aber dies ist genau eine Definition der Kunst und nicht des Humorismus. Es ist die Definition der Kunst, wie sie die modernen Ästhetiken geben. Kunst als Ambiguität (von Empson bis Jakobson), Kunst als proportional zur Information (und somit als Bruch jener Systeme von Redundanz und »guter Form«, die uns die Codes auferlegen). Kunst als Bruch der gewohnten Gesetze der Sprache. Als Bruch der Systeme unserer Erwartungen durch einen Akt, der beim Durchbrechen dieser Systeme zugleich über das Warum dieser Durchbrechung räsoniert (und somit nicht nur einen komischen Überraschungseffekt über die plötzlich eingetretene Unordnung impliziert, sondern auch eine kritische Reflexion über die Gründe der herbeigeführten Unordnung).

Dic Definition des Humorismus ist für Pirandello die einzige wahre Definition der Kunst. Aber was bleibt in dieser Definition noch vom gewöhnlichen Begriff des »Humors«? Hier wird der Essay über den Humor ein metaphysischer oder existenzphilosophischer Essay. Und somit gelangen wir zu unserem letzten Punkt, unserer dritten Lektüre des Essays.

3 Vgl. ibid., p. 204.

3. Der Essay als groteskes Drama einer unmöglichen Definition

Im Prinzip wäre die einzige Art, über das Leben zu sprechen, die humoristische, denn das Leben ist komisch (es ist nichts anderes als ein ständiges Zerbrechen der erwarteten Ordnung). Aber wenn man das verstünde, hätte man dem Leben eine Form gegeben und somit den Fehler begangen, den die Kunst stets begangen hat. Für Pirandello ist das typische Kennzeichen des Humoristen (des Künstlers), daß er nicht mehr weiß, auf welcher Seite er steht, daß er ratlos in einem Zustand der Unentschlossenheit verharrt. »Nicht daß dem Humoristen die Realität gefiele! Sie bräuchte ihm nur ein klein wenig zu gefallen, und schon würde sich die Reflexion auf dieses Gefallen konzentrieren und es ihm zerstören.«[4] Dieser Satz Pirandellos ließe sich jedoch wie folgt übersetzen: »Nicht daß der Humorist das Leben humoristisch definieren könnte! Er bräuchte es nur ein klein wenig humoristisch zu definieren, und schon würde sich die Reflexion auf diese Definition konzentrieren und sie ihm zerstören.« Die Reflexion »dringt scharfsinnig und listig überall ein und zersetzt alles: jedes Bild und jedes Gefühl« – warum also nicht auch den Humor als »Gefühl des Gegenteiligen« (und »Mitleid« und Fähigkeit, »über die eigenen Gedanken zu lachen«, ja »über den eigenen Schmerz zu lachen«)? Was hat der Humor so Besonderes, um die zersetzende Tätigkeit der Reflexion zu überstehen? Und warum sollte das Leben vor dem Humor sicher sein?

Doch vor allem: Was ist das Leben für Pirandello? Ich weiß, diese Frage (in ihrer kitschig-romantischen Naivität) sollte einem Jaufré Rudel überlassen bleiben; aber schuld ist Pirandello, der sie in seinem Essay so stellt. (Nicht in seinen Komödien, wo er andere *betrachtet*, die sich diese Frage stellen). Schauen wir also, warum das Leben eigens dazu geschaffen scheint, den humoristischen Ansatz zu rechtfertigen:

- Die Realität ist illusorisch. Wir sind anders, als wir sein sollten oder gern wären.

4 Vgl. ibid., p. 188.

- Das gesellschaftliche Leben erfordert Verstellung und Lüge.
- Die Gesellschaft läßt uns anders handeln, als wir gern möchten.
- Wenn nicht die Gesellschaft, so determinieren uns die Kräfte des Unbewußten, indem sie unsere logischen und rationalen Bestrebungen zunichte machen.
- Daher haben wir nicht *eine* Seele und *eine* Persönlichkeit, sondern viele.
- Denn das Leben ist ein ständiges Fließen, die Formen der Logik sind Versuche, diesen Fluß anzuhalten, aber im entscheidenden Augenblick versagen sie und enthüllen sich als das, was sie sind: Masken.

Man verzeihe die Plattheit dieser philosophischen Behauptungen. Im selben Moment, da er sie aufstellt, scheint Pirandello drei Viertel der zeitgenössischen Philosophie parodieren zu wollen. Auch stilistisch, der Text ist durchsetzt mit Zitaten, die von Walter Paters *Renaissance-Studien* bis zu Carlo Michelstaedters *La persuasione e la retorica* reichen. Ohne die tragische Spannung des letzteren. Aber sei's drum, Pirandello als Philosoph ist weder Nietzsche noch Heidegger. Bleiben wir in seinem Spiel und fragen wir uns, was ist dann – in diesem Kontext – der Künstler?

Er ist derjenige, der die humoristische Form erprobt. Die dank der Tatsache, daß sie die Konventionen sprengt und die Masken lüftet, als eine metasprachliche Form auf die versteinerte Sprache einwirkt, in der wir uns das Leben vorstellen und erklären. Sie zeigt uns (uns, die wir unter den logischen und moralischen Masken verhüllt sind) als Gegenteil dessen, was wir sind, und mithin als komisch. Aber da sie zugleich die Gründe dieser Komik zu begreifen sucht, wird sie zur humoristischen Reflexion.

Wie es jedoch keinen Grund zum Lachen gab, als wir *in* der Situation steckten, so gibt es nun auch kaum Grund zum Lächeln, wenn die Kunst uns der Situation *enthebt* und *verfremdet*, indem sie uns aufteilt in Mensch und Schauspieler, Schauspieler und Person.

Das heißt, man kann schon auch lächeln, aber die Gründe, aus denen man lächelt, sind dieselben, aus denen man weint. Denn der Humor enthüllt uns, daß unser Leben so beschaffen ist, ohne die

Gründe dafür zu nennen. Mithin gibt es das Komische und das Humoristische gar nicht, oder wenn es sie gibt, sind sie dasselbe wie das Tragische. Es ist humoristisch, den Humor durch sein Gegenteil zu definieren.

Nun hatte jedoch Pirandello zu Beginn des Essays einen Satz von Rabelais zitiert:

Pour ce que le rire est le propre de l'homme.[5]

Pirandello gibt nicht zu erkennen, ob er weiß, daß dieser Satz einen scholastischen Topos zitiert: Das »Proprium« ist jene Eigenschaft, die eine Definition nach Art und Gattung ergänzt, um bestimmte Mitglieder einer Spezies besser und unverwechselbar zu charakterisieren. So ist zum Beispiel der Mensch ein Tier; unter den Tieren ist er das vernunftbegabte (*animal rationale*), aber als »Proprium« hat er die Eigenschaft, daß er auch *ridens* ist (kein anderes Tier, selbst angenommen, es gäbe noch andere vernunftbegabte, kann lachen).

Wenn Pirandello beweisen will, daß der Mensch ein nichtrationales Tier ist, müßte er auch beweisen, daß er nicht lacht. Aber er schreibt einen langen Essay, um die – unbestreitbare – Tatsache zu erklären, daß der Mensch das einzige *animal ridens* ist. Der ganze Essay von Pirandello hat nur das eine (unbewußte und widersprüchliche) Ziel, zu beweisen, daß das einzige Tier, das lachen kann, genau jenes ist, das aufgrund seiner Irrationalität und seines frustrierten Wunsches, diese zu rationalisieren, keinerlei Grund zum Lachen hat. Oder besser: das gerade und nur aus ziemlich traurigen Gründen lacht.

Vielleicht bringt der Mensch deswegen – er, die andern – zum Lachen. Doch wenn dies die Konklusion ist, dann definiert Pirandellos Essay über den Humor, statt den Humor zu definieren, eher sich selbst als ein weiteres der (humoristischen?) Dramen von Pirandello.

(1969)

5 »Denn das Lachen ist dem Menschen eigen«, ibid., p. 60.

Quellenverzeichnis

Das Irrationale gestern und heute:
Vortrag zur Eröffnung der Frankfurter Buchmesse 1987, abgedruckt in der *Frankfurter Rundschau* vom 7. 10. 1987 und im *Börsenblatt des deutschen Buchhandels* 83/16. 10. 1987.

Über Spiegel:
Revidierte und erweiterte Fassung des Aufsatzes «Catottrica vs Semiotica« in *Rassegna* 13/1, März 1985.

Das Zeichen im Theater:
Beitrag zu der Tagung *Per una semiotica del teatro*, Venedig, 23. September 1972.

Die Sprache des Gesichts:
1984. Erstveröffentlichung in Umberto Eco, *Sugli specchi*, Mailand, Bompiani, 1985.

Die Realismus-Illusion:
L'Espresso, 27. Oktober 1974.

Marco Polo: das Unbekannte beschreiben:
L'Espresso, 28. November 1982.

Die Versuchungen der Schrift:
L'Espresso, 20. Juni 1982.

Über schlechte Malerei:
1984. Erstveröffentlichung in *Sugli specchi.*

Zehn Arten, vom Mittelalter zu träumen:
Revidierte Fassung des Beitrags zu der Tagung *Il sogno del medioevo*, San Gimignano, 12. November 1983.

Die Gruppe 63: experimentelle und avantgardistische Kunst:
Vortrag in Valenza Po, 19. Mai 1984

Die Zeit in der Kunst:

Gekürzte Fassung des Aufsatzes »Le temps de l'art« in dem Sammelband *L'Art et le temps*, Brüssel, Société des Expositions du Palais des Beaux-Arts, 1985.

Die Innovation im Seriellen:

Revidierte Fassung des Beitrags zu der Tagung *La ripetitività e la serializzazione nel cinema e nella televisione*, Urbino, Juli 1983, ergänzt um einen Vortrag im Istituto Banfi, Reggio Emilia, 25. November 1983.

Lob des *Monte Cristo*:

1984. Erstveröffentlichung in *Sugli specchi.*

Die Abduktion in Uqbar:

Nachwort zur deutschen Ausgabe der Kriminalgeschichten von Borges und Bioy-Casares, *Sechs Aufgaben für Don Isidro Parodi* u. a., München, Hanser, 1983.

Die Welten der Science Fiction:

Revidierte Fassung des Beitrags zu der Tagung *Scienza e fantascienza*, Rom, 2. Mai 1984.

Porträt des Älteren als Jüngerer Plinius:

Beitrag zu dem Symposion *Synopsis 2: Narrative Theory and Poetics of Fiction*, Porter Institute, Tel Aviv-Jerusalem, Juni 1979; in erweiterter Fassung auf englisch erschienen in *Versus* 35/36 (Mailand, Bompiani, 1983) unter dem Titel »A Portrait of the Elder as a Young Pliny«.

Pirandello ridens:

1969. Erstmals auf englisch erschienen in dem Sammelband *Altro polo. Miscellanea di studi italiani*, University of Sydney, 1978, danach auf italienisch in *Rivista italiana di drammaturgia* 9/10, 1978.

Namenregister